Hilf, Deutsche und Tschechen

■ = Warschauer Pakt

□ = Nordatlantikpakt

▨ = NATO-Staaten, die nicht in der Militärorganisation sind

Korrekturen:

Die Abbildung auf Seite 135 enthält wegen eines technischen Fehlers keine Grenzverläufe und ist daher unverständlich. Die Karte ist umseitig in korrekter Form wiedergegeben.

Auf Seite 187, 9. Zeile von unten, wird eine Rede von Vaclav Havel erwähnt. Sie wurde nicht am 17. Januar, sondern am 17. Februar 1995 gehalten.

Auf Seite 225 hat sich eine zweite Fassung der bereits vorhandenen Seite 183 eingeschlichen. Wir bitten, diese unsinnige Doppelung zu ignorieren.

Im Inhaltsverzeichnis sind die Seitenzahlen zu den Kapiteln 6 und 7 um den Wert 1 zu niedrig; für die restlichen Positionen um den Wert 2.

Wir bitten, die Fehler zu entschuldigen.

Der Verlag

Rudolf Hilf

Deutsche und Tschechen

Symbiose – Katastrophe – Neue Wege

Leske + Budrich, Opladen 1995

Widmung

Ich widme diese Schrift den Herren Staatspräsidenten jener Staaten, die in Vergangenheit, in der Gegenwart und in der Zukunft mit dem für den Frieden in der Mitte Europas seit je nicht unbedeutenden Problem der deutsch-tschechischen Beziehungen befaßt waren und so lange sein werden, bis der Frieden wiederhergestellt sein wird: *Václav Havel, Roman Herzog* und *Thomas Klestil*.

Ich widme sie weiter dem Ministerpräsidenten des Freistaates Bayern *Edmund Stoiber*, der Schirmherr über die vertriebenen Sudetendeutschen ist, dem Ministerpräsidenten des Freistaates Sachsen *Kurt Biedenkopf*, dem Ministerpräsidenten Thüringens *Bernhard Vogel* und dem ehemalign Ministerpräsidenten der Tschechischen Republik *Petr Pithart*. Ihre Länder sind an der grenzüberschreitenden Euregio Egrensis beteiligt, die zur Brücke des Friedens werden könnte, wenn man nur will.

Rudolf Hilf, München 1995

ISBN: 3-8100-1276-9

© 1995 by Leske +Budrich, Opladen

Das Werk einschließlich aller seiner Teile ist urheberrechtlich geschützt. Jede Verwertung außerhalb der engen Grenzen des Urheberrechtsgesetzes ist ohne Zustimmung des Verlages unzulässig und strafbar. Das gilt insbesondere für Vervielfältigungen, Übersetzungen, Mikroverfilmungen und die Einspeicherung und Verarbeitung in elektronischen Systemen.

Satz: Leske + Budrich
Druck: Druck Partner Rübelmann, Hemsbach

Printed in Germany

Inhaltsverzeichnis

Vorwort 7

Das Problem 11

Teil I
Die Deutsch-Slawische Symbiose – Anfang und Ende
Kap. 1 Begegnung und Verbindung 17
Kap. 2 Zäsur und Desintegration 35
Kap. 3 Integraler Nationalismus und Trennung 57

Teil II
Übergänge
Kap. 4 Neuanfänge in der Nachkriegszeit 107
Kap. 5 Das Ende der Nachkriegszeit 137

Teil III
Umbrüche
Kap. 6 Die neue Qualität der deutsch-tschechischen Frage ... 146
Kap. 7 Versuche, Fehlschläge, Sackgassen 154
Kap. 8 Frieden und Sicherheit aus der Mitte; ein Modell
„Ethnischer Frieden" gegen das Chaos ethnischer Konflikte ... 165

Ein Nachwort zum Gedenkjahr 1945-1995 181
Exkurs 187
Dokumentation 197

Hinweis

Karten und Illustrationen: Da das Buch gleichzeitig in deutsch und tschechisch erscheint, wurden die Karten und Illustrationen soweit sie aus tschechischen Quellen stammen in der Sprache der Quelle belassen, um Urheberrechte und politische Mißverständnisse zu vermeiden. Soweit notwendig, wird ein deutscher Titel oder eine Erklärung beigefügt.

Für das Kap. 1 Begegnung und Verbindung
Das Römische Reich im 11. Jahrhundert...28
Quelle: Dejiny Zemí Koruny Ceské (DZKC) Bd. I., S. 50
Das Tschechische Fürstentum im 11. und 12. Jahrhundert..............................29
Quelle: wie oben, S. 61
Das Herrschaftsgebiet unter König Premysl Otakar II, ...30
Quelle: wie oben, S. 76
Böhmen und Mähren im 13. Jahrhundert...31
Quelle: wie oben, S. 84
Die Länder der Böhmischen Krone unter Karl IV..32
Quelle: wie oben, S. 112
Die Kreisorganisation im Königreich Böhmen
und in der Markgrafschaft Mähren bis ins 18. Jahrhundert............................33
Quelle: wie oben, S. 214

Für das Kap. 2 Zäsur und Desintegration
Der Deutsche Bund 1848..56
Quelle: dtv-Atlas zur Weltgeschichte Bd. 2; Karte S. 56
Das europäische Bündnissystem vor dem Ersten Weltkrieg 56
Quelle: dtv-Atlas.. Bd. 2; S. 82

Für das Kap. 3 Integraler Nationalismus und Trennung
Der Zerfall der Österreich-Ungarischen Monarchie 1918 100
Quelle: DZKC Bd. II, S. 156
Nationalitätenstruktur der CSR (Volkszählung 1921) 101
Quelle: DZKC Bd. II, S. 169 Text ganze Seite
Das europ. Bündnissystem nach 1920 und
Das europ. Bündnissystem 1933-39...102
Quelle: dtv-Atlas Bd. 2; S. 164 (zwei Karten)
Die Böhmischen Länder nach München...103
Quelle: DZKC Bd. II, S. 190
Der deutsche Hegemonialbereich 1940..104
Quelle: dtv-Atlas Bd. 2; S. 198

Für das Kap. 4 Neuanfänge in der Nachkriegszeit
Das System von Yalta: NATO und Warschauer Pakt.....................................135
Quelle: BLZ, D22; Umschlag Rückseite

Für das Kap. 8 Frieden und Sicherheit aus der Mitte...
Eurokorps-System..180

Vorwort

Dieses Buch „Deutsche und Tschechen" erschien erstmals im Jahre 1973 in deutscher Sprache in der Reihe „Aktuelle Außenpolitik" des Forschungsinstituts der Deutschen Gesellschaft für Auswärtige Politik in Bonn. 1986 wurde es als Taschenbuch neu aufgelegt.
1973 war das Jahr des Normalisierungsvertrages zwischen der Bundesrepublik Deutschland und der CSSR. Der Autor nahm zu dieser Zeit als Referent an einer Beratung führender Vertreter aller Parteien im Rahmen der Deutschen Gesellschaft für Auswärtige Politik teil und schrieb das der Beratung zugrundeliegende Diskussionspapier. 1986, zum Zeitpunkt der zweiten Auflage war bereits klar, daß die Dinge in der Sowjetunion und demzufolge auch in Mitteleuropa in Bewegung geraten würden. Aus diesem Anlaß wurde ein Exkurs „Die deutsche Frage in einer anderen Sicht" beigefügt, der zwar drei Jahre später durch die Ereignisse überholt wurde, der aber trotzdem unverändert in die neue Ausgabe übernommen wird. Vorauszusehen war damals nicht, daß die Sowjetunion in der deutschen Frage so überraschend schnell kapitulieren würde. Jedoch nicht nur deshalb, sondern auch infolge der Überzeugung des Autors, daß eine bloße Restaurierung des deutschen Nationalstaates bismarckscher Prägung, so als ob es die beiden Weltkriege gar nicht gegeben hätte, den Sinn der deutschen Geschichte verfehlen würde, wurden in diesem Exkurs Thesen vertreten, die sich insofern nicht bewahrheitet haben, als der deutsche Nationalstaat in der Tat zurückkehrte und den deutschen Politikern ohne viel eigenes Zutun in den Schoß fiel. Ein „Geschenk des Himmels", eine „Rechtfertigung der deutschen Politik der letzten 150 Jahre", wenn man von der Hitlerschen Katastrophe absieht? Wohl eher nicht. Mehr ein „Pfund, mit dem die Deutschen wuchern" sollten, um einen biblischen Ausdruck zu verwenden. Das heißt, daß sie nun aus freien Stücken (die europäische Politik der Bundesrepublik in den vier Jahrzehnten der West-Ost-Konfrontation war infolge der äußeren Umstände nicht wirklich frei, sondern unausweichlichen Zwängen unterliegend) sich selbst in eine Politik einbringen sollten, die die wirkliche

Gemeinschaft aller europäischen Völker schafft und nicht nur einen „bürokratischen Wolkenkratzer" in Brüssel; in eine Politik, die bewußt auf Domination verzichtet, gerade weil sie nun durchaus möglich wäre; kurz: in eine „Umkehr", wie sie der biblische zentrale jüdische Begriff der tschuwah meint, eine Umkehr der letzten 200 Jahre der deutschen Politik.

Ist also die Deutsche Frage mit der Wiedervereinigung erledigt? Der Autor behauptet: nach wie vor nicht. Ebensowenig wie die Tschechische Frage durch die Befreiung und die Rückkehr zu einem gleichermaßen kleinkarierten Nationalismus des vorigen Jahrhunderts. Ebensowenig wie die ganze mitteleuropäische Frage der Sicherheit und eines neuen Verhältnisses der Völker zueinander; und ebensowenig wie das ganze sehr entscheidende Verhältnis der Deutschen und Zentraleuropas und des gesamten Europas zu den Russen und dem Osten insgesamt. Es ist nur der Bauplatz freigegeben, auf dem entweder gemeinsam und im gleichen Recht aller ein neues Haus errichtet werden wird oder auf dem der nächste große Konflikt sich vorbereitet.

Zurück zu Deutschland: Die Rückkehr zum Staatsgebilde vor dem Zweiten Weltkrieg, d.h. zur bismarckschen Schöpfung, auch wenn sie nicht mehr Deutsches Reich heißt und an der deutsch-polnischen Grenze beträchtlich verkürzt wurde, ändert nichts an dem seit den napoleonischen Kriegen existierenden Grundproblem, das zuerst zu einem deutschen Bruderkrieg und dann zu zwei Weltkriegen geführt hat: Wie werden sich die Deutschen auf die Dauer organisieren; welchen Sinn werden sie ihrer Geschichte heute und morgen geben; und wie werden das nicht nur die unmittelbaren Nachbarn in West und Ost, Nord und Süd, sondern das ganze Europa verkraften? Wer glaubt, daß sich diese Frage allein durch die Übernahme des westlichen demokratischen Parteiensystems und die von Bonn intensiv betriebene Einbindung in Europa schon von selbst erledigt hat, kann beträchtliche Enttäuschungen und Überraschungen erleben. Eines steht fest: Die Zeit der Stabilität auf dem Kontinent, durch die Zwänge der west-östlichen Konfrontation und die Eingliederung in die Militärbündnisse, ist vorbei – nicht nur im östlichen Europa, sondern auch in seiner Mitte, im Westen und vor allem morgen in Deutschland. Was, wenn sich Deutschland in der letzten Hälfte dieses Jahrzehnts de-stabilisiert? Das ist nicht einfach von der Hand zu weisen. Ebenso wie durch den Zerfall der Sowjetunion und die künftige Wiederauferstehung Rußlands ganz neue Konstellationen möglich werden, an denen die alten Mittel versagen.

Wenn die Tschechen durch den Zerfall der Tschechoslowakei auf die viel ältere böhmische Geschichte zurückgeworfen sind und um eine neue Identität ringen müssen, ohne daß das der Mehrheit heute überhaupt schon bewußt geworden ist, so wird das in noch viel stärkerem Maß künftig auf die Deutschen zutreffen. Die deutsche Identitätskrise steht erst bevor, sie deutet sich aber im allgemeinen politischen Mißbehagen und der Ziellosigkeit der gegenwärtigen Politik schon an. Sie wurde zunächst durch die fraglose Übernahme der Werte der westlichen Demokratie auf dem Weg der Unterwerfung des total Besiegten verdrängt und dann durch das „Wirtschaftswunder" und die Herrschaft der D-Mark überdeckt. Was wirklich sein wird, wird sich erst zeigen, wenn die deutsche Luxuslimousine die bequeme Autobahn verlassen muß und vor freiem, unvermessenen und schwierigen Gelände steht. Von dieser kommenden deutschen Entscheidung wird auch die Zukunft des Kontinents abhängen, denn so glatt wie bisher, das sieht man schon heute, wird die Einigung Europas nicht mehr verlaufen.

Auch in der sudetendeutsch-tschechischen Problematik existiert eine ganz neue Lage. Die Tschechen müssen nun lernen, daß die Aufrechterhaltung der alten Einstellung seit 1945 gegenüber den Sudetendeutschen ohne „Eisernen Vorhang" an der Grenze nicht mehr möglich ist. Beides gehört zusammen und bedingt einander. Václav Klaus versucht zwar die politische Quadratur des Zirkels, in dem er die Tschechische Republik als Ganzes in die deutsche Sphäre einbringt und von Bonn erwartet, daß es dafür die Sudetendeutschen wie eine heiße Kartoffel fallen läßt. Aber solche Spiele gelingen nicht, sie verstärken nur die De-Stabilisierung in Deutschland und den Trend nach Rechts. Ganz abgesehen davon, daß sie auf beiden Seiten den Haß wiederbeleben. Die Sudetendeutschen müssen lernen, daß der Wegfall dieser gewaltsamen Barriere nicht bedeutet, daß man nun zum status quo ante zurückkehren kann. Das „Ei des Kolumbus", das die Amtsstuben in Prag und Bonn mit dem „dicken Strich" unter dieses Problem glaubten gefunden zu haben, hat über die Amtsstuben hinaus keine Bedeutung. Unter historischem Aspekt ist daran nur eines groß: die Selbstüberschätzung.

Václav Havel aber hat mit seiner Verurteilung der Vertreibung wirklich Bedeutsames getan: Er hat als erster auf tschechischer Seite die geistige Trennungsmauer durchbrochen. Etwas was im Immateriellen mindestens das gleiche Gewicht hat wie die Beseitigung des Stacheldrahts und der Wachttürme im Materiellen. Es war eine staatsmännische Tat. Sie ist Anfang, aber noch nicht das Ende. Sie ist die Voraussetzung für das bisher noch Fehlende auf beiden Seiten: die Überwindung der geschichtlichen Kluft, die nur gemeinsam geschehen kann, niemals nur allein von der einen oder der anderen Seite. Der Frieden braucht die Zustimmung der unmittelbar Betroffenen, der aus den Grenzgebieten Vertriebenen und der nun in den Grenzgebieten Wohnenden. Niemand von außerhalb kann für beide entscheiden. Notwendig ist nicht ein einseitiger nach deutschen, und nicht ein einseitiger nach tschechischen Interessen ausgerichteter Scheinfrieden wie in der Vergangenheit, sondern eine pax bohemica. Ein wirklicher Frieden, der vielleicht das europäische Beispiel eines „ethnischen Friedens" nach soviel Mißtrauen, Haß und Streit für die Überwindung des „ethnischen Unfriedens" geben könnte, der heute den Osten Europas zu zerreißen droht und morgen vielleicht in den dritten und letzten großen Weltkonflikt führen wird.

Der Autor hofft, daß dieses Buch dazu beitragen wird, daß Deutsche und Tschechen den Sinn dieser Geschichtsstunde begreifen.

München, 1995　　　　　　　　　　　　　　　　　　Dr. *Rudolf Hilf*

Das Problem

Seit 1918 ist der tschechoslowakische Staat unmittelbarer Nachbar Deutschlands. Während das slowakische Volk aus dem Reichsverband der ungarischen Stefanskrone kommend aber erst in diesem Jahrhundert zusammen mit den Tschechen und durch die deutsch-tschechischen Probleme in politische Beziehungen zu den Deutschen tritt, spannt sich der Bogen des deutsch-tschechischen Verhältnisses über ein Jahrtausend bis zu den Anfängen der Geschichte beider Völker. Damit ist ein natürlicher Schwerpunkt der Untersuchung gesetzt.

Die vorliegende Studie will jedoch keine bloß verkürzte Geschichte des Auf und Ab der Beziehungen zwischen dem deutschen und dem tschechischen Volk wiedergeben. Noch weniger möchte sie Teil der bis heute beiderseits vorherrschenden Rechtfertigungsliteratur sein. Der Ausgangspunkt ist nicht die Suche nach den Schuldigen einer in unserem Jahrhundert exemplarisch gescheiterten Nachbarschaft, sondern der Versuch, Strukturprozesse zu erhellen und ins Bewußtsein zu rücken, ohne daß damit das Moment der personalen Entscheidung und Verantwortung außer acht gelassen würde. Der Wille, den jeweils anderen in seinen Motiven und Zwängen zu verstehen, ist die Voraussetzung dafür, daß dieses Scheitern nicht das letzte Wort in der Geschichte beider Völker bleibt.

Es handelt sich um die Analyse eines Nachbarschaftsverhältnisses, wobei der Begriff „Nachbarschaft" einen jeweils anderen Akzent erhält, je nachdem, ob die Gründe für eine total gescheiterte, die Beziehungen einer räumlich *unaufhebbaren* und die Frage nach der Wiederherstellung einer guten Nachbarschaft im Sinne der Stiftung von Frieden untersucht werden. *Die Fragen der Chancen und Grenzen einer deutsch-tschechischen Verständigung als Teil des gegenwärtigen europäischen Sicherheits- und Friedensproblems sind der eigentliche Anlaß dieser Arbeit.* Da aber auch eine zerbrochene Nachbarschaft nicht abstrakt und ungeschichtlich bei einem Nullpunkt neu anfangen kann, ist vorher zu klären, welche geschichtliche Gestalt diese Beziehungen in der Vergangenheit hatten und welches die Ursachen ihres Zerfalls waren.

Die Untersuchung führt dabei in den Kern der modernen *Nationalismusproblematik.* Die seit der Französischen Revolution von West nach Ost fortschreitende Auffassung von der alleinigen Legitimierung des Staates durch den Willen der „Nation" hat jahrhundertealte Herrschafts- und Gesellschaftsstrukturen radikal negiert. Reiche und Länder, die nicht nur von einem einzigen Sprachvolk, sondern von ethnisch unterschiedlichen Gruppen bewohnt waren, wurden Spannungen ausgeliefert, denen die alten übernationalen Bindungen nicht mehr gewachsen waren und gegenüber welchen neue Integrationsansätze – so der Sozialismus und die internationale Klassensolidarität – gleichfalls unzureichend blieben. Die böhmischen Länder bieten hierfür ein besonders krasses Beispiel. Die hier behandelten Probleme sind deshalb noch keine bloße Vergangenheit, weil sie in abgewandelter Form überall dort auftreten können, wo der Nationalismus noch virulente Kraft besitzt und wo auf Grund der geschichtlichen Entwicklung die Menschen ethnisch-sprachlich-kulturell in tiefwurzelnder Mischung und Verzahnung leben. In weiten Regionen der Welt ist das die Regel, hingegen der geometrisch abgezirkelte und ethnisch homogene Nationalstaat die Ausnahme.

Da nicht eine besondere Bosheit von Deutschen oder Tschechen zu jenem Bruch im Zusammenleben beider Völker geführt hat, sondern Umstände, die auch andernorts gegeben sind, kann sich auch wiederholen, was hier geschehen ist. *Die Struktur der Krise gewinnt deshalb typologische Bedeutung.* Nach einem ersten Anstoß von außen wird im Innenraum der Beziehungen in Frage gestellt, was schließlich – sobald die gemeinsamen Fundamente ausreichend zerstört sind – wiederum von außen zerschlagen und aufgehoben wird. Wenn das deutsch-tschechische Verhältnis paradigmatisch im Negativen geworden ist, wäre zu hoffen, daß es auch in der Überwindung der Krise beispielhaft werden wird. Das aber kann nicht dadurch geschehen, daß diese oder jene Seite ihr Wunschdenken wie auf eine leere Wand der Zukunft projiziert, sondern indem man guten Willens an die praktische Lösung von Aufgaben geht, die die Gegenwart der Beziehungen beider Völker stellt.

Hierher gehört auch die seit 1978 wachsende innertschechische Diskussion um Sinn oder Unsinn der Vertreibung der Deutschen. Das im Anhang im vollen Wortlaut wiedergegebene „Bohemus"-Dokument von fünf in Prag lebenden tschechischen Wissenschaftlern ist Zeichen einer Aufarbeitung der eigenen Geschichte, die vor allem von der jungen Generation getragen wird und seit Václav Havels Erklärung zur Vertreibung eine neue Dimension erreicht hat. Eine neue Sicht auf die gesamte Geschichte auf beiden Seiten ist sicherlich eine wesentliche Voraussetzung der Wiederherstellung des Friedens in Mitteleuropa. Es ist bemerkenswert, daß es bis zum heutigen Tag nichts annähernd Ähnliches zwischen Deutschen und Polen gibt. Auch das ein Beweis, daß das Böhmische Problem ganz anders liegt und keinesfalls gedankenlos in die Grenzproblematik eines deutschen Nationalstaates eingeordnet werden darf.

Nach der jüngsten Zäsur der Auflösung der historischen Gemeinschaft von Tschechen und Deutschen in den böhmischen Ländern (historisch: Böhmen, Mähren und Österreichisch-Schlesien) ergeben sich andere Perspektiven als vor diesem Zeitpunkt. Für beide Völker aber bleibt die Tatsache der unmittelbaren räumlichen Nachbarschaft und die daraus folgende Notwendigkeit, jenen Frieden zu suchen, der mehr ist als die bloße Formalisierung von Beziehungen zwischen Staaten, die ansonsten einander nichts angehen.

Die Deutsche Frage als Problem des Sich-Selbst-Findens des deutschen Volkes, des Bestimmens seines Standorts in der Geschichte und seiner staatlich-politischen Organisierung nach dem totalen Zusammenbruch des deutschen Nationalstaates 1945 ist nur mittelbar Thema dieser Untersuchung. Es ist nur insofern angesprochen als die böhmische Frage ein starkes Licht wirft auf eine seit der Gründung des Bismarck-Reiches weitgehend verdrängte Grundtatsache der deutschen Geschichte: *Daß die Deutschen seit ihrem Eintritt in die Geschichte vor rund einem Jahrtausend unauflöslich eingebunden sind in supra- nationale Zusammenhänge, in Symbiosen und Schicksalsgemeinschaften mit anderen Völkern, vor allem im östlichen Mitteleuropa.* – Es war die Loslösung aus diesen Zusammenhängen durch den von West nach Ost fortschreitenden Integralen Nationalismus, der Rückzug auf die bloße staatliche und machtpolitische nationale Selbstbehauptung, die die Mitte Europas zerstört und das deutsche Volk dorthin gebracht haben, wo es heute ist: zuerst in die Selbstverlorenheit und bloße Instrumentalisierung durch globale antagonistische Militärbündnisse, für die Deutschland und die gesamte Mitte Europas nur einer der großen, wichtigen Räume des Gleichgewichts und der Konfrontation ist, wie zur Zeit des Dreißigjährigen Krieges für die damaligen großen Mächte. Sodann, nach der durch den Zusammenbruch der sowjetischen Macht in den Schoß gefallenen Wiedervereinigung (durch den Beitritt der Länder der DDR zur Bundesrepublik), in die aufbrechende kommende Identitätskrise der Deutschen zwischen egoistischer und auf die eigene Macht allein bezogener „Nation" und übernationalem (reichischem) europäischem „Selbstverständnis". Nicht neue oder alte Geschichtstheorien jedoch, sondern der unvoreingenommene Blick auf diesen Teil der deutschen Geschichte in der Mitte Europas, der Wesentliches bloßlegt, könnte die Deutsche Frage in einem neuen Licht erscheinen lassen und die Deutschen zu einem neuen Selbstverständnis und Selbstverwirklichung anregen.

Teil I
Die deutsch-slawische Symbiose – Anfang und Ende

I. Begegnung und Verbindung

1. Eine Einführung: Das deutsch-tschechische Verhältnis im Bewußtsein des deutschen Volkes

Mit keinem anderen slawischen Volk ist das deutsche eine derart enge Symbiose eingegangen wie mit dem tschechischen. Dreißig Generationen hindurch stehen Tschechen und Deutsche in intensivem Austausch auf allen geschichtlich relevanten Gebieten. Zeitweise war Prag nicht nur die Hauptstadt Böhmens, sondern auch Zentrum jenes Reichs, das zwar nicht, wie später fälschlich interpretiert wurde, der Nationalstaat der Deutschen, wohl aber die politische Form war, in der sich das deutsche Volk durch achthundert Jahre verwirklichte. Als im vorigen Jahrhundert zwischen den beiden deutschen Hauptmächten Österreich und Preußen die Entscheidung über die künftige staatliche Organisierung Deutschlands fiel, geschah dies (1866) auf einem böhmischen Schlachtfeld. In den böhmischen Ländern selbst waren Tschechen und Deutsche vom beginnenden Mittelalter bis zur Mitte des 19. Jahrhunderts Glieder einer politischen Familie, der böhmischen Nation, wenngleich dieser Nationsbegriff nicht identisch ist mit jenem des modernen Sprach- und Staatsvolkes. Allerdings haben sich die beiden Stämme der böhmischen Länder nicht zu einem Volk und einer neuen Sprache verschmolzen wie das mit den mittelalterlichen Stämmen z.B. in England, Frankreich oder Italien geschah. Sie gehörten zwar einer politischen Staatsnation an, lebten aber bloß mit- und nebeneinander. Die Symbiose war daher in all ihrer Kostbarkeit gefährdet.

Diese Tatsache einer lang durchgehaltenen Geschichtsgemeinschaft, die selbstverständlich auch ihre Krisen hatte, wurde erst nach 1848 aus dem Bewußtsein beider Völker verdrängt. Der von Westeuropa über die Mitte nach dem Osten fortschreitende Prozeß der Fundamentalpolitisierung durch Demokratie und Nationalismus wirkte auflösend. Die Völker Böhmens wollten von da an die gemeinsame Geschichte nur noch als einen „tausendjährigen Kampf" zwischen Deutschen und Slawen gelten lassen.

Seit der Gründung des Bismarckschen Nationalstaates richteten die Deutschen im neuen Reich ihre Aufmerksamkeit zunehmend auf weltpolitische und weltwirtschaftliche Vorgänge. Dieser Horizonterweiterung entsprach eine deutliche Verengung des Begreifens in südöstlicher Richtung. Böhmen und seine Probleme wurden nur noch unter dem Stichwort „Österreich" (dessen deutschen Charakter man erhalten sehen wollte) und jenem „balkanischen" Nationalitätenhader registriert, den man aus der Sicherheit des Unproblematischen nicht mehr verstand, der schon fast „weit hinten in der Türkei (war), wo die Völker aufeinanderschlagen" und mit dem man seit dem Ausschluß Österreichs aus Deutschland 1866 „Gott sei Dank" nichts mehr zu tun hatte.

Bismarck hat gewußt und in seinen „Gedanken und Erinnerungen" festgehalten, daß an die Stelle Österreichs nur Bildungen einer dauernd revolutionären Natur treten würden, in Deutschland hat das aber nur wenige berührt. Die böhmischen Fragen lagen bereits unter dem Horizont des Durchschnittsdeutschen. Erst zwischen den beiden Weltkriegen beschäftigte sich eine politischen Zielen verpflichtete deutsche Ostforschung wieder mit diesen Problemen, jedoch weniger um die Geschichte der mittelosteuropäischen Völker neu zu verstehen, sondern um national-völkische Verteidigungspositionen oder auch Ansprüche und Revisionsforderungen wissenschaftlich zu unterbauen. Als die Sudetenkrise 1938 ganz Europa an den Rand des Krieges brachte, traten die böhmischen Fragen wieder ins Bewußtsein der ganzen deutschen Nation.

Im Katastrophengeschehen dieses Jahrhunderts hat Böhmen einen Vorzugsplatz. Zwar hatte sich der Erste Weltkrieg an der südslawischen Flanke Österreichs entzündet, zum Untergang war Österreich aber nicht zuletzt deshalb verurteilt, weil der tschechisch-deutsche Ausgleich mißlungen war. Der Zweite Weltkrieg begann am polnischen Korridor. Die Weichen aber wurden gestellt als die deutsche Wehrmacht am 15. März 1939 in Prag einmarschierte. Damals verspielte das Deutsche Reich den letzten Rest von Vertrauen, den es noch im Westen hatte. Ein ähnlicher Schlußpunkt wurde nochmals im Februar 1948 in Prag gesetzt, als die KPTsch die totale Macht in der Tschechoslowakei übernahm und die Theorie Beneš's von der tschechoslowakischen Brückenfunktion zwischen West und Ost in sich zusammenfiel. Die west-östliche Kriegsallianz war gewiß schon vorher zerbrochen, aber die Prager Ereignisse setzten einen neuen Akzent. Alfred Grosser bemerkt dazu (Deutschland-Bilanz, S. 111, 112): „Mehr noch als die Gründung der Kominform rief dieses Ereignis im Westen die Vorstellung einer Gefahr wach, die nicht aus Deutschland kam. Die Verhandlungen, die zu diesem Zeitpunkt zwischen Großbritannien, Frankreich und den Beneluxländern im Gang waren, bekamen einen anderen Unterton. Die westeuropäische Union, die sie vorbereiteten, nahm mehr militärischen als wirtschaftlichen, sozialen oder kulturellen Charakter an ... Gleichzeitig bemühten sich die fünf Staaten und besonders Frankreich darum, die Vereinigten Staaten zu einem gemeinsamen Verteidigungssystem zu bewegen."

Zweieinhalb Jahre vorher geschah etwas anderes, was die damalige Welt nicht im geringsten beeindruckte, im Lichte der späteren Geschehnisse jedoch einen hohen Symbolwert erhält: Die drei Millionen Deutschen der böhmischen Länder mußten ihre Heimat verlassen, sie wurden über die Grenze abgeschoben. Wenngleich damit nur eine Forderung des integralen tschechischen Nationalismus erfüllt wurde, so war es faktisch doch auch eine Option des tschechischen Volkes gegen eine vielhundertjährige gemeinsame Geschichte mit den Deutschen im mitteleuropäischen Raum und für den Eintritt dieser Nation in die Gemeinschaft des von Moskau geführten Ostens. Zwei Jahrzehnte später wollten die Tschechen die Tür nach Mitteleuropa wieder vorsichtig öffnen. Es zeigte sich, daß sie die Konsequenz ihrer vorangegangenen Entscheidung unterschätzt hatten.

Im Bewußtsein der Deutschen der Gegenwart liegt Böhmen nicht mehr unterhalb des Horizonts, auch wenn andere Ostfragen ungleich größeres Gewicht haben mögen. Traditionell nehmen im Bewußtsein der Deutschen des neuzeitlichen Nationalstaates Rußland und Polen einen ungleich höheren Rang ein – auch das ist noch ein Erbe des Bismarckstaates –, immerhin hat aber die Bundesrepublik Deutschland nach der Wiedervereinigung mit keinem nichtdeutschen Nachbarn eine so lange Grenze wie mit der Tschechischen Republik. In der neuen Lage hat sich für Deutschland die Achse um 500 km nach Osten verschoben, was in der Entscheidung des Bundestags für die neue Hauptstadt Berlin zum Ausdruck kommt. Auch wenn das im Moment erst theoretisch von Bedeutung sein mag, zeigt sich darin doch jenes Grundelement, das die Nachkriegszeit definitiv beendet: Die Bundesrepublik ist gezwungen zu lernen, daß sie nicht mehr nur Teil des Westens und Riegel in einem zwar noch unerläßlichen, aber in die Krise geratenen Verteidigungssystem ist, sondern vor neuen zusätzlichen Dimensionen steht, die durch die strategischen Punkte Moskau, Warschau und Prag gekennzeichnet werden. Die beiden Eckpunkte im Nordosten – Warschau und Moskau, evtl. auch Kiew – können widersprüchliche Anforderungen an die Deutschen stellen; der Eckpunkt in der Mitte – Prag – wird dabei umso wichtiger als er unerläßlich für die Stabilisierung der Mitte in nordöstlicher und südöstlicher Richtung sein wird. Damit erhält das Verstehen des deutsch-tschechischen Verhältnisses in der Vergangenheit, Gegenwart und Zukunft anders als in den letzten 150 Jahren für Deutschland zentrale Bedeutung.

2. Zwei Ebenen: Politisch-rechtliches Verhältnis und kulturell-gesellschaftliche Durchdringung

Die erste Ebene

Tschechen und Deutsche begegnen sich in der Geschichte auf zwei Ebenen: Zuerst auf jener der politischen Beziehungen der wechselnden Herrschaftsstrukturen beider Völker. Sehr bald aber auch schon auf der ganzen Breite kulturell-gesellschaftlichen Daseins. Die Symbiose entsteht erst in jener beiderseitigen Durchdringung und Wechselwirkung, die die Folge der Landgabe der tschechischen Fürsten für deutsche Siedler ist und die Böhmen und seine Nebenländer zu einem Reich zweier Völker bis in unser Jahrhundert gemacht hat. Natürlich lassen sich beide Ebenen in der Realität schwer voneinander trennen. Die Unterscheidung ist in erster Linie methodische Aushilfe.

Von Anfang an ergibt sich ein eigentümlicher Widerspruch: Böhmen wird in den deutschen Reichsverband einbezogen und wahrt trotzdem bis in die Zeit des österreichischen Absolutismus eine Sonderstellung. Dieses nie ganz untergegangene Bewußtsein, im eigenen Recht zu stehen, trägt im 19. Jahrhundert entscheidend zur Wiedergeburt der tschechischen Nation und zur Entstehung eines neuen tschechischen Staates in der tschechoslowakischen Form des 20. Jahrhunderts bei.

Tributpflichtig wurden die Tschechen bereits dem Reich *Karls des Großen*. Während aber von der Ostsee bis zur Adria Ostmarken zum Schutze und zur Expansion dieses Reichs geschaffen wurden, war allein Böhmen von diesem Markensystem ausgenommen. Es mußte die Oberhoheit des Regnum Teutonicum anerkennen, aber es war nicht Teil wie z.B. die Herzogtümer der deutschen Stämme. Im Mittelalter zeigte sich dieser Unterschied auch durch die mehrmals böhmischen Herzögen verliehene Königswürde, die schließlich durch ein an Ottokar I. gegebenes Privileg im Jahre 1204 erblich wurde.

Ein einziges Mal während des vergangenen Jahrtausends versuchten die slawischen Fürsten der böhmisch-mährischen Ländermasse eine Option für den Osten in den Weg zu leiten. Das war, als das von Mojmir 840 gegründete *Großmärische Reich* unter Fürst Rastislaw sich von der fränkischen Kirche unabhängig machen wollte und von Byzanz, dem damaligen Ostreich, Missionare erbat. Es kamen die beiden Slawenapostel griechischer Herkunft, die Brüder *Cyrill und Method*. Predigt und Liturgie geschahen nun in slawischer Sprache. Als Method 885 starb, mußten die Priester slawischer Liturgie das Land verlassen. Die Vororte der fränkischen Kirche, *Salzburg* und *Regensburg*, setzen sich wieder durch. Diese Entscheidung bekräftigte Swatopluk, der letzte Fürst des Großmährischen Reiches. Angesichts der damals beginnenden Bedrängung durch die Magyaren gab es real keine andere Wahl, als Anschluß und Schutz beim Frankenreich, d.h. dem damaligen Westen, zu suchen.

Besonders eng wurden die Beziehungen zwischen *Böhmen* und *Bayern*. Die Einigung der tschechischen Stämme durch das Geschlecht der Přemysliden vollzog sich gestützt auf die bayerische Kirche und die bayerischen Herzöge. Der Böhmerwald war niemals die Grenze, die zwei Welten voneinander trennte. Familienbündnisse und politische Abreden übersprangen die Grenze in beiden Richtungen. Voraussetzung für all das war, daß die tschechischen Fürsten, ihr Reich und Volk, als Gleichberechtigte im Kreis der christlichen Völker aufgenommen worden waren. Vielleicht kann erst unsere Zeit der ideologischen Auseinandersetzungen wieder annähernd verstehen, welche Bedeutung das hatte. Nicht die Gebirge und Wälder haben Böhmen und das Tschechentum geschützt (wie man im politisch-strategischen Denken des 19. Jahrhunderts meinte), sondern die Tatsache, daß dieses Volk am Beginn seiner Geschichte einen Heiligen hervorbrachte. Ein Volk mit einem Märtyrerfürsten konnte nicht mehr bloßes Objekt der Expansion des Reichs sein. Der Tod des Herzogs Wenzel im Jahre 935 und seine Heiligsprechung erbrachten sozusagen für die Tschechen den Nachweis der Vollwertigkeit in der damaligen Auffassung. Es ist eine Tatsache, daß nur jene Stämme des Ostens im Mittelalter zu Völkern eigener Staatlichkeit wurden, die aus ihren Reihen einen Heiligen stellten (Fritz Gause, Deutsch-slawische Schicksalsgemeinschaft, S. 23). Ohne den hl. Wenzel würden die Tschechen das Schicksal der Elbslawen erlitten haben, ohne ihn würde es vermutlich keinen böhmischen Staat und keine tschechische Nation mehr geben. Der Schutzheilige war in der Tat der Schild dieses Landes und Volkes. Der tschechische Mensch hat das immer gefühlt, wenn auch kaum geschichtlich begriffen. Ein letzter Nachklang waren die unzähligen Blumen am Wenzelsdenkmal im Zentrum Prags in jenen Augusttagen des Jahres 1968, vor jener Inschrift, die lautet: „Heiliger Wenzel, Fürst des böhmischen Landes, laß uns und die nach uns kommen nicht zugrunde gehen."

Schon mit Beginn der großen Reichspolitik der Deutschen erlangten also die Tschechen die volle Gleichberechtigung. Nach dem Tod des letzten Kaisers aus dem Geschlecht der Hohenstaufen konnte der böhmische König *Ottokar II.* selbst nach der Kaiserwürde greifen, wenngleich er dem Habsburger auf dem Schlachtfeld unterlag. Unter den *luxemburgischen Kaisern* wurde Prag zum Mittelpunkt des Reichs, und *die Goldene Bulle* des Jahres 1356 stellte das Königreich Böhmen dem Rang nach an die Spitze der Kurfürstentümer. Damals kam der Spruch auf: „Die römische Krone gehört auf die böhmische Krone."

Natürlich war das Verhältnis nicht von Krisen frei. Im 15. Jahrhundert erschütterten die *Hussitenkriege* Böhmen und das Reich. Der erwachende tschechische Nationalismus des 19. Jahrhunderts hat sich diese Zeit als Bezugspunkt und Heldenzeitalter gewählt. Der große tschechische Nationaldichter *Alois Jirásek* schrieb seinen Roman „Proti Všem" (Gegen Alle) und wollte den Ruhm der tschechischen Nation darin sehen, daß sie, der Zeit vorauseilend, gegen die ganze damalige Welt, gegen das ganze Europa, gegen Reich und Kirche stand und einsam focht. Ein anderer Tscheche hat nach dem Zweiten Weltkrieg diese Heldenepoche anders beurteilt. Er weist darauf hin, daß sich das tschechische Volk in diesem utopistischen, vorreformatorischen Ausgriff, der das „Reich Gottes" in Böhmen verwirklichen wollte, für Jahrhunderte erschöpfte und eigentlich an Macht und Ansehen verspielte, was die přemyslidische und luxemburgische Politik aufgehäuft hatte (Kostrba-Skalicky unter dem Pseudonym Christian Willars in: Die böhmische Zitadelle, S. 74). So oder so beurteilt: Nach diesen 18 hussitischen Kriegsjahren war Böhmen nicht mehr der Mittelpunkt, der es vorher gewesen war. Auch die kluge Politik des späteren Hussitenkönigs, *Georg von Poděbrad*, kam über diesen Verlust an politischem Einfluß nicht mehr hinweg. Böhmen war von 1439 bis 1526 zu einer nach außen machtlosen Stände- und Adelsrepublik geworden. Von letzterem Zeitpunkt an datiert seine dauernde Verbindung mit Habsburg und Österreich, die bis zum Jahre 1918 halten sollte. Die Ständerebellion des Jahres 1618, die den Dreißigjährigen Krieg zündete, war schon nicht mehr wie zur Zeit der Hussiten die Sache des ganzen tschechischen Volkes. Es war der Versuch böhmischer Herren (und zwar tschechischer wie deutscher Zunge), Böhmen wie Polen zu einem bloßen Wahlkönigtum zu machen, an dem man sich dauernd und hemmungslos bereichern konnte. Allerdings sollte man in der *libertären Ständeverfassung* nicht nur ein Negativum sehen, wie das die spätere Geschichtsschreibung bevorzugt. Sie war auch das Element, das Recht vor Macht setzte. (Siehe hierzu auch G. Barudio, Der Teutsche Krieg 1618-1648). Das Strafgericht über die Aufständischen, die übrigens einen deutschen Fürsten, Friedrich V. von der Pfalz, zum König ausgerufen hatten, traf nicht nur Tschechen, sondern auch Deutsche. Im Rückblick hat die moderne tschechische Nation jene verlorene *Schlacht am Weißen Berge* 1620 als den Beginn der Verhängnisse eingestuft, der eine Zeit der Entnationalisierung und Verkümmerung des tschechischen Volkes – das *temno* (Dunkel) – einleitete. Im Absolutismus war es sicher für eine Nation ein schweres Los, von einem Zentrum außerhalb des eigenen Landes regiert zu werden. Die Erinnerungen an die einstige Eigenständigkeit verblaßten, und die tschechische Sprache wurde fast zu einem bloßen Dialekt des niederen Landvolkes reduziert. Und doch ist auch dies wahr: daß dieses vielgeschmähte Österreich im 19. Jahrhundert den Wiederaufstieg der tschechischen Nation ermöglichte, so daß die Tschechen 1918 als kulturell den Deutschen völlig gleichrangiges Volk ihren Platz als staatsbildende Nation wieder ausfüllen konnten.

Bis zu diesem Jahr der Beendigung des Ersten Weltkrieges lebte das tschechische Volk also durch fast ein Jahrtausend in einem engen politisch-rechtlichen Verhältnis zu den staatlichen Formen der Deutschen, vom *Regnum Teutonicum* und *Sacrum Imperium Romanum* bis zum *Österreichischen Kaiserstaat* und zum *Deutschen Bund*. Erst als sich dieser Deutsche Bund – zu dem Böhmen als Teil Österreichs völkerrechtlich gehörte – im Jahre 1848 zu einem deutschen *Nationalstaat* reformieren oder besser revolutionieren wollte, schrieb *František Palacky*, der führende Kopf des tschechischen Volkes, den berühmten Absagebrief nach Frankfurt, worin stand, daß zwar die Herrscher Böhmens seit Jahrhunderten am deutschen Fürstenbund teilgenommen hätten, daß Böhmens Volk sich aber niemals zu den Deutschen gezählt habe (Hermann Münch, Böhmische Tragödie, S. 183). „Ich bin ein Böhme slawischen Stammes", so beginnt dieser Brief. Die Böhmen deutschen Stammes aber waren nach Frankfurt gegangen, waren der Einladung zur deutschen Nationalversammlung gefolgt. Die Auflösung der gemeinsamen Geschichte kündigte sich mit dem Vordringen des neuen aus der Französischen Revolution stammenden Prinzips der Legitimierung des Staates allein aus dem Willen der Nation an.

Die zweite Ebene

Die Missionierung der slawischen Stämme Böhmens setzte bereits Ende des 10. Jahrhunderts von Bayern aus ein. Klostergründungen der Benediktiner folgten. Mit dem 12. Jahrhundert beginnt die deutsche bäuerliche Siedlung in den böhmischen Ländern, gefördert von den Přemyslidenfürsten und den Klöstern. Es sind vor allem Bayern, die über den Böhmerwald nach Osten und von der Donau nach Norden ziehen, sodann Franken, die egerabwärts wandern. Das eigentliche, sog. *historische Egerland* war damals noch nicht bei Böhmen. Es war bereits deutsch besiedelt, bevor es böhmisch wurde. Zum „baierischen Nordgau" gehörend, zog es der Staufer Konrad III. nach dem Tod des Markgrafen Diepold ein. Es blieb dann staufischer Hausbesitz, bis es die Krone Böhmen zur Zeit des Interregnums für wenige Jahre an sich brachte. Anschließend war es wieder Reichsland. Erst seit der Verpfändung im Jahre 1322 durch Kaiser Ludwig den Bayer gehört es ständig zum böhmischen Staat, obwohl die *Stadt Eger* durch alle folgenden Jahrhunderte bis in unsere Zeit bei jeder politischen Veränderung auf den begrenzten Charakter ihrer Zugehörigkeit zu Böhmen und ihr Eigenrecht hingewiesen hat.

Der springende Punkt ist, daß es sich bei dieser deutschen Ostsiedlung in den böhmischen Ländern um keine Land*nahme* handelt, sondern um eine Land*gabe*. Die tschechischen Fürsten riefen die deutschen Siedler ins Land. Die Grundherren warben die Einwanderer und schlossen mit ihnen Verträge. Später übernahmen sogenannte Lokatoren diese Arbeit. Das waren Adelige oder Stadtbürger aus dem Altsiedlungsraum der deutschen Stämme oder bereits aus dem neuen Gebiet. Unternehmer, die auf eigenes Risiko Siedler herbeischafften, mit ihnen Siedlungen errichteten, denen dann von den einheimischen Grundherren die Gründungsurkunde verliehen wurde. Es waren planwirtschaftliche Aktionen, die zur Bereicherung des Königs, des Landes und der Herren dienten. Platz war reichlich vorhanden. Die Tschechen hatten nur die guten Böden im Inneren besetzt. Die Gebirge, die Wälder und die leichteren Böden waren frei. Hier wurden die Deutschen angesiedelt, um die Erträge des Landes zu erhöhen. Andererseits suchten diese Deutschen in der Fremde die Freiheit, d.h. ein uneingeschränktes Besitzrecht. Dies wurde von den slawischen Fürsten zugestanden und auch gehalten. Es war das Lockmittel zur Gewinnung von Menschen, deren Kenntnisse und Arbeitskraft dem Lande zugute kommen sollten. „Das deutsche Recht war deshalb ein wesentliches Element der Ostsiedlung." (Fritz Gause, Deutsch-slawische Schicksalsgemeinschaft, S. 57) Etwas war diese Ostwanderung nicht: Sie war keine politische Bewegung, kein „Ostlandritt" und auch *kein Mittel der Reichspolitik*. Sie spielte sich unterhalb der Ebene der staatlich-politischen Auseinandersetzung ab, wenn man diesen modernen Begriff hier verwenden darf. Einem Bevölkerungsdruck im Westen stand ein Bevölkerungsbedarf im Osten gegenüber. Das Mittelalter dachte aber nicht in den Begriffen der Ausdehnung nationalen Volksbodens, und selbst wenn das in späteren Zeiten hineininterpretiert wurde, so bleibt die eigentliche Bedeutung der deutschen Ostsiedlung nicht die Ausdehnung deutscher Macht nach dem Osten, sondern der *Anschluß der westslawischen Völker an Europa* (Fritz Gause, a.a.O., S. 64).

Diese Ostbewegung der Deutschen begann, als die mittelalterliche Kultur geistig und gesellschaftlich, politisch, kirchlich und wirtschaftlich voll ausgereift war. Sie induzierte sozusagen die Angleichung des östlichen Mitteleuropa an den Westen, so wie vorher die höher entwickelte Kultur Frankreichs und Italiens die Deutschen beeinflußt hatte. Nun durchdrang die deutsche ritterliche und städtische Form die fast noch ausschließlich bäuerlichen böhmischen Länder. Diese städtische Kolonisation, die der bäuerlichen folgte, ist für den sozialen Aufstieg des Landes noch bedeutsamer geworden als die erstere. Daß diese neue Stadtkultur zu einem Ferment der Germanisierung wurde, ergab sich aus dem Kulturgefälle. Alle Städte Böhmens waren im Mittelalter deutsche Gründungen. Vielleicht ist Böhmen dieser zweiten zwanglosen, von den städtischen Siedlungen ausgehenden Eindeutschung nur entgangen, weil im 15. Jahrhundert der Hussitensturm in allen im tschechischen Sprachgebiet liegenden Städten die deutsche Bürgerschicht zurückdrängte und politisch entmachtete.

Zur Zeit der Ostsiedlung selbst und im hohen Mittelalter gab es auf keiner Seite bewußte Entnationalisierungsversuche. Nicht nationale Unterschiede, sondern solche im Recht und der Standeszugehörigkeit bestimmten das Bewußtsein. Die völkische Assimilation war lediglich Begleiterscheinung eines sozialen Angleichens. Die Menschen lebten in kleinen, übersehbaren Gemeinschaften, und dort kommt es selbstverständlich auch schon damals vor, daß sich Minderheiten an Mehrheiten anpassen, aus Tschechen Deutsche und aus Deutschen Tschechen werden. Im großen und ganzen steht die Siedlungsgrenze zwischen dem tschechischen und dem deutschen Volkstum in den böhmischen Ländern jedoch seit dem Ausgang des Mittelalters bis ins Zeitalter der Industrialisierung fest.

Unnatürlich wäre es gewesen, wenn diese von außen und von Landfremden herrührende Umstrukturierung der tschechischen Gesellschaft ohne jede negative Reaktion vor sich gegangen wäre. Es gibt nationale Reibungen auch schon in dieser Zeit. Der erste bedeutende Chronist der Tschechen, *Cosmas von Prag*, beklagt um 1100 die Überfremdung der alten Sitten und predigt offen Haß gegen die Deutschen. Die Chronik des Dalimil schlägt das gleiche Thema 200 Jahre später an. Trotzdem bleiben das Einzelbeispiele gegen die Tatsache, daß die führende tschechische Schicht und nach ihr das Volk die von den Deutschen gebotenen Formen annahmen. Cosmas und Dalimil sind eher Ausdruck des Alten, Starren, des sich den sozialen und kulturellen Fortschritt Entgegenstemmenden, kurz: hier ertönt die *Klage um die „gute alte Zeit"*. Eine wirklich slawische Reaktion gegen die Deutschen existiert erst im 15. Jahrhundert. Damals war aber die deutsche Kolonisation schon längst abgeschlossen. Man hat im 19. Jahrhundert dieses nationaltschechische Element in der Hussitenbewegung besonders hervorgehoben. Es gibt viele Beweise, daß es eine nicht unwesentliche Rolle spielte. Es ist jedoch eigentümlich, daß gerade die radikalsten Hussiten, die besitzlosen, kommunistischen *Taboriten*, davon frei waren. In ihren Reihen gab es auch Deutsche. Von Jan Hus stammt übrigens das Predigtwort, daß ihm ein guter Deutscher lieber sei als ein sündiger Tscheche. Ein Wort des Widerstandes gegen die Vereinfachung in Gut und Böse entlang der Sprachlinie.

Nationaltschechisch und antideutsch waren allerdings oft die großen Städtebünde. Dort war aber auch das bisher vorherrschende deutsche Bürgertum zu enteignen. Gesichtspunkte, die auch beim Adel eine Rolle spielten, der das Kirchengut an sich bringen wollte. Im Allgemeinen überwiegt noch das soziale und erst recht religiöse Erleben das nationale. An den Siedlungsgrenzen hat übrigens auch die Hussitenzeit nichts geändert. Nur aus den innerböhmischen Städten verschwanden die Deutschen auf lange Zeit.

In der Auseinandersetzung zwischen den Ständen und dem König, die in der Rebellion von 1618 und dem Strafgericht am Altstädter Ring 1621 gipfelte, spielte die Zugehörigkeit zum deutschen oder tschechischen Sprachvolk noch weniger eine Rolle. Es war kein Kampf zwischen Tschechen und Deutschen, sondern zwischen dem beginnenden Absolutismus und der mittelalterlichen Ständeoligarchie. Daß die Mehrzahl der unterlegenen Stände tschechische Herren waren, ergab sich aus der ethnischen Struktur des Landes. Am Prager Marktplatz starben unter dem Schwert des Henkers aber auch deutsche Adelige. Da durch Güterkonfiskation und Flucht die tschechische Führungsschicht besonders dezimiert worden war und nichttschechische – deutsche, italienische, spanische, wallonische und andere – Herren die Güter vom Kaiser zugeeignet erhielten, folgt zusammen mit der Gegenreformation und der Beschränkung der böhmischen Eigenständigkeit ein Vordringen des deutschen Elements, auch wieder in den innerböhmischen Städten. Prag wurde zum Beispiel wieder mehrheitlich deutsch. Auch das Phänomen *Wallenstein* zeigt, wie wenig die sprachlich-ethnische Zugehörigkeit im damaligen Böhmen bedeutete. Albrecht von Waldstein, der spätere Herzog von Friedland und als Herzog von Mecklenburg deutscher Reichsfürst, war der Herkunft nach eindeutig Tscheche. Über die böhmischen Verhältnisse weit hinausgewachsen, reklamierte ihn das deutsche Volk schon bald nach seinem gewaltsamen Tod in Eger 1634 als deutschen Nationalhelden. Er beeindruckte die Phantasie der Deutschen bis in unsere Zeit.

Bis zur revolutionären Zäsur um die Mitte des 19. Jahrhunderts existierte eine *einzige politische böhmische Nation* als eine Ständegesellschaft, bei der die volklich-sprachliche Herkunft nicht ausschlaggebend war, die aber von der vollen Gleichberechtigung der beiden Völker in Böhmen und Mähren (zur Zeit der Přemysliden und der Luxemburger) bis zu einem eindeutigen Übergewicht des tschechischen (zur Zeit der Hussiten und der nachhussitischen Adelsrepublik) und ebenso des deutschen Elements (nach der Schlacht am Weißen Berge und im 18. Jahrhundert) oszillieren konnte. Das Schwanken innerhalb dieser Brandbreite bedeutet aber keineswegs Volkstumskampf, ethnische Herrschaftsansprüche und Auseinandersetzung um den „nationalen Besitzstand", wie wir sie aus den letzten 100 Jahren kennen. Rein deutsche Städte – wie Eger – hielten treu zum Hussitenkönig Georg von Poděbrad, selbst als dieser von Reich und Kirche in Acht und Bann getan wurde. Noch zu Beginn des 19. Jahrhunderts war man „böhmischer Patriot". Ob man dabei deutsch oder tschechisch sprach, war unwesentlich. Es gab Schwergewichtsverlagerungen innerhalb der böhmischen Gesellschaft, die sich oft scharf zugunsten des einen oder anderen Bestandteils dieser böhmischen Nation auswirken konnten, die aber zu keiner Zeit die gewachsene Gemeinschaft beider Völker grundsätzlich in Frage stellten. Böhmen und seine Nebenländer waren in diesen sieben Jahrhunderten nicht jenes Land des klassischen Nationalitätenstreites, nicht jenes Schlachtfeld eines „tausendjährigen Sprachkampfes", wie es das spätere 19. Jahrhundert, seinen eigenen Streit rückinterpretierend, haben wollte. Es gab wohl Slawisierung wie auch Germanisierung in diesen Jahrhunderten. Beides aber geschah nur in den seltensten Fällen in politischer Absicht. Sozialer Aufstieg und Anpassung, soziale Forderungen, auch Neid und Besitzgier waren die Triebkräfte. Die Sprache war nicht das erstrangige Kriterium, wie sie es nach 1848 werden sollte. Das gemeinsame Fundament blieb in allem geschichtlichen Auf und Ab erhalten, ja, rückte in Gestalt des *Bohemismus* im ausgehenden 18. Jahrhundert verstärkt ins Bewußtsein.

Erst als der aus der *Französischen Revolution* stammende Gedanke der Legitimierung des Staates allein durch die Nation die Mitte Europas ergriff, stand das Land, in dem zwei Völker miteinander auskommen mußten, vor einem *tödlichen Dilemma*. Alles was darauf bis in unsere Zeit folgte, sprach anläßlich des Zusammentretens des Böhmischen Landtags am 5. April 1861 die tschechische Zeitung „Národní Listy" mit den Worten aus:

„Die böhmische Krone bindet uns (Tschechen und Deutsche. Der Verfasser.) zu einem Ganzen und gibt uns beiden das Recht nebeneinander. Zerbrecht sie, und die Böhmen verschiedenen Stammes werden des einzigen und historischen Bandes untereinander ledig – zugleich die furchtbarste Aussicht auf einen Krieg eröffnend, ob dieses Königreich, das von je sein eigen und stets ein freiwilliger Teilhaber des österreichischen Reiches war, *unterjocht* oder ob dieses schöne Land, das von Gott selbst unteilbar geschaffen wurde, *zerrissen* oder nach blutigen Kämpfen *einem einzigen Stamme übergeben werden* soll – Gott schütze uns davor"" (Hermann Münch, a.a.O., S. 269).

Das römische Reich im 11. Jahrhundert

1 Das deutsche Königtum
2 Das Königtum Burgund und das Arelat
3 Das italienische Königtum
4 Der tschechische Staat
5 Der päpstliche Staat

Das tschechische Fürstentum im 11. und 12. Jahrhundert

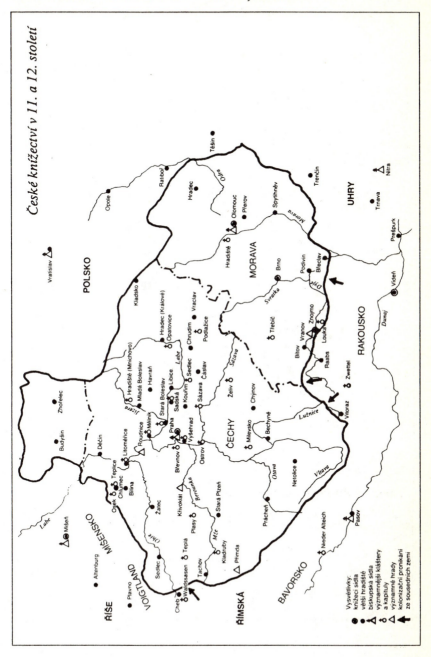

Das Herrschaftsgebiet unter König Premysl Otakar II.

Panství krále Přemysla II. Otakara

Böhmen und Mähren im 13. Jahrhundert

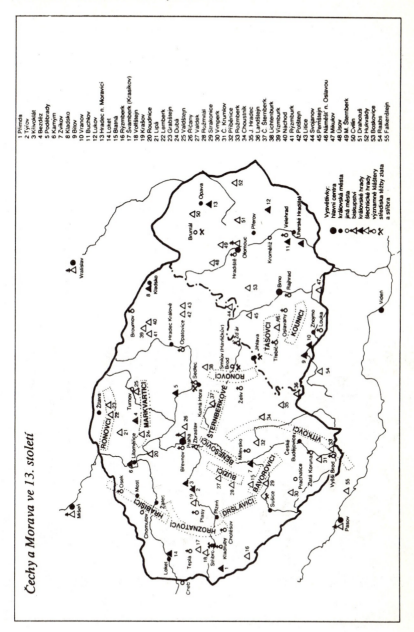

Die Länder der böhmischen Krone unter Karl IV.

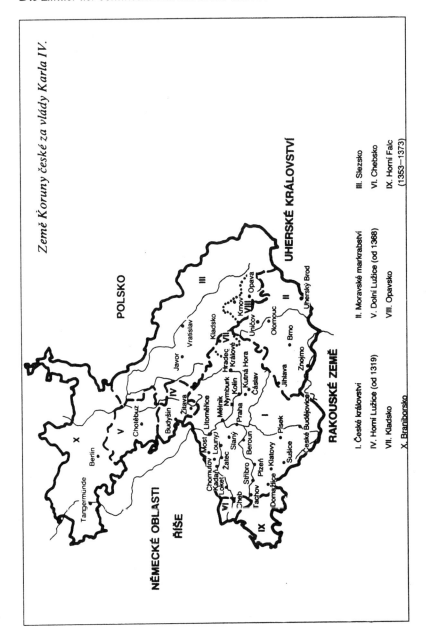

Die Kreis-Organisation im böhmischen Königreich und in der Markgrafschaft Mähren vom späten Mittelalter bis ins 18. Jahrhundert

Anmerkung: Das Egerland, das Elbogener Gebiet und die Grafschaft Glatz hatten einen Sonderstatus und eigene Parlamente

II. Zäsur und Desintegration

1. Revolutionäres Prinzip und Zäsur

Das gemeinsame Band der Krone Böhmens, das im Jahre 1861 von der Zeitung der tschechischen Nationalen den Deutschböhmen vorgehalten wurde, stammt aber noch aus der vorrevolutionären Epoche. Aus einer Zeit, die von anderen Ordnungsfaktoren bestimmt war als die nun anhebende. Die Zugehörigkeit zu einem bestimmten Land, die Treue zu Land und Volk repräsentierenden Krone, die Bindung in eine nur wenig flexible Stände- und Wirtschaftsordnung, schließlich die religiöse confessio setzten den Maßstab. Sprache und volkliche Herkunft gehörten nicht wesentlich dazu. Diese Struktur, die das alte Europa charakterisiert hatte, wurde bereits im voll ausgebildeten Absolutismus relativiert, indem dem Teilfaktor der monarchischen Spitze die alles überragende Bedeutung zuerkannt wurde. In der Logik der Entwicklung liegt es, daß ein perfekt zentralisierter und alle Macht auf den einen König beziehender Absolutismus – wie er in Frankreich entstanden war – umschlagen kann in sein Gegenteil: Die Gesamtheit der Entmündigten versteht sich als neuer Souverän. In etwa entspricht dies auch der Marxschen Theorie des Umschlags vom totalen kapitalistischen Monopol zur Herrschaft der inzwischen proletarisierten Massen. Wo keine Gliederung mehr existiert, liegt der Ausschlag des Pendels ins andere Extrem nahe.

Das geschah in Frankreich im Jahre 1789, und da es sich nicht mehr um einen bloßen Kampf innerhalb der Ständeordnung handelte, sondern um eine grundsätzlich andere Legitimierung der Herrschaftsordnung, war die staatliche Struktur ganz Europas von nun an in Frage gestellt. Der revolutionäre Akt bestand weniger darin, daß sich der Dritte Stand an die Stelle des Adels und des Königs setzte, als vielmehr darin, daß er sich als *Nation* erklärte, als neuer Kollektivsouverän, der von nun an allein den Staat rechtfertigen würde. Das Gemeinsame des Unständisch-Nationalen und des Sprachlich-Nationalen erhielt einen neuen Rang. Edmund Jörg schrieb dazu 1872: „Die Einführung des Nationalitäts-Prinzips in die praktische Politik war allerdings eine Umwälzung aller Staatsform in höchste Potenz, viel

mehr als ein einfacher Wechsel zwischen Monarchie und Republik."
(Zeitläufe: Sociale Phänomene, in: Historisch-politische Blätter, 69. Bd., 1872, S. 791.

Die Politisierung der Nation und Nationalisierung der Politik, beginnend an jenem Tag, da sich in Frankreich der Dritte Stand als „Nationalversammlung" konstituiert, war die Zäsur. Nicht daß die alten Ordnungen und Bindekräfte mit einem Schlag jede Macht und Geltung verloren hätten, aber sie waren von nun an mit einem anderen Integrationsprinzip konfrontiert, das zunächst eine ungeheure auflösende Kraft entfalten konnte.

2. Die Verschiedenheit des westeuropäischen und mittel- und osteuropäischen Nationsbegriffs.

Im Zusammenhang des deutsch-tschechischen Verhältnisses und der nun sich ergebenden Auseinandersetzung ist der Unterschied zwischen dem westeuropäischen und dem mittel- und osteuropäischen Nationsbegriff bedeutsam. Man hat ihn mit der Gegenüberstellung von rationalem und romantischem Strukturmodell erfassen wollen. In neuester Zeit hat der Soziologe Christian Graf von Krockow den „universalistischen" Nationalismus des Westens mit dem deutschen „Konter-Nationalismus" verglichen (Christian Graf von Krockow, Nationalismus als deutsches Problem, S. 42-76). Hier genügt es, auf zwei verschiedene Wurzeln der europäischen Nationsbildung hinzuweisen: einmal auf den Territorialstaat, der in langen Geschichtsräumen eine Bevölkerung zur Nation prägen kann, zum anderen auf die noch tiefer verankerten Sprach- und Kulturgemeinschaften.

In der Konkretheit der Geschichte finden wir in Westeuropa, vornehmlich in Frankreich und England, ein durch den Absolutismus oder die Natur selbst streng vorgeformtes, die ganze spätere Sprachnation umfassendes, d.h. für die einsetzende moderne Wirtschaftsentwicklung zureichendes, Staatsterritorium, das in seinen wesentlichen Zusammenhängen seit dem ausgehenden Mittelalter feststeht. Die äußere Form des modernen Staates ist bereits vorhanden, die Zusammengehörigkeit der Bevölkerung vorgeprägt. Es handelt sich jetzt darum, der nicht bestrittenen Form einen neuen Inhalt zu geben. Nation ist diese Gesamtheit des Volkes im Staat, und folgerichtig bezeichnet nationality und nationalité das, was wir im deutschen als Staatsangehörigkeit und Staatsbürgerschaft, aber nicht, was wir in ganz Mittel- und Osteuropa als Volkszugehörigkeit verstehen.

In Mitteleuropa gibt es seit dem Westfälischen Frieden kein national zureichendes Großterritorium, das sich als natürlicher Integrationsraum anbieten würde. Unter der immer schwächer werdenden Hülle des Reichs breiten sich ein buntes Mosaik von mittleren und kleinen

Fürstenstaaten sowie von Reichsständen und die habsburgische Hausmacht des Kaisers aus. Die letztere Ländergruppe ist zwar seit der Pragmatischen Sanktion genügend groß und vereinheitlicht, um zum Rahmen eines modernen europäischen Staates zu werden, aber die Bevölkerung ist weder der Sprache und ethnischen Herkunft noch der kulturellen Entwicklung nach auch nur annähernd homogen. Während im Westen Europas bereits vorhandene Großstaaten den Rahmen vorzeichnen und das Kriterium der Zugehörigkeit zur Nation damit feststeht, muß sich in Mitteleuropa die moderne Nation gegen den Staat oder zumindest unabhängig von den existierenden Herrschaftsgebilden konstituieren. Das Kriterium wird deshalb die Sprache, das Volkstum, die geschichtliche Herkunft in romantisch verbrämter Form, die Idee der Kulturgemeinschaft und der ethnischen Zusammengehörigkeit werden. Damit aber werden die vorhandenen Reiche und Staaten *negiert*.

Gemeinsam ist beiden Nationsbegriffen eine Fundamentalpolitisierung, d.h. die Egalisierung, Solidarisierung und Aktivierung des Gesamtvolkes (Christian Graf von Krockow) soll die bisherige vorherrschende elitäre Form der Politik ablösen. Gemeinsam ist auch eine Metaphysierung der neuen Werte der Freiheit, der Gleichheit und der Nation westlich des Rheins, des Volkstums und der Sprache östlich dieser Linie. Auf beiden Seiten aber wird der Nationalismus zur neuen Religion. Für die Nation stirbt man wie früher für den Kaiser, den König, das Land oder den Glauben. Am verhängnisvollsten ist, daß die neuen Nationen ohne Ausnahme die vornationalen Macht- und Herrschaftstraditionen in ihr Bewußtsein aufnehmen; daß sie Ansprüche erheben, die mit ihrem eigenen Prinzip im Widerspruch stehen. Zutiefst ahistorisch, wollen sie das ganze Erbe der Geschichte antreten. Die französische Nation nimmt die Politik der großen Könige wieder auf und strebt zum Rhein; die Deutschen träumen von der Reichsherrlichkeit und okkupieren damit eine aus ganz anderer Wurzel stammende Form als der deutschen Nation zustehendes Herrschaftsgebiet. Ernst Moritz Arndt z.B. will mit Bezug auf Böhmen an dem Grundsatz festhalten, „daß was ein Jahrtausend zu uns gehört hat und ein Teil von uns gewesen ist, ferner zu uns gehören muß, wenn wir nicht zusammenfallen wollen" (Reinhard Wittram, Das Nationale als europäisches Problem, S. 12).

Georg Waitz spricht das Gleiche mit den Worten aus: daß es wegen der geschichtlichen Kontinuität des Reichs keinem freistehe, „ob er zu uns gehören will oder nicht" (Reinhard Wittram, a.a.O., S. 13).

Und bei den Tschechen war es nicht anders. Die Einheit der böhmischen Länder wird nun zu einer Forderung, die man in der nationaltschechischen Überlieferung begründet: die Gesamtheit des Landes steht der tschechischen Sprachnation als dem Erstgeborenen zu. Damit ist der Konflikt mit den Deutschböhmen gegeben, die sich nach sieben Jahrhunderten nicht – um ein modernes Wort zu gebrauchen – als „Gastarbeiter" einstufen lassen wollen.

Das Ideal des Risorgimento-Nationalismus, daß der alten, für alles geschichtliche Unheil verantwortlich gemachten Ordnung eine santa allianza dei popoli entgegengesetzt werden würde, die den ewigen Frieden verbürgen wird, scheitert an der Geschichte selbst, die nun zur Konfrontation der Nationen im Sinne eines gleichzeitigen aufkommenden platten Geschichtsdarwinismus des Kampfes aller gegen alle wird, ohne daß noch die Nation übersteigende Werte die Auseinandersetzung mäßigen und begrenzen können.

„Ihr glaubt, ihr habt ein Reich geboren,
und habt doch nur ein Volk zerstört"
(Franz Grillparzer).

3. Die mitteleuropäischen Alternativen und ihre Konsequenzen

Der Zwang zur Neuordnung in Mitteleuropa ergab sich aus der Auflösung des Reichs im Zug der napoleonischen Kriege. Faktisch war es bereits im 18. Jahrhundert durch das Entstehen der beiden Großmächte Österreich und Preußen zu einer leeren Form geworden. Der französische Staatsgedanke, die straff zentralisierte Einheit, war schon lange das Ideal der deutschen Fürstenterritorien und damit der erste Grund für den Zerfall der ursprünglichen Geschichtsform der Deutschen. Nun kamen die Ideen der französischen Revolution und das durch die Befreiungskriege geweckte und politisierte nationale Bewußtsein hinzu. Eine Rückkehr zu einer bloß revidierten Reichsverfassung war damit unmöglich geworden. Das Reich war nach dem Dreißigjährigen Krieg zwar mehr als ein Staatenbund, doch auch entschieden weniger als ein Bundesstaat. Es war überhaupt kein „Staat" wie die Königreiche des Westens. Im Gegensatz zu ihnen hatte das Reich weder eine einheitliche Exekutive, noch existierte ein Primat der Außenpolitik. Jetzt stellte sich die Frage, welche *staatliche* Form sich die deutsche Nation geben würde und welche Folgen das für die nicht-deutschen Völker Mittel- und Südosteuropas, soweit sie mit den Deutschen durch die Zugehörigkeit zum österreichischen Kaiserreich verbunden waren, haben würde. Von der deutschen Entscheidung würde mehr abhängen als nur das Schicksal der Deutschen in ihrem geschlossenen Siedlungsgebiet.

Die Lösung, die die Fürsten Deutschlands und Europas auf dem Wiener Kongreß fanden, war, ebenso wie die Karlsbader Beschlüsse gegen den revolutionären Geist, wie die Heilige Allianz zwischen Österreich, Preußen und Rußland, wie das Metternische System einer österreichisch-preußischen Abstimmung in allen wichtigen Fragen, nur eine zeitweilige Blockierung. Bei aller darin wirkenden Vernunft und Staatskunst meinte sie eher die Ausklammerung jener Frage als die Antwort. Das Jahr 1848 zeigte, daß das Problem gestellt blieb.

Abstrahierend läßt sich sagen, daß die Deutschen zwei Möglichkeiten hatten, die beide durch die zwei deutschen Großmächte, Österreich und Preußen, geschichtlich repräsentiert waren: Sie konnten den gesamten ehemaligen Reichsraum einschließlich der nicht zum Deutschen Bund gehörenden Länder Österreichs *föderativ-staatenbündisch und supranational* organisieren und damit die Tradition des Reichs, ausgleichender Rechts- und Friedenswahrer zu sein, in moderner Form fortsetzen. In diesem Fall würde Mitteleuropa von Wien her neugeformt, der deutsche Dualismus zugunsten Österreichs entschieden, der französische Nationalstaatsgedanke der republique une et indivisible durch einen Bund mehrerer deutscher Staaten endgültig abgedrängt werden. Die Alternative hierzu war der nach einem Zentrum ausgerichtete *deutsche Nationalstaat* – der Sieg der französischen Staatsidee auch in Mitteleuropa, d.h. der Wille, alle zum deutschen Volk Gehörenden in einem Staat zusammenzufassen. Das würde bedeuten, daß das multinationale Österreich entweder aufgelöst oder aus Deutschland ausgeschlossen würde; daß der deutsche Dualismus also zugunsten Preußens gelöst und die revolutionäre Welle dann nach Osten und Südosten weiterwandern würde, dabei das Zusammenleben der Völker im ethnisch bunten Raum östlich des Böhmerwalds und der mittleren Donau in Frage stellend.

Beide Lösungen wurden in der Frankfurter Paulskirche durchdiskutiert. Mit der Aufnahme der vom Historiker Johann Gustav Droysen formulierten ersten drei Paragraphen des Verfassungsentwurfs (1: Das Deutsche Reich besteht aus den Gebieten des bisherigen Deutschen Bundes. 2: Kein Teil des Deutschen Reiches darf mit nicht-deutschen Ländern zu einem Staat vereinigt sein. 3: Hat ein deutsches Land mit einem nichtdeutschen Land dasselbe Staatsoberhaupt, so ist das Verhältnis zwischen beiden Ländern nach den Grundsätzen der reinen Personalunion zu ordnen.) war die „Frage an Österreich" gestellt, gleichzeitig aber auch das böhmische Problem aufgeworfen, denn Böhmen und seine Nebenländer gehörten zum Deutschen Bund, dessen Gebiete hier für den deutschen Nationalstaat in Anspruch genommen wurden.

Der Frankfurter Einladung waren aber nur die Deutschen aus diesem böhmischen Länderkomplex gefolgt. Die tschechischen Wahlkreise hatten sich versagt. Dafür richtete der damals führende Kopf des tschechischen Volkes, der Historiker *František Palacky*, jenen berühmten Absagebrief an die Paulskirchenversammlung, der ein staatsmännisches Dokument darstellt. In ihm bekennen sich die Tschechen zur Idee des übernationalen Österreich als eines unerläßlich, die Freiheit und Gleichberechtigung der kleinen Völker Mitteleuropas allein sichernden Staates. Der Revolution verständliche Argumente gegen das zaristische Rußland benutzend schreibt Palacky: „Sie wissen, daß der Südosten von Europa, den Grenzen des Russischen Reiches entlang, von mehreren in Abstammung, Sprache, Geschichte und Gesittung merklich verschiedenen Völkern bewohnt wird – Slawen, Wallachen, Magyaren und Deutschen – von welchen keines für sich allein mächtig genug ist, dem übermächtigen Nachbarn im Osten in aller Zukunft erfolgreich Widerstand zu leisten. Das könnten sie nur dann, wenn ein einigendes, gesundes, festes Band sie alle miteinander vereinigt. Die wahre Lebensader dieses notwendigen Völkervereins ist die Donau: Seine Zentralgewalt darf sich daher von diesem Strom nicht weit entfernen, wenn sie überhaupt wirksam bleiben will. Wahrlich existierte der österreichische Kaiserstaat nicht schon längst, man müßte im Interesse Europas, im Interesse der Humanität selbst sich beeilen, ihn zu schaffen ... Denken Sie sich Österreich in eine Menge Republiken und Republikchen aufgelöst – welch ein willkommener Grundbau zur russischen Universalmonarchie ..." (Christian Willars, Die böhmische Zitadelle, S. 167, 168).

1848 war jedoch nur das Vorspiel zur Entscheidung, die erst mit der machtpolitischen Auseinandersetzung zwischen Österreich und Preußen fallen sollte. Die Alternativen eines von Österreich geführten mitteleuropäischen Staatenbundes und eines auf dem Ausschluß Österreichs aus Deutschland basierenden kleindeutschen Nationalstaates verkörperten die beiden hervorragendsten deutschen Machtpolitiker ihrer Zeit: der aus dem fränkisch-böhmischen Hochadel stammende *Fürst Felix zu Schwarzenberg* und der Preuße *Otto von Bismarck*. Beide waren bereit, ihre Lösung auch in einem deutschen Bruderkrieg zu erzwingen. Schwarzenberg hatte schon beim ungarischen Aufstand den Zaren und die Kosaken zum Eingreifen veranlaßt. In Olmütz und Dresden war er bestrebt, Preußen auch militärisch auf die Knie zu zwingen. Bismarck andererseits hat den Krieg von 1866 bewußt vorbereitet und durch sein Angriffsbündnis mit dem revolutionären Italien erreicht, was Schwarzenberg mißlungen war: die Zündung des Krieges. Zusammenfassend kann man sagen, daß Preußen mit dem Wind der Zeit segelte, während er Österreich ins Gesicht blies. Dazu kam, daß nach dem frühen Tod Schwarzenbergs im Jahre 1852 Österreich keinen Staatsmann von Bismarck ebenbürtigem Rang mehr fand. Die österreichische Alternative konnte also nicht realisiert werden, und im Bereich der Spekulation bleibt, ob sie das Zerbrechen der gesamtmitteleuropäischen Völkergemeinschaft – als dessen Endergebnis nach zwei Weltkriegen die Auslöschung der Mitte als eigenständiger Macht und das Vorrücken der außereuropäischen Flügelmächte bis an die Elbe stand – hätte verhindern können. Klar liegen dagegen die Folgen von 1866 zutage.

Schwarzenbergs Konzept war der Eintritt Österreichs als moderner und straff geführter Staat in den Deutschen Bund. Das Schwergewicht Mitteleuropas hätte damit eindeutig in Wien gelegen. Ein Staatenbund von der Nordsee und dem Rhein bis hin zum Schwarzen Meer und der oberen Adria hätte natürlich gerade unter dem Einfluß der neuen Ideen kein bloßer Herrschaftsraum der Deutschen sein können. Ausschlaggebend wäre der übernationale Staatsgedanke Österreichs gewesen. Deutschland wäre – genau umgekehrt wie es später kam – an Österreich angeschlossen worden, ohne daß dies das Aufgehen der regionalen deutschen Gliederung zugunsten eines Zentralismus bedeutet hätte. Von Wien aus konnte man diesen Riesenraum nur föderativ organisieren. Auch wenn ein solches Konzept dem Zeitgeist der nationalen Sonderung widersprach, über das 19. Jahrhundert hinaus reichten schon die wirtschaftlichen Aspekte der Schwarzenbergschen Planung, wie sie in den Vorstellungen des aus Elberfeld stammenden Schwarzenbergschen Handelsministers, Freiherr von Bruck, zum Ausdruck kamen: ein einheitliches Wirtschaftsgebiet von den Nordseehäfen bis nach Triest und zur Donaumündung. – Die Tschechen jedenfalls sahen in dem Anschluß Deutschlands an ein Österreich, in dem sie hoffen durften, zur Geltung zu kommen, eher eine annehmbare Lösung als in der Auflösung des Donaustaates, der sie dem gesamtdeutschen Druck ausliefern würde. In seinem Frankfurter Absagebrief bezeichnet Palacky das Verlangen, Österreich und damit auch Böhmen solle sich an Deutschland anschließen, als eine Zumutung des Selbstmords, während die umgekehrte Forderung, Deutschland möge sich an Österreich anschließen „einen ungleich besser begründeten Sinn habe. .." (Hermann Münch, Böhmische Tragödie, S. 182).

Auch Bismarck, der Staatsmann der Alternative, hat gewußt, welchen Stabilisierungsfaktor Österreich darstellt. In seinem Vortrag beim König in Nikolsburg (festgehalten in den „Gedanken und Erinnerungen", Bd. II, S. 51) warnte er vor einer Schwächung Österreichs: „Was sollte an *die* Stelle Europas gesetzt werden, welche der österreichische Staat von Tirol bis zur Bukowina bisher ausfüllt? Neue Bildungen auf dieser Fläche könnten nur dauernd revolutionärer Natur sein." Noch nicht zu übersehen war zu diesem Zeitpunkt, welche weitwirkenden, ja katastrophalen Folgen von eben der von Bismarck herbeigeführten Entscheidung von 1866 (Königgrätz) ausgehen sollten.

Österreich wurde aus Deutschland hinausgedrängt. Die zehn Millionen Deutschen der österreichischen Alpenländer und der böhmischen Krone durften sich nicht mehr als zur deutschen Nation gehörig betrachten bzw. gerieten in einen unheilbaren Loyalitätskonflikt zwischen ihrem Bewußtsein, Angehörige des deutschen Volkes und gleichzeitig Staatsbürger eines multinationalen Reichs sein zu müssen, das nun gezwungen war, mit dem Nationalismus der nichtdeutschen Völker zu experimentieren, um sich ein neues Fundament zu schaffen. Franz Grillparzer hat dieser Bitterkeit der österreichischen Deutschen nach 1866 mit den Worten Ausdruck gegeben: „Ihr glaubt, ihr habt ein Reich geboren, und habt doch nur ein Volk zerstört" (Hermann Münch, a.a.O., S. 278). In den böhmischen Ländern wurden die Deutschen verunsichert. Von Deutschland abgeschnitten, fühlten sie sich zu recht oder zu Unrecht einer slawischen Expansion ausgesetzt. Mit diesem Entscheidungsjahr kann man deshalb auch das sprunghafte Ansteigen der nationalistischen deutschböhmischen Selbsthilfeorganisationen ansetzen (Henry Cord Meyer, Mitteleuropa in German thought and action 1816-1945, S. 40). „Der moderne österreichisch-deutsche Nationalismus wurde unter diesem Schock und einem übersteigerten Gefühl der Enttäuschung und der psychologischen Unsicherheit geboren" (Henry Cord Meyer, a.a.O., S. 39).

Die unheilvollste Folge von Königgrätz aber war der sogenannte Ungarische Ausgleich des Jahres 1867. Der Amerikaner Henry Cord Meyer fällt das Urteil: „In einer längeren Perspektive gesehen, zeigt sich der Ausgleich von 1867 als eine der Katastrophen des 19. Jahrhunderts, denn er inkorporierte das Prinzip des Nationalismus (das sich damals von einem Konzept der Befreiung zu einem der Beherrschung entwickelte) in das politische System eines Staates, der von allen europäischen Mächten am wenigsten geeignet war, unter solchen Bedingungen zu gedeihen" (H.C. Meyer, a.a.O., S. 35).

Die Niederlage von 1866 beraubte Österreich der Initiative, sich ruhig und abgewogen mit seinen inneren Nationalitätenproblemen zu befassen. Schon nach dem verlorenen Krieg von 1859 waren die ungarischen Forderungen nach einer Teilung des Reiches wieder aufgelebt, versuchte die Krone einen Ausgleich mit dem magyarischen Hochadel (Graf Anton Szécsen), der aber die breite Schicht des kleinen Landadels und die Bauernschaft unbefriedigt ließ. Die Rückwirkungen von 1866 übertrafen jedoch die von 1859. Um den Gesamtstaat zu retten, sah man keinen anderen Ausweg, als sich rasch mit den Magyaren zu vergleichen; d.h. ihrem Nationalismus weitgehend nachzugeben. Wenige Wochen nach Königgrätz wurden die Verhandlungen mit Budapest forciert und der Einigung zugeführt. Die im Bereich der historischen Stefanskrone lebenden nichtmagyarischen Völker, die kaisertreuen Kroaten, die Deutschen, die Rumänen, die Slowaken wurden dem magyarischen Herrschaftsstreben überantwortet. Die südslawische Frage, die ein halbes Jahrhundert später den Zündstoff für den Ersten Weltkrieg lieferte, begann sich zu formen. Gleichermaßen verhängnisvoll waren die Auswirkungen auf die Tschechen. Der Ausgleich von 1867 teilte den Staat in eine östliche transleithanische, von den Magyaren beherrschte Hälfte und in eine westliche zisleithanische, in der die Deutschen dominierten. (Der Grenzfluß Leitha trennte Österreich vom Königreich Ungarn.) – Damit brachen die tschechischen Hoffnungen zusammen, Österreich trialistisch – d.h. in einer Kooperation von Deutschen, Magyaren und Slawen – zu organisieren.

Der Sachse *Graf Beust* der 1867 österreichischer Ministerpräsident und dann Reichskanzler geworden war und Konstrukteur jenes Ausgleichs mit Budapest wurde, verstand diese Lösung als eine deutsch-ungarische Zusammenarbeit gegen den „Panslawismus", d.h. praktisch gegen die Slawen der Monarchie (Henry Cord Meyer, a.a.O., S. 35). Dahinter stand bei ihm und auch beim Kaiser zumindest eine Zeitlang der Gedanke, die Entscheidung von 1866 nicht als endgültig hinzunehmen und eine Revanche gegen Preußendeutschland vorzubereiten, wozu man die großdeutschen Liberalen Österreichs und die magyarische Rückendeckung benötigen würde.

Dazu sollte es aber nicht mehr kommen. Von bleibender Wirkung aber wurde die Abwendung der Tschechen von Wien. Hatte Palacky in seiner 1865 erschienenen Schrift „Idea státu Rakouského" (Die österreichische Staatsidee) zwar noch geschrieben: „Wir Tschechen wünschen gewiß aufrichtig die Erhaltung Österreichs und seiner Einheit; denn wir sind der Meinung, daß wir, da wir die Aufrichtung unseres eigenen souveränen Staates aus eigenen Kräften nicht erhoffen können, unsere historisch-politische Individualität, unsere besondere Nationalität und Bildung wie auch unser autonomes Leben nirgend sonst und in keiner Weise besser sicherzustellen vermögen als in Österreich, das heißt in einem freien und autonom und gleichberechtigt aufgebauten Österreich", so steht dort auch schon die Warnung vor der deutsch-ungarischen Doppelherrschaft: „Der Tag, an dem der Dualismus proklamiert wird, wird zugleich mit unwiderstehlicher Naturnotwendigkeit der Geburtstag des Panslawismus in seiner am wenigsten erfreulichen Gestalt werden: als Paten werden ihm die Führer des Dualismus stehen. Was dann folgen wird, kann sich der Leser selbst vorstellen. Wir Slawen werden dem zwar mit gerechtem Schmerz, aber ohne Furcht entgegensehen. Wir waren vor Österreich, wir werden auch nach ihm sein ..." (František Palacky, Österreichische Staatsidee, S. 77ff.).

Als eine Demonstration gegen den nun etablierten Dualismus unternahmen Palacky und seine Freunde, Ladislav Rieger, Karel Sladkovsky, Joseph Manes, Karell Jaromir Erben und andere Häupter der tschechischen Intelligenz zusammen mit anderen slawischen Gruppen im April 1867 die in der Geschichte als „Moskauer Pilgerfahrt" bekannte Reise nach Rußland. Die tschechische Nation wurde von einer Welle von Kundgebungen aufgewühlt, die im ganzen Land unter freiem Himmel abgehalten wurden und die man unter bewußter Bezugnahme zur Hussitenzeit „tabory" nannte. (Auf dem Berg Tabor in Südböhmen befand sich im 15. Jahrhundert das Kriegslager der radikalen Hussiten die nach ihm Taboriten genannt wurden.) Der Höhepunkt dieser Kundgebungen war die Überreichung einer Deklaration, unterzeichnet von 81 tschechischen Abgeordneten des böhmischen Landtags und adressiert an denselben am 22. August 1868. Darin wurde ihr Entschluß begründet, den Sitzungen des Landtags von nun an fernzubleiben. Die Erklärung faßte alle Argumente des sog. *Böhmischen Staatsrechts* zusammen und verlangte für die tschechische Nation nicht mehr und nicht weniger, als der magyarischen zugestanden worden war. Auch wenn im Punkt 10 die Worte an die Deutschen der böhmischen Länder gerichtet wurden: „... wir hegen den Wunsch, ein Übereinkommen mit unseren deutschen Landsleuten betreffs solcher Institutionen zu treffen, die eine jede Verkürzung der einen oder anderen Nationalität im Lande, bewirkt durch die bloße Macht einer Majorität, hintanstellen könnte" (Hermann Münch, a.a.O., S. 33), so ließ das Dokument doch keinen Zweifel daran, daß das tschechische Volk auf Grund seines „Erstgeburtsrechts" das Staatsvolk sein würde (Handbuch der Geschichte der böhmischen Länder, Bd. III, S. 136). Die Deutschen, die zum damaligen Zeitpunkt noch etwas über zwei Fünftel der Bevölkerung ausmachten, faßten dies als eine unmittelbare Bedrohung ihrer ethnischen Individualität und ihres politisches Besitzstandes auf. Der Auftakt für eine Verständigung zwischen Tschechen und Deutschen war der denkbar schlechteste. Trotzdem hat später sogar ein so unbeugsamer Deutschböhme und Egerländer, wie es Ernst von Plener war, in seinen Erinnerungen die Frage gestellt, ob man „von deutscher Seite nicht zu intransigent gewesen sei und nicht ein Entgegenkommen zur gegebenen Zeit das Verhältnis zwischen den beiden Nationalitäten hätte erträglich gestalten können" (Hermann Münch, a.a.O., S. 338).

Wenn der Dualismus von 1867 die großdeutschen Liberalen auf Kosten der Tschechen gewinnen wollte, so hatte er damit nur einen sehr bedingten Erfolg. Viele sahen in der Teilung des Staates eher ein Zerfallssymptom und einen ersten Schritt zum künftigen Anschluß an das von Preußen geführte Deutschland: die Verwirklichung des Deutschen Nationalstaates. Der deutsch-böhmische Politiker Ignaz von Plener schreibt am 24. Mai 1867 in einem Brief: „Die Ausgleichsfreunde sind insgemein von dem Zerfall Österreichs überzeugt und wünschen, je eher je lieber, den Anschluß der zisleithanischen Länder an Deutschland, wenn sie es auch nicht gerade sagen. Der Glaube an Österreichs Bestand ist sehr schwach" (Hermann Münch, a.a.O., S. 307). So wie die Tschechen mit dem Panslawismus und der Hinwendung zu den Feinden der Monarchie drohten, übten die Deutschen Pression in Richtung des Anschlusses an das neue Deutschland aus. In einem Schreiben Ignaz von Pleners an seinen Sohn Ernst finden wir die Worte: „... habe ich ... zur weiteren Mitteilung an S.M. aufmerksam gemacht, daß die größte Gefahr für Österreich in der Disgustierung der Deutsch-Österreicher, in dem Hinüberdrängen derselben von dem politischen auf das nationale Terrain liegt..." (Hermann Münch, a.a.O., S. 344). Wie weit dies der Stimmung unter den Deutschen entsprach, mag der Ausspruch eines anderen Deutschösterreichers, Moritz von Kaisersfeld, verdeutlichen: „... daß wir den Werth erkennen gelernt haben, der darin liegt, einer großen Nation anzugehören. Wir werden daher niemals auf das Band verzichten, das uns und die Länder, die wir bewohnen, an Deutschland knüpft. Würde unsere Stellung in Österreich unerträglich gemacht, von dorther müßte uns Erlösung kommen" (Hermann Münch, a.a.O., S. 312).

Wie die Deutschen Österreichs und vor allem der böhmischen Länder, sobald sie sich nun frustriert fühlten, nach 1871 zur wachsenden Macht des Deutschen Reichs hoffend aufblickten, anstatt die notwendigen Zugeständnisse zu machen, so ließen auch die Tschechen immer weniger mit sich reden. Nachdem das magyarische Beispiel die Weichen gestellt hatte und der Traum von einem austroslawischen Reich zusammengebrochen war, suchten sie in Rußland den Erlöser. Dort hatte inzwischen die panslawistische Ideologie weite Schichten der russischen Intelligenz erfaßt. 1858 war in Moskau das „Slawische Wohltätigkeitskomitee" gegründet worden, dessen tragende Idee die Vereinigung aller Slawen unter russischer Führung war. War die erste slawophile Generation des Zarenreiches noch von der deutschen und französischen Romantik beeinflußt und eher als mystische Schwärmer anzusehen, so griff die zweite Generation der Iwan Aksakow, Michail Katkow und Grigorij Danilewskij schon in die Politik ein. Die Presse des Zarenreiches wurde zunehmend von dieser Ideologie beherrscht. Danilewskij schrieb 1871 sein Buch „Rußland und Europa", das wie ein neues Evangelium aufgenommen wurde. Ihm zufolge sei Europa der Zersetzung anheimgegeben. Die Slawen aber würden die Heilung bringen. Rußland werde Europa besiegen, beherrschen und verjüngen und dann eine allslawische Föderation gründen (Heinrich Friedjung, Das Zeitalter des Imperialismus, Bd. I, S. 27ff.). Auf die Tschechen übten diese Ideen eine eminente Anziehungskraft aus. Obwohl die hervorragendsten tschechischen Führer am Beginn und vor dem Ende dieses Prozesses, František Palacky und Thomas G. Masaryk, nachdrücklich davor warnten, sollte sich die Mehrheit der tschechischen Nation von nun an nahezu ein Jahrhundert hindurch unter dem Einfluß dieser Ideologie befinden, ebenso wie die Deutschen der böhmischen Länder zusehends einem deutschen Nationalstaatsmythos verfielen, der sie schließlich in ihrem österreichischen Landsmann und Wahlpreußen Adolf Hitler die Verkörperung aller Sehnsüchte sehen ließ. Seit 1867 war das Verhältnis beider Völker Böhmens in der Wurzel vergiftet. Immer mehr suchten beide nun das Heil jenseits der Grenzen.

Die tschechisch-deutsche Frage aber war der Kern des Nationalitätenproblems der gesamten österreichischen Reichshälfte, wie der französische Historiker Louis Eisenmann in seinem vor dem Ersten Weltkrieg erschienenen Buch feststellt: „Wenn die tschechisch-deutsche Frage sich auflösen könnte, würde sie in der Tat die Auflösung der ganzen Nationalitätenfrage in Österreich nach sich ziehen" (Hermann Münch, a.a.O., S. 309).

4. Die Problematik des böhmischen Ausgleichs

Der bayerische Historiker Karl Bosl hat die böhmischen Länder als das „Paradefeld deutsch-slawischer Begegnung" bezeichnet (K. Bosl, Wandel und Tradition im Geschichtsbild der Deutschen und Tschechen, in: Bohemia-Jahrbuch, Bd. 8, S. 20). In der Tat ereignet sich nirgendwo sonst diese lang durchgehaltene und intensive beiderseitige Durchdringung. Die Frage ist: Warum war es dann nicht möglich, in unserer Zeit an diesem Geschichtsort zu einem paradigmatischen Ausgleich zu kommen? Beweist die schließliche Trennung die Unmöglichkeit des Zusammenlebens im Zeitalter des Nationalismus?

Die Schuld einfach der einen oder anderen Seite zuzumessen, wäre eine unzulässige Verkürzung des Urteils und bloße Rechtfertigungsliteratur, wie wir sie bis zum Überdruß kennen. Gewiß aber ist es auch nicht so, daß ein geschichtsnotwendiger Prozeß zur Auseinandersetzung, gegenseitigen Negierung und zur schließlichen Trennung in den brutalen Formen der Aufhebung der Gemeinschaft durch Unterjochung (durch die Deutschen) und der Vertreibung (durch die Tschechen) *führen mußte*. Es gibt bestimmte Stationen, Situationen, in denen Weichen gestellt werden; es gibt Chancen, die vorübergehen, wenn man sie nicht ergreift, Entscheidungen, die zunächst noch unübersehbare Folgen nach sich ziehen. Dies alles aber in einem aus der Geschichte kommenden vorgegebenen Rahmen, der die Handlungsfreiheit begrenzt und den zu wählen niemandem freisteht.

Einer der hervorragendsten Historiker der kommunistischen Tschechoslowakei, Prof. František Graus, hat in einer Studie über „Die Bildung des Nationalbewußtseins im mittelalterlichen Böhmen" (Historica 13, 1966, S. 5-49) eine höchst interessante Deutung versucht: „Die Tschechen entwickelten sich im Mittelalter schnell zu einer neuzeitlichen Nation, die deutschen Kolonisten in Böhmen schlossen sich zu *keinem* Neustamm zusammen. Die Entwicklung eines Eigenbewußtseins blieb hier in den Anfängen stecken und es entstand kein tschechisch-deutscher Antagonismus, der dann vielleicht auch einen echten Ausgleich ermöglicht hätte. Die außen- und innenpolitischen Gegensätze hatten sich nicht gesondert, die Gefahr der Vermengung und Vermischung blieb weiterhin akut und gipfelte in der Neuzeit. Es entstand ein allgemeiner deutsch-tschechischer Gegensatz, in dem die Gewichte viel zu ungleich verteilt waren, als daß ein echter Ausgleich wirklich möglich gewesen wäre. Schon in der Hussitenzeit drohte die Sprache zum ausschließlichen Symbol zu werden, die alles andere überdeckte. Eine verhängnisvolle Entwicklung hatte sich angebahnt, die oft durch die Komik des „Taferlstreites" für den oberflächlichen Beobachter ihre wahre Tragik verbarg, eine echte Tragik mit Schuld und Unschuld auf beiden Seiten und ohne die Möglichkeit einer echten Neutralität. Eine Tragödie, in der ein großer Einsatz an Mut, Opferwillen, an gemeinsamen Leiden und Schaffen verspielt wurde, eine Tragik, in der sich der einzelne oft unschuldig in eine Schuld verstrickte, eine Tragödie, die sich abspielte und deren Szenen nicht mehr wiederholbar sind."

Mag Graus in dieser Aussage unberücksichtigt gelassen haben, daß in einer ständisch-feudalen Gesellschaftsstruktur das Problem eines Ausgleichs von Völkern zunächst und zuvorderst gar nicht gestellt sein kann, bedeutungsvoll ist sein Hinweis, daß die Deutschen der böhmischen Länder nicht – wie z.B. die Schlesier oder Preußen – einen Neustamm bildeten und daß also nicht zwei ethnisch voll ausgeprägte Gruppen einander gegenübertreten, bekämpfen und sich miteinander ausgleichen. Mit der tschechischen Nation leben Deutsche verschiedener stammlicher Herkunft lange Zeit, geistig ungesondert, in der gleichen böhmischen Gesellschaft, im gleichen Bewußtsein und damit der ständigen Möglichkeit des Ineinanderaufgehens.

Als die Ideen der Französischen Revolution die Spaltung in diese Struktur hineintragen, steht die erwachende tschechische Nation Deutschen gegenüber, die sich nicht als eigener Stamm und damit als zweite Nation Böhmens begreifen, sondern zu ihrem Unglück als die Exponenten des Gesamtdeutschtums. Hier sind dann – wie František Graus sagt – die Gewichte so ungleich verteilt, daß die Ausgleichsversuche immer wieder scheitern. Mit einem deutschen Neustamm in Böhmen, der zwei Fünftel der Bevölkerung umfaßt, hätten sich die Tschechen ausgleichen können und ausgleichen müssen, so wie die Wallonen und Flamen im Staat Belgien miteinander existieren können. Indirekt wäre damit auch der Ausgleich mit der ganzen deutschen Nation geschehen. Ein direkter Ausgleich des kleinen tschechischen Volkes aber mit dem Gesamtdeutschtum mußte immer wieder an der Angstbarriere scheitern: an der Vorstellung, daß Zugeständnisse an die Deutschen Böhmens in Form einer verwaltungsmäßigen Zweiteilung des Landes die tschechische Nation auf Gedeih und Verderb dem übermächtigen Druck eines 70- oder 80- Millionen-Volkes aussetzen würden. Umgekehrt hat diese konstante Weigerung der Tschechen, ihren deutschen Landsleuten die Gleichberechtigung in Form auch einer Autonomie des deutschen Siedlungsgebietes zuzugestehen, den Verdacht der Deutschen bekräftigt, daß die Tschechen es in logischer Konsequenz ihrer Staatsrechtsauffassung auf die Mediatisierung und Assimilierung der Deutschen, kurz: auf die Slawisierung der Grenzgebiete, abgesehen hatten. Das Resultat war, daß sich die Deutschböhmen mit Händen und Füßen dagegen wehrten, den Zusammenhang mit ihren Ko-Nationalen im Deutschen Bund und in den deutschen Alpen- und Donauländern zu verlieren. Die Folge war, daß sie der staatlichen Emanzipation des tschechischen Volkes Hindernisse entgegensetzten, was wiederum den Verdacht auf tschechischer Seite erhärtete, daß es den Deutschen um die dauernde Beherrschung, wenn nicht gar Germanisierung Böhmens zu tun war. *Aus Angst räumten weder die einen noch die anderen jene Stellungen, deren rechtzeitiges Aufgeben den Ausgleich ermöglicht hätte.*

Ein Ausgleich geschieht zwischen einander gegenüberstehenden Positionen und/oder einander widersprechenden Zielsetzungen. Sein Gelingen setzt voraus, daß entweder noch ein Minimum an gemeinsamen Überzeugungen vorhanden ist oder aber zumindest der Wille beider Seiten – gleich aus welchen Gründen –, neue Gemeinsamkeiten zu begründen. In jedem Fall muß dem Ausgleichsstreben größere Bedeutung eingeräumt werden als dem Beharren auf der Unwandelbarkeit des eigenen Standpunkts. Eine maßgebliche Rolle bei allen Ausgleichsversuchen spielt die Spannung zwischen beharrenden und dynamischen Kräften. Ausgleich wird eben dort notwendig, wo das Gleichgewicht gestört ist, wo ein bestehender Zustand nicht mehr als gerecht, richtig oder selbstverständlich hingenommen wird. In jedem dieser Fälle werden Tendenzen der Verteidigung des Status quo und solche des Umsturzes oder der evolutionären Veränderung miteinander streiten, wobei es einer auf Wahrheitsfindung oder Erhellung und nicht auf bloße Bestätigung vorgefaßter Meinungen abzielenden Analyse nicht bekommt, von irgendwelchen Gegenwartsperspektiven rückprojizierend die Prädikate „fortschrittlich" und „reaktionär" zu verteilen.

Wie kompliziert der Tatbestand sein kann, macht das deutsch-tschechische Verhältnis im Jahre 1848/49 deutlich. Die Deutschen Österreichs und insbesondere die der böhmischen Länder kämpften nahezu ausnahmslos auf seiten der damaligen revolutionären Linken. Sie wollten die Beseitigung des Establishments durch Liberalismus und Demokratie und das Aufgehen der Fürstenterritorien in einem alle Deutschen umfassenden Nationalstaat. Eine Reihe der damaligen Führer der Deutschen Böhmens und seiner Nebenländer engagierten sich derart in der revolutionären Aktion, daß sie nach ihrer Zerschlagung durch das Militär ins Ausland fliehen mußten. Den „sudetendeutschen" (wenn wir das hier anachronistische Wort verwenden wollen) Bauernbefreier *Hans Kudlich* trieb ein Todesurteil nach Amerika. Ludwig von Löhner, Konzeptor eines Ausgleichsplanes, starb im französischen Exil. Andere hatten lange Jahre hindurch Schwierigkeiten und Verfolgungen zu leiden oder konnten erst jenseits der österreichischen Grenzen wieder Fuß fassen (wie der Komotauer Abgeordnete Franz Makowicka oder der Saazer Repräsentant in der Paulskirche, Franz Emil Rößler).

Die tschechische Nation, repräsentiert durch ihre Häupter František Palacky und Ladislav Rieger, stand in dieser Revolutionszeit im konservativen Lager. Sie hielt zur Krone und erklärte sich für die Verteidigung des Status quo in Form des österreichischen Kaiserstaates.

Während Ungarn im offenen Aufruhr stand und die Deutschen in den böhmischen Ländern Wahlpropaganda für Frankfurt machten, erschienen die Tschechen im Innsbrucker Hoflager des aus Wien geflüchteten Kaisers, um die Majestät der Treue Böhmens zu versichern (Handbuch der Geschichte der böhmischen Länder, Bd. III, Friedrich Prinz, Die Böhmischen Länder von 1848 bis 1914, S. 44). Die Rolle der Tschechen im Revolutionsjahr hat übrigens *Karl Marx* und *Friedrich Engels* zu dem vorschnellen Urteil von den „konterrevolutionären Völkern" verführt. Engels schreibt: „Die ganze frühere Geschichte Österreichs beweist es bis auf diesen Tag, und das Jahr 1848 hat es bestätigt. Unter allen Nationen und Natiönchen Österreichs sind nur drei, die Träger des Fortschritts waren, die aktiv in die Geschichte eingegriffen haben, die jetzt noch lebensfähig sind – die Deutschen, die Polen, die Magyaren. Daher sind sie revolutionär. Alle anderen großen und kleinen Stämme und Völker haben zunächst die Mission, im revolutionären Weltsturm unterzugehen. Daher sind sie jetzt konterrevolutionär" (Friedrich Engels, Ungarn, Bd. III der gesammelten Schriften von Karl Marx und Friedrich Engels, S. 234). Karl Marx bezeichnete Palacky nur als einen „übergeschnappten Deutschen, der bis jetzt noch die tschechische Sprache nicht korrekt ... sprechen kann" und hält die Tschechen für eine „dahinsterbende ... Nationalität", wobei er hinzufügt, daß „Böhmen hinfort nur noch als Bestandteil Deutschlands bestehen" könne (Karl Marx, Die Frankfurter Nationalversammlung, in: Revolution und Gegenrevolution in Deutschland, S. 61f.).

Daß diese Urteile falsch sind, braucht nicht weiter ausgeführt zu werden. Nicht nur, daß es an revolutionären Bestrebungen auch in Prag nicht gefehlt hat. Der radikale Prager Repeal-Club gab den Anstoß zu jener Versammlung im Prager Wenzelsbad am 11. März 1848, die in 20 Punkten eine Reihe sozialrevolutionärer Forderungen aufstellte (übrigens noch gemeinsam von Tschechen und Deutschen unterschrieben, unter der Devise „Čech a Němec jedno tělo" – Der Tscheche und der Deutsche – ein Leib (Robert A. Kann, Das Nationalitätenproblem der Habsburgermonarchie, Bd. I, S. 165)). Revolutionär und anarchistisch entwickelte sich auch der am 2. Juni 1848 nach Prag einberufene Slawenkongreß. Als er in den Prager Pfingstaufstand mündete, der von den Kanonen des Fürsten Windischgrätz zusammenkartätscht wurde, standen die Deutschen, die sich von den tschechischen Forderungen bedroht gefühlt hatten, wieder auf der Seite der Staatsmacht, die die Ordnung mit Gewalt wiederhergestellt hatte.

Die Dinge liegen also nicht so einfach, daß man der einen oder anderen Gruppe, sozusagen von Geburt und angeborenem Bewußtsein her, für alle Zeiten ein passendes Etikett aufkleben könnte. Bewiesen ist nur eins: daß das revolutionäre Prinzip des Nationalismus Bindungen sowohl mit der Revolution als auch der Reaktion eingehen kann und daß solche Bündnisse über Nacht austauschbar sind.

Es ist eine Tatsache, daß die tschechische Politik im Revolutionsjahr für den Status quo eintrat und daß sie sich anschließend eine ganze Generation lang mit der böhmischen Hocharistokratie verbündete. Aber man muß wissen, warum. Die Tschechen hofften, auf diesem Wege mittels der eine Sonderstellung der böhmischen Länder erstrebenden und ihre Privilegien gegen den Wiener Zentralismus und Liberalismus verteidigenden Feudalen die staatliche Eigenständigkeit ihrer Nation voranbringen zu können. Ihre Verteidigung des Status quo, ja des gesellschaftlichen Establishments, zielte letztlich auf eine Veränderung in der nationalen Gesamtstruktur des Staates ab. Umgekehrt benützten die Deutschen, die den Status quo verändern und eine liberale Verfassungsentwicklung in Gang bringen wollten, den Staatszentralismus, um ihren „nationalen Besitzstand" zu verteidigen, d.h. die Vorherrschaft der Deutschen in der westlichen Reichshälfte.

Der Bruch zwischen Tschechen und Deutschen setzte dort ein, wo die Deutschen der böhmischen Länder und der österreichischen Erbländer der Einladung nach Frankfurt Folge leisteten und die Tschechen, die sich weigerten, Böhmen in ein neues Deutsches Reich einzubringen, analog den Magyaren im Revolutionsjahr ganz Böhmen als Domäne des tschechischen Staatsvolkes beanspruchten. Karel Havliček, der gefeierte Nationaldichter und Redakteur der Národní Noviny (Nationalzeitung), hatte schon am 5. April 1848 geschrieben, daß man den Deutschen zwar die Gleichberechtigung in Schule und Amt zugestehen wolle, den Tschechen aber die volle Vorherrschaft im Lande gehöre. (Friedrich Prinz, Die böhmischen Länder von 1848 bis 1914, in: Handbuch der Geschichte der böhmischen Länder, Bd. III, S. 36.) Zwischen diesen Positionen war kaum ein Ausgleich möglich. Das Problem einer Verständigung durch ein Abgleichen der Standpunkte und Zielsetzungen beginnt dort, wo beide sich wieder auf dem gemeinsamen Boden der Erhaltung des österreichischen Vielvölkerstaates treffen.

Jeder Ausgleich war indes von Anfang an dadurch gefährdet, daß Tschechen wie Deutsche in der Erhaltung Österreichs keinen unbedingt geltenden Endzweck mehr sahen. Österreich war Mittel zum Zweck: für die Tschechen, um sich vor dem gesamtdeutschen Druck zu schützen, die Gleichstellung der tschechischen Nation und ein slawisches Übergewicht im Gesamtstaat zu erreichen; für die Deutschen, um ihre Vormachtstellung zu behaupten und womöglich doch noch einen Zusammenschluß mit Deutschland herbeizuführen. Der übernationale Staatsgedanke lebte noch im Herrscherhaus, bei einem Teil der Aristokratie, im Heer, in der hohen Beamtenschaft und in der römisch-katholischen Kirche, später vorübergehend in der neuentstehenden Sozialdemokratie, die als einzige Partei supranational organisiert war. Für alle anderen war er nur Drapierung oder gar Objekt des Hohnes. Überzeugt war man – im Geist der Zeit – durchweg nur von einem: daß die künftigen Bausteine des Staates die sich selbstbestimmenden Völker zu sein hatten.

Das einfachste wäre demnach gewesen, das Donaureich in eine Föderation seiner ethnischen Bestandteile umzugliedern. Der Deutschböhme Ludwig von Löhner machte 1848 einen solchen Vorschlag, den er von einem Parteitag in Teplitz billigen ließ. Sein Kern war: Die historischen Ländergrenzen sollten aufgehoben und dafür eine Neueinteilung nach Sprachgrenzen vorgenommen werden. Die deutschen Siedlungsgebiete der böhmischen Länder wären dabei an den Teilstaat „Deutschösterreich" gefallen. Tschechisch-Österreich (die tschechischen Teile von Böhmen, Mähren und Schlesien) wäre ein weiterer Teilstaat geworden (Rudolf Wierer, Der Föderalismus im Donauraum, S. 34). Welches Gewicht das revolutionäre ethnische Prinzip hatte, zeigt, daß auch František Palacky zuerst diesen Weg ging. Er entwarf ein Österreich aus acht nationalen Teilstaaten, wobei zum Teilstaat Deutschösterreich auch die deutschen Gebiete von Böhmen, Mähren und Schlesien gehörten. Der tschechische Teilstaat beanspruchte über das tschechische Siedlungsgebiet hinaus auch die Slowakei (Robert A. Kann, a.a.O., Bd. II, S. 37). Allerdings stand Palacky mit diesen Gedanken im tschechischen Lager allein. Es war paradoxerweise der vereinte Widerstand der Tschechen und Deutschen, der diesen Ausgleichsvorschlag im Verfassungsausschuß des Kremsierer Reichstages zu Fall brachte: Die Tschechen hielten an der Unteilbarkeit der Länder der böhmischen Krone fest, und die Deutschen wollten die Schwächung der zentralistischen gesamtstaatlichen Position durch diese radikale ethnische Föderalisierung nicht zulassen. Beide fürchteten, bestehende oder angestrebte Machtstellungen zu verlieren.

Das Ausgleichsproblem hatte zwei Seiten: Einmal ging es darum, das Verhältnis zwischen der tschechischen Nation und dem Gesamtstaat neu zu bestimmen. Zum anderen – und damit unauflöslich zusammenhängend – war jenes zwischen den Tschechen und den Deutschen der böhmischen Länder in eine neue Form zu bringen. Die Komplikation ergab sich aus zwei Fakten: Erstens, in der westlichen Reichshälfte waren die Deutschen dominierend, nicht an Zahl, wohl aber dem Einfluß nach. Der Ausgleich würde demnach in jedem Fall zu einem teilweisen Abbau deutscher Machtstellungen, bzw. des gesamtstaatlichen Zentralismus, führen müssen. Zweitens, die erwachende tschechische Nation betrachtete die böhmischen Länder als ihr nationales Territorium und die Deutschen als bloß zu tolerierende Landfremde. Der Ausgleich würde der tschechischen Nation einen Rückzug von dieser Auffassung und die Bejahung eines binationalen Böhmens abfordern.

Beide Barrieren waren gewaltig. Im Falle des Abbaus deutscher und gesamtstaatlicher Macht: Es geschieht in der Geschichte nur selten – und wenn ja, beweist es Größe und Weitblick -, daß Inhaber von Machtpositionen, ohne gezwungen zu sein und nur der Einsicht folgend, freiwillig zedieren, was sie noch lange glauben festhalten zu können. – Im Falle der tschechischen Selbstinterpretation war das Hindernis vielleicht noch größer. František Palacky, der Historiker der böhmischen Stände und politische Erwecker der Nation, hatte dem tschechischen Volk, genauer seinem sozial aufsteigenden Bürgertum, die Rechtfertigung in Form eines kollektiven Geschichtsbewußtseins geliefert, das wie überall in Europa das individuelle genealogische Geschichtsverständnis des Adels ablöste und den nach oben drängenden Klassen sowohl eine neue Ahnengalerie als auch Missionsgedanken gab. Es ist die Geburt eines historisierenden, an das Merkmal der Sprachnation anknüpfenden Nationalismus. Konkret begreift Palacky nun die Geschichte Böhmens als ein einziges Ringen zwischen dem tschechischen Volk, als dem Erstgeborenen des Landes, und einem mit Gewalt und Tücke eindringenden landfremden Deutschtum. Im Geiste des 19. Jahrhunderts und Herder folgend setzt er weiter das Slawentum gleich mit ursprünglicher Demokratie, angeborener Neigung zu Frieden und Freiheit, und die Deutschen werden mit den Gegenprinzipien identifiziert: mit denen der Herrschaft, des Krieges und der Unterdrückung. Er transformiert damit soziologisch begründete Gegensätze seiner Zeit in eine nationale, unverändert durch die ganze Geschichte reichende, ethnische Polarisierung (Friedrich Prinz, a.a.O., Bd. III, S. 97). Auch wenn dieses Geschichtsbild vor der Forschung unserer Zeit keinen Bestand mehr hat, politisch war es durch ein Jahrhundert ungemein wirksam. Ein Ausgleich in Böhmen würde demnach bedeutet haben, daß die Tschechen die sie tragende Idee zu revidieren gehabt hätten.

Gegenüber standen sich: auf der einen Seite die *Bestrebungen der Tschechen*, Österreich nicht ethnisch, sondern auf dem Weg eines Kronländerföderalismus umzubauen: Die böhmischen Länder würden damit zur unteilbaren staatlichen Einheit werden, die Deutschen dieser Länder zwar die individuelle Gleichberechtigung erhalten, ansonsten aber gegenüber dem Staatsvolk zur Minderheit werden, die nicht aus eigenem Recht im Lande wohnt; auf der anderen Seite die *Absichten der Deutschen*, eine ethnische Zweiteilung Böhmens zumindest in der Verwaltung zu erzwingen und, solange sich die Tschechen hierzu nicht bereit erklären würden, jede Sonderstellung der Länder der böhmischen Krone unter Berufung auf die bestehende Verfassung zu blockieren.

Zwei ernsthafte Ausgleichsversuche wurden unternommen, bevor sich Tschechen und Deutschböhmen in dem unfruchtbaren Sprachenstreit der letzten Jahrzehnte der habsburgischen Monarchie festrannten: Der erste bestand in einer unter revolutionärem Vorzeichen erreichten Einigung der Nationen auf parlamentarischem Boden, und er wurde von dem zurückschlagenden Neoabsolutismus wieder aufgehoben. Der zweite war ein Experiment der Krone und ihrer Regierung, den Tschechen entgegenzukommen. Es scheiterte an inneren und äußeren Widerständen.

Ad 1: Der Verfassungsausschuß des *Reichstages von Kremsier* – des vorübergehend von Wien nach Mähren verlegten Parlaments der Völker der westlichen Reichshälfte – einigte sich auf einen Verfassungsentwurf, für den die Annahme im Plenum bereits gesichert war, als der Reichstag – wie die Paulskirchenversammlung – vom Militär aufgelöst wurde. Der Entwurf wurde also nie Wirklichkeit. Die Tatsache aber, daß in Kremsier alle Nationen und Volksgruppen diesem Vorschlag zustimmten (was bis zum Untergang der Monarchie 1918 nie mehr erreicht werden konnte), verleiht ihm historische Bedeutung. Der Ausgleich war ein Kompromiß zwischen den Erfordernissen des Gesamtstaates, den föderalen Bestrebungen der Kronländer und dem Selbstbehauptungswillen der ethnischen Gruppen. Eine *Länderkammer* sollte neben einer gesamtstaatlich zu wählenden Volkskammer die föderale Balance halten. Die Kronländer sollten, so sie nicht national einheitlich waren, im Kreise gegliedert werden, deren Abgrenzung *„mit möglichster Rücksicht auf die Nationalität"* durch ein Reichsgesetz festgestellt werden sollte (Robert A. Kann, a.a.O., Bd. II, S. 42). In Ländern, die mehr als zwei Kreise umfassen, würden Kreisvertreter auch in die Länderkammer delegiert werden. Der tschechisch-deutsche Ausgleich wäre dadurch gesichert worden, daß in Böhmen neun, in Mähren vier solcher nationaler Kreise vorgesehen waren. Schließlich waren die nationalen Grundrechte in Paragraph 21 des Verfassungsentwurfs verankert, der von *Ladislav Rieger,* dem Schwiegersohn Palackys und künftigen Führer der tschechischen Nation, stammte. Er garantierte allen Volksstämmen des Reichs die Gleichberechtigung, ein „unverletzliches Recht auf Wahrung und Pflege (ihrer) Nationalität überhaupt und (ihrer) Sprache insbesondere" und die „Gleichberechtigung aller landesüblichen Sprachen in Schule, Amt und öffentlichen Leben" (Robert A. Kann, a.a.O., Bd. II, S. 42). Von diesen drei Ansatzpunkten einer Verständigung (Länderkammer, nationale Kreise und Gleichberechtigung der Volksstämme und Sprachen) blieb nur der letzte übrig. Er bildete den Kern des *Art. XIX der Dezemberverfassung* von 1867 und war bis zum Zusammenbruch der Monarchie im Jahre 1918 gültig.

Ad 2: Wie die Entscheidung auf dem Schlachtfeld von Königrätz zum Ungarischen Ausgleich von 1867 geführt hatte, so hat der deutsch-französische Krieg und die Ausrufung des Deutschen Reiches 1871 noch einmal die Lage in Böhmen beeinflußt. Bis zu diesem Zeitpunkt hegten der österreichische Kaiser und sein Kanzler Beust die Erwartung, daß sich die österreichische Vormachtstellung zumindest in Süddeutschland wiederherstellen lasse und die Niederlage von 1866 wenigstens teilweise revidierbar sei. Um eine solche Politik zu planen, brauchte man das großdeutsch, liberal und zentralistisch eingestellte deutsche Bürgertum. Die Enttäuschung der Tschechen mußte man mit in Kauf nehmen. – Jene Hoffnungen brachen nun endgültig zusammen. Dies ist der Zeitpunkt, wo man sich in Wien entschließt, durch Berufung des hochkonservativen *Grafen Hohenwart* den deutschen zentralistisch- liberalen Kurs zu liquidieren und einen Ausgleich mit den Tschechen auf dem Weg des Kronländerföderalismus zu versuchen. Konstrukteur der Ausgleichsgesetzgebung war *Albert Schäffle*, Professor der Nationalökonomie, antiliberal und antikapitalistisch, ein schwäbischer Protestant, der eine Berufung nach Österreich angenommen hatte. Für Schäffle war der föderalistische Ausgleich mit den Tschechen nur der Anfang eines Prozesses, die Gesellschaft in einem genossenschaftlichen Sinn umzubilden und damit den Kronländerföderalismus (vor allem Ungarns) wieder zu unterlaufen.

Der Kaiser hatte sich in einem an den böhmischen Landtag am 12. September 1871 gerichteten Reskript mit diesem Versuch identifiziert. Zwischen Schäffle und den tschechischen Führern waren die sogenannten *Fundamentalartikel* ausgehandelt worden. Sie änderten die verfassungsrechtliche Stellung der böhmischen Länder in Annäherung an das von den Tschechen postulierte Böhmische Staatsrecht, und sie hätten in der weiteren Folge die westliche Reichshälfte vermutlich bundesstaatlich umstrukturiert. Der dritte Teil des geplanten Ausgleichs war der Entwurf eines *Nationalitätengesetzes für Böhmen*, der die Deutschen mit der Sonderstellung der böhmischen Länder aussöhnen sollte. Beiden Nationalitäten war die Gleichberechtigung zugesichert, vorgesehen war die Schaffung sprachlich möglichst einheitlicher Verwaltungsgebiete. Der Gebrauch der zweiten Landessprache im Verkehr mit den Behörden wurde anerkannt, wenn sie die Muttersprache mindestens eines Fünftels der Bevölkerung war. Der Landtag selbst sollte in *zwei nationale Kurien* gegliedert werden. Vorkehrungen in einer Geschäftsordnung sollten die Majorisierung der Minderheit in allen nationalen Fragen verhindern. Die Tschechen im böhmischen und mährischen Landtag nahmen dieses Nationalitätengesetz einstimmig an.

Am 10. Oktober 1871 war die Unterstützung der Tschechen für diesen Ausgleich gesichert. Am 20. Oktober verweigerte der Kaiser den Fundamentalartikeln die Zustimmung. Eine Woche später demissionierte das Kabinett Hohenwart. Was war geschehen? Wer hatte den Ausgleich zu Fall gebracht?

Opponiert hatten von Anfang an die deutsch-böhmischen Liberalen sowohl in Wien wie in Böhmen, Mähren und Schlesien. Sie wollten sich mit dem Verlust ihrer Vormachtstellung nicht abfinden. Aber dieser Widerstand war unvermeidlich und von der Regierung einkalkuliert. Hohenwart hatte das Wiener Parlament und acht Landtage aufgelöst und durch Wahlrechtsmanipulationen seine Chancen beträchtlich vergrößert, die Zustimmung der föderalistisch-konservativen Mehrheit an Stelle der bisherigen zentralistisch-liberalen zu erhalten. Der Widerstand der Deutschen allein war es also nicht, der den Versuch scheitern ließ, obwohl die Einsicht und Zustimmung der Deutschen der böhmischen Länder (die nicht vorhanden war) den Ausgleich gegen alle äußeren Widerstände wahrscheinlich hätte gelingen lassen.

Der entscheidende Widerspruch kam *von außen*, und er war so wichtig, daß er den Kaiser zur Zurücknahme seines Wortes veranlaßte, was ihm das tschechische Volk nie mehr vergessen hat. Es waren die Einwände des ungarischen Ministerpräsidenten, Graf Andrassy, im österreichischen Ministerrat, die deutlich machten, daß der Kaiser den gesamten Ausgleich mit Ungarn aufs Spiel setzen würde, wenn er den Fundamentalartikeln zustimmte. Die Magyaren fürchteten, daß jene Föderalisierung der westlichen Reichshälfte zu ähnlichen Forderungen der Nichtmagyaren im Bereich der Stephanskrone führen würde. Die zweite Blockierung geschah nicht so direkt wie die ungarische, war aber nicht weniger wirksam. Beust wies in einem Schreiben den Kaiser darauf hin, daß die Gefahr einer Entfremdung der Deutschen innerhalb der Monarchie und ein Eingreifen Deutschlands zugunsten dieser deutschnationalen Opposition drohte (Robert A. Kann, a.a.O., Bd. I, S. 183, 184). Kann meint in diesem Zusammenhang, daß Beusts Hinweis „wahrscheinlich um so mehr Eindruck auf den Kaiser (machte), als Wilhelm I., der neue deutsche Kaiser, bei einem Zusammentreffen mit Kaiser Franz Joseph in Bad Ischl bereits eine hinter diplomatischen Redewendungen verklausulierte Warnung ausgesprochen hatte". Dem Deutschen Reich mußte, selbst wenn Beust übertrieben hatte, daran liegen, daß der deutsche Charakter der österreichischen Reichshälfte erhalten blieb und daß sich Österreich-Ungarn nicht in einen Bundesstaat mit slawischer Mehrheit umwandelte. Wie Österreich 1866 seine Handlungsfreiheit gegenüber Ungarn eingebüßt hatte, so zeigte sich jetzt, daß die Wirkung von Königgrätz noch weiter reichte: Österreich war durch seine Niederlage im Kampf um die Vorherrschaft in Deutschland auch nicht mehr alleiniger Herr seiner Entschlüsse in der westlichen Reichshälfte. Die Rücksichtnahme auf die Magyaren *und* das Deutsche Reich schränkte seine Entscheidungsmacht selbst in der so lebenswichtigen Frage des böhmischen Ausgleichs ein und bestimmte den weiteren Kurs dieses Reichs bis zum Zusammenbruch. Zu den innerböhmischen deutschen und tschechischen Hindernissen einer Verständigung beider Völker waren noch solche außenpolitischer Art hinzugekommen.

Der Deutsche Bund

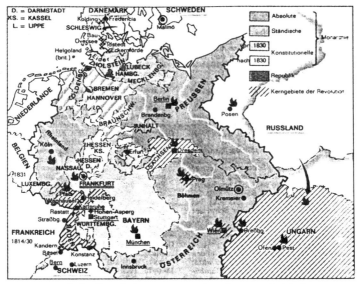

Das europäische Bündnissystem vor dem Ersten Weltkrieg

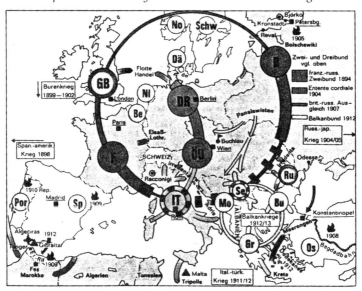

III. Integraler Nationalismus und Trennung

Der Spaltung und Auflösung der ständischen übernationalen Gesellschaft durch die nationale Bewußtwerdung und Fundamentalpolitisierung entspricht der nahezu gleichzeitige Prozeß der Zerstörung ihrer agrarischen Grundlage durch die industrielle Revolution. Eine statische, im Gleichgewicht befindliche Gesellschaftsstruktur wird nun sowohl vertikal als auch horizontal mobil. Mobilität und Expansion sind die beherrschenden Tendenzen. Es stellt sich die Frage, ob die Schwergewichtsverlagerung auf Industrie und Wirtschaft zu einer neuen Integration führen oder die nationalen Auseinandersetzungen verschärfen wird? In der Logik der kapitalistischen Expansion haben ethnische Abgrenzungen ebensowenig Platz wie in der Theorie von der Proletarisierung der Massen. Trotzdem beweist die Entwicklung in den böhmischen Ländern das Gegenteil. Industriealisierung und Klassenkampf werden zu Momenten des Nationalitätenstreites, anstatt ihn zu überbrücken. Der Eintritt der Massen in die Geschichte bringt nicht die Verbrüderung, sondern minimalisiert die Ausgleichschancen.

1. Die Wirkung der industriellen Revolution auf die Nationalitätenproblematik.

Die Industrialisierung setzt in Österreich-Ungarn in den sechziger Jahren des vorigen Jahrhunderts ein. Zu diesem Zeitpunkt ist der nationale Konflikt bereits im Gange, auch wenn er noch nicht bis zu den unteren Volksschichten vorgedrungen ist. Das Besondere ist nun, daß die industrielle Revolution ihren Schwerpunkt gerade in jenen böhmischen Ländern erhält, die sich auf die ethnische Aufspaltung zubewegen. Sie werden zur Werkstatt und Fabrik des Gesamtstaates. 1910 entfielen auf Böhmen, Mähren und Sudetenschlesien zwar nur 18,9 v.H. des Staatsterritoriums und 16,9 v.H. der Gesamtbevölkerung, jedoch rund 75 v.H. der Industrieproduktion Österreich-Ungarns. Zur zeit der Auflösung des habsburgischen Reiches konzentrierten sich in den böhmischen Ländern 91 v.H. der Zuckerindustrie, 60 v.H. der Metallindustrie, 92 v.H. der Glaserzeugung, 57 v.H. der Brauereiindustrie, 80 v.H. der Textilindustrie, 65 v.H. der Papierindustrie, 90 v.H. der Handschuherzeugung, nahezu 100 v.H. der Porzellanindustrie und 75 v.H. der chemischen Industrie (Hermann Münch, a.a.O., S. 460). Neben Wien wird Prag zum zweiten Zentrum des Kapitalismus, und auch hinsichtlich der industriellen Produktion rückt es schon nach der Jahrhundertwende an die zweite Stelle. Die böhmischen Länder erreichen noch im 19. Jahrhundert den Anschluß an die industrielle Entwicklung in Deutschland und Westeuropa. Im Jahre 1900 waren in Böhmen 36,1 v.H. der Bevölkerung in der Industrie beschäftigt (in den deutschen Siedlungsgebieten Böhmens sogar 43,7 v.H.) (Friedrich Prinz, a.a.O., Bd. III, S. 227).

Merkwürdig ist, daß die integrierende Wirkung dieser wirtschaftlichen Entwicklung vergleichsweise sehr gering bleibt. Im Gegenteil: Wirtschaftliche Rivalitäten werden zu einer zusätzlichen Quelle des nationalen Streites.

Da das Unternehmertum ursprünglich fast ausschließlich deutsch war und das Finanzkapital sich in den Händen der Wiener Banken befand, erhielten nicht nur soziale Konflikte einen nationalen Aspekt, ganz allgemein wurde der Kampf um die nationale Gleichberechtigung sehr bald gleichgesetzt mit dem Willen zur Beseitigung der deutschen und Wiener wirtschaftlichen Vorherrschaft. Die nicht von wirtschaftlichen, sondern nationalpolitischen Momenten bestimmte tschechische Gegenmaßnahme war die Konzentration nach innen und damit eine zwar wirtschaftlich sinnlose, politisch aber gerechtfertigte Autarkiepolitik mitten im gesamt-österreichischen, ja gesamtböhmischen Wirtschaftskörper. Auf der Grundlage eines Netzes von Genossenschaften entstand das tschechische Bankwesen. 1869 wurde in Prag die erste tschechische Handelsbank, die später berühmte Živnostenská Banka, gegründet. Kurz vor dem Ersten Weltkrieg zeichneten die Prager Banken bereits 23,57 v.H. des gesamten Aktienkapitals der westlichen Reichshälfte (Zdeněk Šolle, Kontinuität und Wandel in der sozialen Entwicklung der böhmischen Länder 1872 bis 1930, in: Aktuelle Forschungsprobleme um die Erste Tschechoslowakische Republik, S. 33). Dabei überstieg das Aktienkapital der tschechischen Banken im Jahre 1913 bereits das Aktienkapital der deutschen Banken in den böhmischen Ländern. Seit den achtziger Jahren war das tschechische Bürgertum gleichwertig im Konkurrenzkampf mit dem deutschen, obgleich der Industrialisierungsprozeß zunächst die Deutschen, die zu Beginn dieser Entwicklung sozial und ökonomisch fortgeschrittener waren, begünstigt hatte. Um die Jahrhundertwende kann man von einer „tschechischen Wirtschaft" innerhalb des österreichischen Staates, abgegrenzt auch von der deutschen Wirtschaft in Böhmen, die Wien ungleich stärker verbunden blieb, sprechen. In knappen 50 Jahren hatte sich das tschechische Volk einen geschlossenen Sozialkörper geschaffen, der der modernen Entwicklung vollauf entsprach und dem nur noch die äußeren Attribute der Staatlichkeit fehlten.

Daß das deutsche und das tschechische Bürgertum – als Träger der Industrialisierung – nicht zusammenfanden, hat neben der erwähnten Vormachtstellung der Deutschen, die als Desintegrationsfaktor wirkte, noch zwei andere Gründe: Einmal die zeitliche Verschiebung in der Industrialisierung des deutschen und des tschechischen Siedlungsgebietes, zum anderen die unterschiedlichen Grundlagen dieses Prozesses auf dem wirtschaftlichen Sektor selbst, die auch zu unterschiedlichen Erzeugungen in nationaler Hand führten.

Die Umstrukturierung des deutschen Gebiets setzte bereits nach 1850 ein, während das tschechische Sprachgebiet erst Anfang der siebziger Jahre von der industriellen Expansion erfaßt wurde. „Deutsches Unternehmertum und deutsches Kapital, ohne das die wirtschaftliche Erschließung Böhmens und Mährens nicht denkbar gewesen wäre" (Hans Mommsen, Die Sozialdemokratie und die Nationalitätenfrage im habsburgischen Vielvölkerstaat, S. 28), riefen aber bei den Tschechen das Gefühl der „deutschen" Ausbeutung hervor. Ausbeutung hat es sicher gegeben, wie überall zur Zeit des Frühkapitalismus; nur war sie weder seitens der deutschen Fabrikanten noch des Wiener Bankenkapitals oder gar der zentralen staatlichen Wirtschaftsgesetzgebung ethnisch-national motiviert. Das Faktum, daß auf Grund der unterschiedlichen Kapitalausstattung sich vielfach deutsche Großbetriebe und tschechische Klein- und Mittelbetriebe gegenüberstanden, wirkte aber im Sinne dieser Auslegung und vergrößerte die Reibungsflächen.

Die Basis der Industrialisierung in den deutschen Siedlungsgebieten waren die Manufakturen in den kargen Gebirgsgegenden gewesen, wo ein Stamm zuverlässiger Facharbeiter heranwuchs, der die deutsche Textilindustrie trug. Die tschechische Grundlage hingegen waren die guten Agrarböden Innerböhmens und Mährens, die eine rasch sich ausbreitende Nahrungsmittelindustrie ermöglichten. Zwischen beiden Produktionszweigen gab es kaum sachliche Berührungspunkte. Es lag nahe, in einer in Bewegung geratenen Gesellschaft die Ursachen auch wirtschaftlicher Schwierigkeiten simplifizierend beim ethnischen Nachbarn anstatt im Prozeß selbst zu suchen.

Hand in Hand mit dem Industrialisierungsprozeß gingen ganz beträchtliche Bevölkerungsverschiebungen. Kennzeichnend für die Mobilität ist, daß um 1890 die Hälfte der Bevölkerung Böhmens nicht mehr in ihren Heimatorten lebte; ein Faktum, das heutzutage niemanden in Erstaunen versetzen würde, damals aber einem politischen Erdrutsch gleichkam. Ein Teil der tschechischen Agrarbevölkerung strömte in die Städte Innerböhmens und Mährens. Der deutsche Charakter aller innerböhmischen Städte ging verloren. Die deutsche bürgerliche Oberschicht wurde zur verschwindenden Minderheit. Prag zum Beispiel war zu Beginn des 19. Jahrhunderts überwiegend deutsch. Um die Jahrhundertmitte zählten die Deutschen nur noch ein Fünftel der Bevölkerung. Bereits 1910 waren sie im Prager Gemeinderat nicht mehr vertreten (Hans Mommsen, a.a.O., S. 32). Der Rückgang des deutschen Elements wurde dadurch beschleunigt, daß eine Umkehrung des Assimilationstrends dazukam. Während bisher aufsteigende tschechische bürgerliche Schichten nicht selten zum Deutschtum konvertiert waren, traten nun Teile der deutschen Intelligenz in den mehrheitlich tschechischen Städten zum tschechischen Volk über. Die Aufstiegsbewegung und die Opferbereitschaft eines ganzen Volkes boten Anreiz und Anziehungskraft gerade für aktive Elemente. Auch das natürliche Bevölkerungswachstum, das im 19. Jahrhundert überall in Europa beträchtlich war, begünstigte die Tschechen mehr als die Deutschen. 1851 zählten die böhmischen Länder 6.624.318 Einwohner; 1910 waren es 10.059.257. Prozentual gab es 1846 38,6 v.H. Deutsche in Böhmen, 1910 war der deutsche Anteil 36,7 v.H. Die Tschechen hingegen konnten ihren Anteil von 59,7 v.H. im Jahre 1846 auf 63,1 v.H. 1910 verbessern (Karl Richter, Statistische Übersichten zur Entwicklung der böhmischen Länder, Bd. III, S. 448).

Die Revolutionierung der Wirtschaft trug aber auch dazu bei, daß die Siedlungsgrenze selbst in Bewegung geriet. Ursachen waren die Schwierigkeiten in der Kapitalbildung. Nachdem die Industrialisierung in den deutschen Gebieten eine gewisse Sättigung erreicht hatte, gingen die deutschen Unternehmer ins sprachlich gemischte Gebiet und von dort ins innertschechische, um über die geringeren Löhne ungelernter tschechischer Arbeiter höhere Profite zu erzielen. Maßgebend waren allein kapitalistische Gesichtspunkte, d.h. der Wunsch, über den Lohndruck die Kapitalbildung zu beschleunigen. Aus den gleichen Gründen holte man tschechische Arbeiter in die deutschen Industriezentren der böhmischen Grenzgebiete. Das Ergebnis war, daß nun nach der völligen Tschechisierung der innerböhmischen Städte eine Utraquisierung vieler deutscher Städte einsetzte. Pilsen, das zum Beispiel vorher deutsch gewesen war, wurde durch die Škoda-Werke total tschechisch; um Reichenberg, im Dux-Brüxer-Bergbaurevier, bei Teplitz, Aussig, Brünn und anderswo entstanden rasch anwachsende tschechische Minderheiten. Für das deutsche Bürgertum sah das aus, als ob sich der slawische Zustrom unaufhaltsam in die deutschen Gebiete ergießen werde. Erst als in den achtziger Jahren die Industrialisierung im tschechischen Siedlungsgebiet selbst gewaltig anwuchs, und die Wanderbewegung in die Grenzgebiete damit abebbte, stabilisierte sich die Siedlungsgrenze wieder. Davon aber nahmen weder die Tschechen noch die Deutschen mehr Notiz. Die nationale Ideologie der Tschechen glaubte sich auf dem Wege der „Rückeroberung verlorenen Volksbodens", und die Deutschen waren Opfer der Psychose geworden, daß sie mit dem Rücken an der Wand gegen den slawischen Druck kämpfen müßten. Es begann nun bei ihnen die gleiche Wendung zu innerer Konzentration, völkischem Zusammenschluß und nationaler Selbstverteidigung, die vorher die Reaktion der Tschechen auf die deutsche Vorherrschaft und wirtschaftliche Übermacht gewesen war. Beide Nationalitäten tendierten dazu, sich voneinander abzukapseln und sich miteinander im Streit zu betrachten. Hans Mommsen sagt daher mit Recht, daß „eine sozialökonomische Analyse der Nationalitätenfrage zwischen den gesellschaftlichen und wirtschaftlichen Tatbeständen und den psychologischen Folgen, die diesen entspringen und die auch bei geänderten wirtschaftlichen Voraussetzungen wirksam bleiben, differenzieren muß" (Hans Mommsen, a.a.O., S. 20). In dieser Hinsicht ist die Feststellung unabweisbar, daß die industrielle Revolution in den böhmischen Ländern, anstatt integrierend zu wirken, die nationalen Auseinandersetzungen verschärft hat.

2. Integraler Nationalismus und sozialistischer Internationalismus

Gehen wir davon aus, daß eine fortgeschrittenere menschliche Gesellschaft nicht punktuell aus bloßen Familien oder gar Individuen bestehen kann und eine herrschaftsfreie anarchische Menschheit in die Kategorie der Utopien und Chiliasmen gehört, so wirft die Zerstörung der ständischen und reichisch-übernationalen Struktur die Frage nach dem *neuen* determinierenden Integrationsfaktor auf.

Es hatte sich gezeigt, daß die „Nation", verstanden als die Gesamtheit der politisch mündig gewordenen oder mündig zu sein beanspruchenden Staatsbürger, diese Rolle übernahm. Konkret war die Nation zunächst aber nichts anderes als die historisierende Ideologie einer – dem Adel gegenüber breiten, der Masse des Volkes gegenüber nur kleinen – Schicht aufstrebender Bildungs- und Besitzbürger. Mit der industriellen Revolution schreitet die „Mobilisierung" der Gesellschaft fort (wobei die moderne Bedeutung dieses Begriffs aus dem Militärischen nicht von ungefähr in die Nachbarschaft von „Totalisierung" und Relativierung des Menschen zu einem bloßen Rädchen im Apparat geraten ist). Aus der in die Städte strömenden landlosen Agrarbevölkerung wächst die Masse der neuen, zahlenmäßig alle anderen Schichten übertreffenden Klasse der Arbeiter. Es ist in der Geschichte immer wieder festzustellen, daß die Nachrückenden zunächst einmal die Ideologie der bereits Arrivierten annehmen, daß sie ihre Perspektive von jenen beziehen, die das Ziel bereits erreicht haben. Stellt sich nach einiger Zeit heraus, daß der weitere Aufstieg unmöglich ist – entweder infolge unüberwindbarer ständischer oder erstarrter Besitz- und Machtschranken –, so kommt der Gedanke an den totalen Umsturz aller bestehenden Verhältnisse, an die Revolution auf.

Im gegebenen Zusammenhang läuft dies auf die Frage hinaus, ob die nationale Ideologie imstande sein wird, den unaufhaltsam entstehenden Klassengegensatz zu relativieren, oder ob die Klasse zum bestimmenden Integrationsfaktor wird, sich eine neue Ideologie schaffen und die vorhandenen nationalen Gegensätze überbrücken kann? Es gibt auf diese Frage keine abstrakte, so und nicht anders allein notwendige, von der Zeit, dem Raum und der menschlichen Entscheidungsfreiheit unabhängige Antwort. Gewiß erscheint als Erfahrungstatsache nur eines: Der Eintritt der Massen in die Geschichte treibt zur Auflösung der relativierenden bildungsbürgerlichen Weltschau und tendiert zu den großen Vereinfachungen, die zugleich Totalisierungen sind. Der Nationalismus der Honoratioren wird zum „integralen", d.h. die Nation absolut setzenden und der sich nun verschärfende Klassengegensatz zum Anlaß, alles aus diesem einen Punkt zu erklären und gegen die Nation die Klasse als allein realistische und absolute Achse aller Politik zu stellen.

In der österreichischen Nationalitätenproblematik und insbesondere im Verhältnis von Tschechen und Deutschen werden die möglichen Antworten auf diese Frage durchgespielt oder zumindest theoretisch aufgeworfen. Aus dem Scheitern des *Austromarxismus* am integralen Nationalismus werden dann so grundverschiedene Folgerungen gezogen wie „Das Volk ist die Substanz, der Sozialismus die Form" (Engelbert Pernerstorfer, Zeitfragen, Wien 1917, S. 45) und „Sozialistisch im Inhalt, national in der Form" (die spätere Formulierung der leninistisch-stalinistischen Nationalitätenpolitik). Zwei Akzentsetzungen, die einen Kreuzungspunkt der Entscheidung benennen. Der eine Weg führt nach rechts zum nationalen Sozialismus oder sozialistischen Nationalismus, der andere zum Marxschen Klasseninternationalismus, bei dem nur noch nationale Äußerlichkeiten gepflegt werden.

Daß *Hitler* von den nationalen Auseinandersetzungen Österreichs entscheidend geprägt worden ist, weiß man. Weniger bekannt ist, daß Josef Stalin 1913 während seines Aufenthaltes in Wien seine Schrift „Der Marxismus und die nationale Frage" an Hand der österreichischen und hier der deutsch-tschechischen Erfahrungen verfaßte. Stalin streitet darin gegen die Auffassungen des jüdischen Arbeiterbundes, der innerhalb der russischen Sozialisten eine Autonomiepolitik betrieb und sich dabei auf die österreichische Sozialdemokratie berief, und prangert den Föderalismus in der österreichischen Partei an, der „zum Seperatismus übelster Art, zur Zerstörung der Einheit der Arbeiterbewegung geführt hat" (Josef W. Stalin, Marxismus und nationale Frage, in: Gesammelte Werke, Bd. II, S. 311). Gemeint war damit die tschechische Abspaltung von der international organisierten österreichischen Partei. Von allen Austromarxisten ließ Stalin nur die deutschböhmische Linke, wie sie sich in Reichenberg unter *Josef Strasser* entwickelte, gelten, ja stellte sie als vorbildlich hin (aus ihr ging später die deutsche Sektion der KPTsch unter *Karl Kreibich* hervor). Die Auseinandersetzung Stalins mit dem Austromarxismus hat seine Bedeutung für die Struktur und Politik der III. Internationale. Auf dem übernationalen Boden Österreichs wurde zuerst die geschichtliche Frage des Verhältnisses von Nationalismus und Sozialismus in aller Schärfe aufgeworfen. Der Prüfstand war Böhmen.

3. Der Weg der österreichischen internationalen Arbeiterbewegung und ihr Scheitern am deutsch-tschechischen Problem

Bis gegen Ende der sechziger Jahre wurde der Sozialismus in Österreich ausschließlich von den Deutschen getragen. Bei den Tschechen taucht er erst in den Jahren nach 1870 auf. In beiden Fällen entstammte er der nationaldemokratischen Bewegung und der revolutionären Tradition von 1848. Die nationale Durchmischung in der Frühperiode der Industrialisierung hatte nicht nur verschärfend und national verunsichernd gewirkt, deutsche und tschechische Arbeiter fanden sich auch in gemeinsamer Gegnerschaft zum Unternehmer und in der Zusammenarbeit erster gewerkschaftlicher Organisationen. In Böhmen und Mähren wurde man sich eher der Notwendigkeit eines internationalistischen Vorgehens bewußt als anderswo. 1874 konnte auf dem Parteitag von Neudörfl unter Teilnahme von Deutschen und Tschechen aus den böhmischen Ländern die internationale sozialdemokratische Partei in Österreich gegründet werden. 1878 entstand auf dem Parteitag von Břevnov die tschechische sozialdemokratische Partei, die sich der österreichischen Gesamtpartei eingliederte. Dann folgte aber ein Niedergang in den achtziger Jahren, der auf innere Zersetzung, Unterdrückungsmaßnahmen des Staates und die nationale Radikalisierung zurückzuführen ist, die auch die Arbeiterschaft erfaßte. Erst der Hainfelder Parteitag 1888/89 legte das Fundament für eine moderne sozialistische Partei in Österreich. Seine Prinzipienerklärung verankerte den Internationalismus als grundlegendes Strukturelement der Partei. Praktisch waren die deutschen und die tschechischen Arbeitervereinigungen aber nur durch diese allgemeine prinzipielle Übereinstimmung miteinander verbunden. Die Zukunft mußte erst zeigen, welche Bindekraft dieser internationalen Solidarität innewohnen würde.

Mit der Verschärfung der nationalen Frage in den böhmischen Ländern in den sechziger Jahren bahnte sich auch ein Stilwandel an.

Hatten 1848 Professoren, Honoratioren und die kleine Spitze der Intellektuellen den Ton angegeben, so wird nun das Kleinbürgertum und auch die Arbeiterschicht in den Wirbel der Politik hineingezogen. Vehikel dieser Entwicklung sind zuerst die Turn- und Schutzverbände beider Seiten. 1863 wurde der tschechische Turnverband „Sokol" (Falke) gegründet (einer der Gründer, Heinrich Fügner, war deutschböhmischer Abkunft). Der Sokol wurde zu einer deutsche und serbische Vorbilder übernehmenden, militanten, panslawistisch orientierten paramilitärischen Volksbewegung, der es rasch gelang, das tschechische Nationalbewußtsein in den noch konservativen Massen zu erwecken. Die deutschen Turnvereine waren schon 1848 die Träger des großdeutschen Gedankens gewesen. Mit der Gründung der nationalen Schutzverbände in den achtziger Jahren (Deutscher Schulverein, Matice česká und matice školská) wurde der Nationalitätenkampf bis ins kleinste Dorf getragen. So sehr auf beiden Seiten der Idealismus und die Opferfreudigkeit im Kampf um die Verteidigung der Rechte des eigenen Volkes zu würdigen sind, das Gesamtergebnis war kein nationaler Gewinn, weder für die einen noch für die anderen, sondern nur die Vertiefung des Mißtrauens und generell die Vergiftung der Atmosphäre. Hätten 1848 noch wenige ausgeprägte Persönlichkeiten und kleine gebildete und immer noch weltoffene Schichten verhältnismäßig leicht einen Ausgleich herbeiführen können, so kam jetzt ein Element der Emotionen ins Spiel, das nicht mehr viel Gutes erwarten ließ.

Die Wahlrechtsreform von 1882, die eine Erweiterung des Kreises der Stimmberechtigten brachte, führte auf deutscher Seite zum Anwachsen der Deutschnationalen und auf tschechischer zur Vorbereitung des Sieges der sog. Jungtschechen über die konservative Alttschechische Partei. „Deutschnationale und Schönerianer auf der einen Seite und die Jungtschechen auf der anderen entsprachen einander in ihrer sozialen Struktur; ihr kleinbürgerlicher, sich zum intransigenten Chauvinismus steigernder Nationalismus und ebenso ihr ideologischer Doktrinarismus (Germanophilie, böhmisches Staatsrecht) sind das Ergebnis des Eintritts neuer, politisch unmündiger Volksschichten in das parlamentarische Leben" (Friedrich Prinz, a.a.O., Bd. III, S. 156).

Trotz dieser Erfahrung wurde, dem Zug der Zeit zur fortschreitenden Fundamentaldemokratisierung folgend, 1907 das allgemeine und gleiche Wahlrecht beschlossen. Erzwungen von einer sozialdemokratischen Wahlrechtsbewegung, stellte sich schließlich auch die Krone dazu positiv. Die Hoffnung der Sozialdemokraten wie des Kaisers war, daß dadurch der Kampf der Nationen um den Staat abgebaut und quer zu den Völkern gesellschaftliche Interessenparteien die Mehrheit im Reichstag erhalten würden, deren Hauptziel es nicht mehr sein würde, den Staat zu sprengen oder gegen die anderen zu beherrschen. Gewarnt davor hatten wenige weitsehende Persönlichkeiten, sowohl

Konservative (wie der „Sudetendeutsche" Joseph M. Baernreither) als auch Sozialisten (wie Friedrich Stampfer). Nach ihrer Auffassung konnte das allgemeine Wahlrecht nur nach vorhergehender Lösung der Nationalitätenfrage eingeführt werden, andernfalls würde es einen chaotischen Kampf aller gegen alle entfesseln. Sie sollten leider recht behalten. Zwar wurden die radikalen nationalistischen Parteien mit der ersten Anwendung dieses Wahlrechtes zurückgedrängt, und die Sozialdemokratie ging als stärkste Gruppe aus dem Wahlkampf hervor; die Hoffnungen aber, daß die sozialen Gegensätze die nationalen überwinden würden, erfüllten sich nicht. Im sozialen Differenzierungsprozeß, der nun auch parteipolitischen Ausdruck erhielt, zerfielen wohl die alten gesamtnationalen bürgerlich bestimmten Repräsentationen, aber um den Preis, daß die neu entstandenen Parteien der Sozialdemokraten, Christlichsozialen, Agrarier und Nationalsozialen vielfältigster Spielart alle beträchtliche Teile des nationalen Programms übernahmen und bei den emotionell bestimmten Massen damit um deren Gunst wetteifern mußten. Im Kampf gegen die nationalen Parteien wurden sie durch deren Parolen von innen erobert.

1910, als wieder einmal ein Versuch, den deutsch-tschechischen Sprachenstreit zu beenden, gescheitert war, war es soweit, daß sich auch die als einzige österreichische Partei international organisierte Sozialdemokratie in nationale Gliedparteien aufspaltete. Den Anstoß dazu gaben die Tschechen, die sich schon alle nationale Forderungen der Jungtschechen bis zur Staatsrechtsideologie zu eigen gemacht hatten (H. Mommsen, a.a.O., S. 389ff.). Seit 1905 stand die tschechische Sozialdemokratie in enger Verbindung mit dem 1899 gegründeten Tschechischen Nationalrat (Národní rada česká), der die Abgeordneten aller tschechischen Parteien vereinigte und sogar eine „auswärtige Sektion" besaß, die Beziehungen zu Frankreich und Rußland pflegte (Friedrich Prinz, a.a.O., Bd. III, S. 186). Dem tschechischen Nationalrat entsprechend schufen die Deutschen 1903 den „Deutschen Volksrat in Böhmen und Mähren". Beide Räte waren als Instrument einer nationalen Blockpolitik gedacht. Das Prinzip einer nationalen Solidarisierung und Relativierung der interessenpolitischen Gegensätze drang nicht nur siegreich gegen jede a-nationale Differenzierung vor, sondern lud den Nationalismus mit allen Massenleidenschaften auf. Auf beiden Seiten wurde der „Volkstumskampf" ideologisch verklärt und der „Begriff des sittlich Wertvollen national relativiert und dadurch im Grunde zerstört" (Friedrich Prinz, a.a.O., Bd. III, S. 188).

Gewiß hatten der Prozeß der Industrialisierung und der damit verbundene der sozialen Umschichtungen nicht den Nationalitätenkonflikt hervorgerufen. Sicher aber haben beide die Auflösung der deutsch-tschechischen Symbiose beschleunigt, statt sie auf eine neue Grundlage zu stellen. Hans Mommsen kommt zu dem Urteil, daß die Industrialisierung die soziologischen Voraussetzungen für die massenideologische Ausnützung des Nationalitätenstreites schuf (Hans Mommsen, a.a.O., S. 43, 44). Ohne diese gesellschaftliche Umschichtung und Mobilisierung konnte jener integrale Nationalismus kaum entstehen, der am Ende die Gesamtheit der Bevölkerung einbezog und alle sozialen Gegensätze in nationale uminterpretierte.

4. Das Brünner Nationalitätenprogramm – ein letzter Rettungsversuch?

Friedrich Engels hatte 1847 davon gesprochen, daß das erwachende Proletariat allein die Nationen zusammenführen könne (Das Fest der Nationen, in: Marx-Engels, Gesammelte Werke, I. Abt., Bd. 4, S. 460). Der orthodoxe Internationalismus träumte davon, daß die wirtschaftliche Entwicklung gar zu einer Verschmelzung der Nationen führen würde. Ausgangspunkt dieser Theorien war die Auffassung, daß der Nationalismus nichts anderes sei als ein bloßer ideologischer Überbau der bürgerlichen Klassenherrschaft.

Die Wirklichkeit in Österreich und vor allem in den böhmischen Ländern korrigierte diese Vorstellungen. Das Übergreifen des Nationalismus vom Bildungsbürgertum auf die Massen bei Deutschen wie bei Tschechen zwang die Sozialdemokratie zum Lavieren, aber auch zum theoretischen Neudurchdenken des Problems. Bereits gegen Ende der achtziger Jahre löste sich der Austromarxismus von jenen orthodoxen Dogmen. *Otto Bauer* entwickelte als Gegenposition eine Theorie der fortschreitenden nationalen Differenzierung im Sozialismus, und analog verlief der Weg der Organisation.

Solange die Sozialdemokraten noch um die Durchsetzung des Koalitionsrechtes und der Versammlungsfreiheit kämpfen mußten, war das Interesse der Arbeiterschaft an nationalen Fragen gering. Als aber in den achtziger Jahren wirtschaftliche Zwecke immer stärker in den Dienst nationaler Zielsetzungen gestellt und die Massen selbst Resonanzboden nationaler Demagogie wurden, konnte man dieser Frage nicht mehr ausweichen. Der deutsch-tschechische Gegensatz in den böhmischen Ländern gefährdete die internationale Struktur der Partei im Kern. Unter diesem Zwang stehend, wagte sie den Versuch, durch das sog. *Brünner Nationalitätenprogramm* diesen Konflikt zu entschärfen und einen Weg zur Lösung aufzuzeigen.

Das Ergebnis der Einigung auf dem Brünner Parteitag von 1899 litt von vornherein unter dem Mangel, daß deutscherseits die Tragweite des werdenden integralen Nationalismus nicht in vollem Umfang begriffen wurde. Man hoffte, die nationale Frage auf den sprachlich-kulturellen Bereich reduzieren zu können, demgegenüber die ökonomischen – entscheidenden – Fragen ihren internationalen Charakter behalten würden. Der sudetendeutsche Sozialdemokrat *Josef Seliger* hatte sich dieser Auffassung angeschlossen. In Brünn referierte er: Die Nationalitätenfrage dürfe nicht als Machtfrage, sondern müsse kulturell aufgefaßt werden; die Regelung der kulturellen Institutionen durch die nationalen Selbstverwaltungskörper werde den Grund der Nationalitätenhetze beseitigen (Parteitagsprotokoll, Brünn 1899, S. 75f.). Die Tschechen waren realistischer. Ihre Abänderungsvorschläge betonten den ökonomischen und verfassungspolitischen Gesichtspunkt: „Einen nationalen Ausgleich gibt es daher nur bei vollendeter kultureller und ökonomischer Gleichberechtigung" (František Modraček in der Arbeiter-Zeitung vom 26.9.1899).

Daß man sich doch noch auf ein gemeinsames Programm verständigte, dessen Annahme von dem Sudetendeutschen Seliger und dem Tschechen *Němec* dem Parteitag gemeinsam vorgeschlagen wurde, war nur möglich, weil entscheidende Konfliktfragen umgangen wurden, weil man keinen Wert auf die Klärung der Begriffe legte, die bereits während des Parteitages verschieden interpretiert wurden, weil man aus optischen Gründen die einstimmige Annahme brauchte und weil die Führer des nationalen Flügels der tschechischen Sozialdemokratie (František Soukup, Alfred Meißner und František Modraček) gar nicht nach Brünn gekommen waren.

Das Nationalitätenprogramm des Brünner Parteitages bestand in der Verkündigung von *fünf Grundsätzen*: 1. Österreich ist umzubilden in einen Nationalitäten-Bundesstaat; 2. An Stelle der historischen Kronländer werden national abgegrenzte Selbstverwaltungskörper gebildet; 3. Sämtliche Selbstverwaltungsgebiete einer und derselben Nation bilden zusammen einen national einheitlichen Verband; 4. Das Recht der nationalen Minderheiten wird durch ein eigenes, vom Reichsparlament zu beschließendes Gesetz gewahrt; 5. Die Nichtanerkennung eines nationalen Vorrechts, damit die Verwerfung der Forderung einer Staatssprache (Hans Mommsen, a.a.O., S. 336).

Außer acht gelassen waren die konkreten Streitpunkte im Schul-, Ämter- und Sprachenstreit, die bereits das Verhältnis der Nationen zueinander weitgehend bestimmten. Wie wenig das Nationalitätenprogramm wirklich den deutsch-tschechischen Antagonismus überbrückte, beweisen die Stellungnahmen der tschechischen sozialdemokratischen Führer zur Brünner Resolution. Die Tschechen konnten zwar keinen Gegenvorschlag machen, weil sich die böhmischen und die mährischen Tschechen nicht einigten, grundsätzlich aber hielt der nationaltschechische Flügel der Sozialdemokratie die Brünner Resolution für verfrüht. Das heißt, man wollte sich nicht auf die von den Deutschen gewünschte nationale Abgrenzung einlassen, weil man sich selbst expandierend wußte. Die Schaffung nationaler Kantone in den böhmischen Ländern lehnten sowohl Modraček als auch Němec, der für die Annahme der Resolution eingetreten war, ab. Hans Mommsen kommt zu dem Urteil: „Es fällt nicht schwer, zu erkennen, daß hier eine sozialdemokratische Version des böhmischen Staatsrechts vorlag ... Der Gegensatz, der sich zwischen der Prager und der Wiener Parteiführung auftat, entsprach der deutsch-tschechischen Frontbildung in der böhmischen Frage. Die Deutschen forderten damals die Zweiteilung Böhmens, die Tschechen lehnten sie ab, weil die Entwicklung zu ihren Gunsten verlief ..." (Hans Mommsen, a.a.O., S. 324, 325).

Rückblickend muß man feststellen, daß das Brünner Nationalitätenprogramm den schleichenden Zersetzungsprozeß in der gesamtösterreichischen Sozialdemokratie nicht aufgehalten hat und daß die Grundidee, mittels der Demokratisierung Österreichs aus der nationalen Machtfrage wieder eine kulturelle Frage zu machen (Hans Mommsen, a.a.O., S. 317), d.h. den Nationalismus zu entpolitisieren, scheiterte. Die Spaltung ging in diesem Fall aber eindeutig von den Tschechen aus, die sich bemühten, den Aufbau einer ethnisch geschlossenen Parteiorganisation zu forcieren, und die dieses Prinzip auch in die Gewerkschaften hineintrugen. Verstärkt wurde diese Einstellung der tschechischen Sozialdemokratie noch durch die Konkurrenz der 1908 gegründeten tschechischen Nationalsozialistischen Partei Klofáč', die betont antideutsch und antijüdisch agierte und für das sozialdemokratische Wählerreservoir eine Gefahr darstellte (Friedrich Prinz, a.a.O., Bd. III, S. 188). Bis zu diesem Jahr 1908 gelang es dem sozialdemokratischen Abgeordnetenverband, die Krise wenigstens nicht nach außen treten zu lassen. 1909 kam es schon zu Kampfabstimmungen zwischen tschechischen und deutschen Sozialdemokraten im Wiener Parlament. Schließlich versuchte die Sozialistische Internationale, zwischen den beiden verfeindeten Brüdern zu vermitteln. Die Intervention des Kopenhagener Kongresses aber konnte den Zerfall, der 1911 eintrat, nicht mehr verhindern, sie hat ihn im Gegenteil beschleunigt. Die österreichische Internationale zerbrach an dem Streit der Nationalismen in den böhmischen Ländern, wie ein paar Jahre später die ganze II. Internationale, als die europäischen Nationalstaaten den Ersten Weltkrieg auslösten.

5. Karl Renner

Daß eine Auseinandersetzung nicht nur zerstörerisch zu sein braucht, daß in ihr immer auch die Chancen einer schöpferischen Antwort und damit die Überwindung der Gegensätze liegen, kurz: daß die Toynbeesche Struktur von Challenge und Response viel eher auf die Wirklichkeit der Geschichte zutrifft als die Vorstellung unabweislicher und unaufhaltsamer Prozesse, beweist die Person Karl Renners. Dem mährischen Deutschen, der nach zwei Zusammenbrüchen die Führung der

Republik Österreich übernehmen mußte (1919 als erster Kanzler und 1945 als erster Staatspräsident) war die Verwirklichung seiner Ideen zur Nationalitätenfrage zwar versagt, seine Grundgedanken blieben aber aktuell. Robert A. Kann stellt in einem abschließenden Urteil zu Karl Renner fest, daß seine Vorschläge viel zu spät, ja ein halbes Jahrhundert zu spät, gemacht wurden. „Die Ära von Kremsier ... hätte sie vielleicht mit Begeisterung aufgenommen, die Ära des unbeschränkten Nationalismus ging über sie hinweg" (Robert A. Kann, a.a.O., Bd. II, S. 171). *Kamen sie für Österreich, in dem die nationale Verhetzung auf allen Seiten schon zu weit fortgeschritten war, zu spät, so mögen sie heute und morgen, ein Dreivierteljahrhundert nach dem Zusammenbruch dieses Vielvölkerstaates, erst geschichtswirksam werden. In einer Zeit, wo Europa und die großen Kontinentalräume, ja die Welt, sich zusammenfinden müssen, treten überall die gleichen oder sehr ähnliche Probleme auf, wie diejenigen, mit denen Österreich sich auseinandersetzen mußte und an denen es zugrunde ging. Große Teile der Welt sind heute im Begriff sich in ethnische Konflikte bis hin zu Krieg und Genozid und neuen Kampf um Grenzen aufzulösen. Der Krieg im ehemaligen Jugoslawien ist nur eine der Warnungen vor dem Kommenden. Nach einer Studie des britischen Royal Institute of International Affairs aus dem Jahre 1992 existieren allein im Bereich der ehemaligen Sowjetunion 125 solcher Konflikte, von denen bereits 25 als tatsächliche und mögliche „bewaffnete Konflikte" klassifiziert werden. Und nicht nur das: Ein ethnischer Steppenbrand im Osten kann zur Zündung weit größerer Konflikte sogar mit nuklearem Hintergrund werden. Er kann in der Folge nicht nur den islamischen Nahen und Mittleren Osten in Brand setzen, sondern auf das östliche Mitteleuropa bzw. den Nordosten und Südosten Europas übergreifen und damit den ganzen Kontinent gefährden. Renner ist somit aktueller denn je.*

Eine romantisierende Geschichtsbetrachtung sieht in der Donaumonarchie das Abbild und das Vorbild eines künftigen Europas. Beispielhaft für die Zukunft – allerdings in einem warnenden Sinn – sind aber eher die Fehler, die gemacht wurden, sind die Erfahrungen, auch wenn sie sich niemals schematisch auf andere Verhältnisse übertragen lassen. Österreich-Ungarn war nicht die Idylle, zu der es eine vergoldende Sehnsucht verklären möchte. Aber ein Jahrhundert selbstzerstörerischen Nationalismus aller Völker dieses Raumes mußte wohl erst den Weg zu Ende gehen, bevor nun die staatsschöpferische Vernunft eines Karl Renner wieder Auferstehung und Würdigung erfahren kann. Auch sein Gedankengang muß zweifellos als eine Frucht des deutsch-tschechischen Verhältnisses angesehen werden, in dem er aufgewachsen und gewachsen ist.

Seine Grundvorstellung war die *zweidimensionale Föderation*, d.h. die *Verbindung des Territorial- und des Personalitätsprinzips*, wobei die politische Demokratie auf dem Territorial- und die nationale Demokratie auf dem Personalitätsgrundsatz beruhen müsse. Die „zentralistisch-atomistische Verfassung", die nur gleichberechtigte Untertanen kennt, sollte durch eine „organische Verfassung", ersetzt werden, die gleichberechtigte Nationen als Bausteine hat. Das war aber nicht so zu verstehen, wie es das sog. Böhmische Staatsrecht forderte, sondern zur territorialen Gemeinschaft der Bürger eines Landes sollte noch die personale Gemeinschaft der Bürger der Nationen durch Eintragung in einen nationalen Kataster kommen. Die Wehr- und Wirtschaftseinheit des Gesamtstaates sollte bei der Zentralregierung liegen. Die Nationen aber würden in dieser Neustrukturierung nicht auf bloße Sprach- und Kulturaufgaben abgedrängt, sondern Hoheitsbefugnisse einer Selbstregierung erhalten. In der Praxis würde jede Nation eine „geschlossene einheitliche Zone nationalen Territoriums" besitzen, während die Mischgebiete zu Zonen doppelten Rechts werden würden. Renner vertrat dabei die Auffassung eines konsequenten Föderalisten, wonach der Föderalismus *unten* beginnen müsse. „Wer das, was von Natur gesondert ist, sondert, und den Sonderteil, der der Selbstregierung bedarf, auch mit Selbstregierung ausstattet, zugleich aber für die organische Verbindung der Teile, für ihre harmonische Eingliederung in das Ganze sorgt, ist Föderalist, jeder andere nicht. Da aber die Nationen solche natürlich gesonderten Elemente ... sind, da diese sich in Gemeinde, Bezirk, Kreis, Land, Staat mischen, so beginnt der wahre Föderalismus unten in der Gemeinde und hört oben beim Staat auf, er ist überall zu Hause, nirgends mit mehr und nirgends mit weniger Recht. Das gerade ist die Eigenart des Föderationsproblems in Österreich, daß es nicht auf die Provinzen und ihr Verhältnis zum Staat eingeschränkt ist, dadurch ist es völlig neu und beispiellos in Doktrin und Praxis. Die gemischtsprachige Gemeinde ... muß selbst schon eine Föderation zweier Gemeinden sein" (Karl Renner, Das Selbstbestimmungsrecht der Nationen, S. 234).

Renners Ziel war, den Machtkampf der Nationen um den Staat durch eine *innerstaatliche übernationale Rechtsordnung* zu ersetzen, die neue „Rechtsidee der Nation vorerst im engen Rahmen des Nationalitätenstaates zu verwirklichen und der einstmaligen nationalen Ordnung der Welt ein Vorbild zu schaffen" (Karl Renner, a.a.O., S. 213-218).

Er wendet sich – und das ist das wirklich Neue, die uneingeschränkte Souveränität des Staates negierende *gegen die Absolutsetzung des Territorialprinzips*, das seit der Entstehung des Flächenstaates der Neuzeit zuerst die These „cuius regio, eius religio" aufgestellt hat und dem es bisher nicht gelungen ist, aus unterschiedlichem Gruppenbewußtsein entstehende Konflikte anders als schematisch und oberflächlich mittels des Mehrheitsprinzips zu lösen. Dazu Renner: „Das Territorialprinzip sagt: ‚Wohnst du auf meinem Gebiet, so bist du meiner Herrschaft, meinem Recht, meiner Sprache unterworfen.' Es ist der Ausdruck der Herrschaft, nicht der Gleichberechtigung, somit der Gewalt und nicht des Rechtes" (Karl Renner, a.a.O., S. 75). *Die Vertrei-*

bungen und Deportierungen, ja Liquidierungen aus Gründen der sprachlichen, ethnischen, rassischen oder weltanschaulich- soziologischen Unterschiedlichkeit in unserem Jahrhundert sind nur die letzte und radikalste Konsequenz der Absolutsetzung des Flächenstaates.

Ganz neu war das von Renner vorgeschlagene Heilmittel des Personalitätsprinzips natürlich nicht. Es entsprach in etwa dem Kuriensystem, wie es aus der alten Reichsgeschichte bekannt ist. Während damals aber nur Standesvertretungen ihr Eigenrecht wahren konnten bzw. auch sogenannte nationale Kurien nur der kleinen Schicht der ständischen Herrschaft Rechte gaben, war Renners Gedanke die Demokratisierung des uralten Kurienrechts, daher trotz der „nationalen" Benennung *übernationales, reichisches Denken.*

Renners Vorstellungen konnten nicht verwirklicht werden. Das schäbigste Argument, das gegen sie ins Feld geführt wurde, war, daß diese Doppelorganisation des Staates zu teuer komme. Angesichts des Verlustes, den der nicht beigelegte Nationalitätenhader verursachte – und zwar bis zur Zerstörung des Staates und mit Konsequenzen, die den Zweiten Weltkrieg vorbereiteten – wäre wohl alles billiger gewesen, was den Streit zwischen Deutschen und Tschechen beendet hätte.

In einem begrenzten Umfang wurden Renners Prinzipien im sog. *Mährischen Ausgleich von 1906* angewendet. Der Ausgleich zwischen Tschechen und Deutschen im Heimatland Karl Renners, wo 28 v.H. Deutsche lebten (in Böhmen 37 v.H.) und der Einfluß der radikalen städtischen Intelligenz infolge des überwiegend agrarischen Charakters auf beiden Seiten geringer war, brachte einen fühlbaren Rückgang des Nationalitätenkampfes. In Mähren wurden nun die tschechischen und deutschen Wähler in besondere Nationalkataster eingetragen, d.h. beide wählten gesondert ihre Kandidaten. *In den Selbstverwaltungskörpern wurde mittels der Personalautonomie jede formaldemokratische Majorisierung unmöglich gemacht.* Relativiert und unnötig wurde damit das in den Mischgebieten unanwendbare Prinzip einer ethnisch-territorialen Grenzziehung. Auch wenn sich die Funktion der nationalen Kurien in Mähren nur auf die Wahlen beschränkte, so waren sie doch entwicklungsfähig in Richtung einer wirklich autonomen Verwaltung.

Der Mährische Ausgleich wurde 1910 das Vorbild für einen Ausgleich in der Bukowina, in der sechs Nationen in einem Land zusammenlebten (Ukrainer, Rumänen, Deutsche, Juden, Polen und Magyaren). Robert A. Kann hält den Mährischen Ausgleich für den einzigen Lichtblick in der Zeit ständiger Mißerfolge und meint: „Ohne den Ausbruch des Ersten Weltkrieges hätte er wohl auch die Verhältnisse in Galizien und später vielleicht die künftige Entwicklung anderer Kronländer und der Staatsordnung als Gesamtheit beeinflußt" (Robert A. Kann, a.a.O., Bd. I, S. 199).

Dem Nationalitätenstreit war mit bloßem Lavieren nicht mehr beizukommen, auch nicht mit der von der Wirklichkeit absehenden Theorie der Sozialisten, daß die nationalen Konflikte mit dem Fortschreiten der industriellen Entwicklung an Bedeutung verlieren würden. Nur eine grundlegende Umkehr, wie sie von Karl Renner gefordert wurde, nur der Mut zu einer grundsätzlichen Reform hätte das Unheil noch abwenden können. Das aber geschah nicht, weil die Nationalitäten der Einsicht ermangelten und ihre Führer, anstatt zu „führen", den Weg des geringsten Widerstandes gingen. Wer die Massen gewinnen wollte, mußte den Vorurteilen der Massen nachgeben. Angesichts der demagogischen Verhetzung auf allen Seiten ließ sich der Staat treiben. Das deutsch-tschechische Verhältnis war auf diesem Weg zum Untergang eines großen Reiches von besonderer Bedeutung, so daß das Urteil von Friedrich Prinz am Schluß seiner Darstellung der Geschichte der böhmischen Länder von 1848 bis 1914 gerechtfertigt erscheint: „Kein Zweifel kann darüber bestehen, daß das Schicksal der Donaumonarchie von den zwei entwickelsten Nationen der westlichen Reichshälfte, also von Deutschen und Tschechen, entschieden worden ist" (Friedrich Prinz, a.a.O., Bd. III, S. 226, 227).

6. Die offene Konfrontation bei der Gründung des tschechoslowakischen Nationalstaates

Über das Schicksal der ersten Tschechoslowakischen Republik (1918-1939) könnte man das Wort George Santayanas setzen: „Die die Vergangenheit nicht beherzigen, sind verdammt, sie zu wiederholen." Der sudetendeutsch-tschechische Konflikt, der zuerst mit der Unterjochung der Tschechen und dann mit der Vertreibung der Sudetendeutschen endete, hat auf beiden Seiten eine umfangreiche Rechtfertigungsliteratur hervorgetrieben. Jede Art von Legendenbildung soll hier aber unberücksichtigt bleiben. Weder waren die Sudetendeutschen in der ČSR rechtlos und so unterdrückt, daß sie nur der Eingriff Deutschlands „erlösen" konnte, noch war die erste Republik die „mustergültige Demokratie", von der die Propaganda des tschechoslowakischen Außenministeriums die Weltöffentlichkeit überzeugen konnte. Was aber gewiß nicht stimmt, ist die Behauptung, daß die „Nationalitätenpolitik der Tschechoslowakei mit all ihren Fehlern und Unvollkommenheiten nur mit ihrer Vorgängerin, der Monarchie (verglichen) ... einen qualitativen Sprung vorwärts" darstellt (Adolf Müller/Bedrich Utitz, Deutschland und die Tschechoslowakei, S. 22). Auch die der ersten ČSR reserviert gegenüberstehende marxistische tschechoslowakische Wissenschaft hat 1968 im Rückblick auf diese Staatsgründung die These aufgestellt: „Mit der Entstehung der Republik eröffnete sich die Perspektive für eine endgültige Überwindung des tschechisch-deutschen Antagonismus" (Zdeněk Šolle, Kontinuität und Wandel in der sozialen Entwicklung der böhmischen Länder 1872-1930, a.a.O., S. 46). Die Schuld am Scheitern wird dann vorwiegend dem internationalen Faktor der Weltwirtschaftskrise und dem aufsteigenden deutschen Nationalismus und Imperialismus angelastet. Beide Faktoren haben gewiß ihren vollen Anteil am Geschehen. Sie sind aber nicht seine Wurzeln, und insofern muß man der These von Šolle widersprechen. Die Möglichkeiten und Chancen des Ausgleichs zwischen Deutschen und Tschechen waren nach 1918 von vornherein kleiner, und dies nicht nur auf Grund der Schuld lediglich einer Streitpartei.

Als *Thomas G. Masaryk* im Ersten Weltkrieg Österreich verließ, um im Westen eine tschechoslowakische Auslandsaktion ins Leben zu rufen und die Zukunft der tschechischen Nation nicht mehr im österreichischen Reichsrahmen, sondern durch dessen Zerschlagung zu sichern, da war das schon keine Wendung um 180 Grad mehr, sondern lag durchaus in der Richtung der bisher geschilderten Entwicklung des Auseinanderlebens der beiden Volksstämme der böhmischen Länder. Nachdem alle Versuche, sich in einem vernünftigen und maßvollen Ausgleich zu einigen, an dem wachsenden emotionellen integralen Nationalismus beider Seiten gescheitert waren, erhofften sich Tschechen wie Deutsche die Lösung von dem Sieg der Waffen. Der Weltkrieg erhielt damit die Rolle eines Katalysators der Trennung, insofern an seinem wie immer gearteten Ausgang die Gefahr bestand, daß die Einwohnerschaft Böhmens, Mährens und Sudetenschlesiens zusätzlich zum bereits bestehenden Zwist in Sieger und Besiegte geteilt werden würde. Die im März 1916 vertraulich verbreitete Schrift „Der Standpunkt des Deutschen Nationalverbandes zur Neuordnung der Dinge in Österreich" und die „Osterbegehrschrift" deutschnationaler Politiker ließ das von deutscher Seite vermuten (Johann Wolfgang Brügel, Tschechen und Deutsche, S. 23, 24, 25), von tschechischer wurde es mit der Staatsgründung Wirklichkeit. Obwohl die Masse der tschechischen Nation – von den aus Überläufern und Gefangenen rekrutierten Legionen auf alliierter Seite abgesehen – mit ihren deutschen Landsleuten vier Jahre lang in der gleichen Uniform, in den gleichen Regimentern und für den gleichen Staat gekämpft hatte, war nun über Nacht der eine Teil der Staatsbevölkerung Angehörige der Sieger, und die anderen formal gleichberechtigten Staatsbürger blieben die Besiegten.

Diese Spaltung aber war die Voraussetzung für die nun folgende einseitige tschechische Lösung des Problems. Einseitig, weil die Chance der Neuschaffung eines binationalen Böhmens durch Beteiligung der Deutschen am Bau des Staatsfundaments nicht wahrgenommen wurde. Diese Möglichkeit war zwar schwach, aber immerhin vorhanden, da der Umsturz von 1918 in Böhmen keineswegs der Aufstand des einen Bevölkerungsteils gegen den anderen war, sondern nach dem Kaiserlichen Manifest vom 17. Oktober 1918 und den Anweisungen der Wiener Zentralbehörden in legalen Formen vor sich ging, so daß der tschechische Historiker Josef Pekař später von einer „durch Österreich amtlich bewilligten Revolution" sprechen konnte (Friedrich Prinz, a.a.O., Bd. III, S. 344, 345). Als die Tschechen 1918 ihren Staat gründeten, suchten die Sudetendeutschen zuerst das Gespräch, wenngleich sicherlich mit starken innerlichen Vorbehalten. Am 30. Oktober 1918 kam *Rudolf Ritter Lodgman von Auen,* den die deutschböhmischen Abgeordneten zum Landeshauptmann von Deutschböhmen gewählt hatten, nach Prag, um mit dem Tschechischen Nationalausschuß zu reden. Am 4. November erschien der führende sudetendeutsche Sozialdemokrat Josef Seliger bei der gleichen tschechischen Körperschaft. Er erhielt von Rašin, dem späteren Finanzminister der CSR, die Antwort: „Mit Rebellen verhandeln wir nicht" (Friedrich Prinz, a.a.O., Bd. III, S. 394). Dieses harte Wort wurde den Tschechen Jahrzehnte vorgehalten. Zu verstehen ist es nicht nur aus der Pose des Siegers, sondern auch als Reaktion auf den die böhmische Einheit negierenden, überall aufflammenden Anschlußwillen der Sudetendeutschen. Rašin bezog sich dabei wahrscheinlich auf die Tatsache, daß die deutsch-böhmischen Abgeordneten am 29. Oktober im Gebäude des niederösterreichischen Landtags Deutschböhmen zur eigenständigen Provinz des Staates Deutschösterreich proklamiert hatten. Die Abgeordneten Nordmährens und Schlesiens waren am 30. Oktober diesem Schritt gefolgt und hatten das von ihnen vertretene Gebiet als Provinz „Sudetenland" zum Bestandteil Deutschösterreichs erklärt. Am 3. November schließlich hatten sich die neukonstituierten Kreise „Deutschsüdmähren" und „Böhmerwaldgau" an die Länder Niederösterreich und Oberösterreich angeschlossen. Damit war die ethnische Aufteilung der böhmischen Länder postuliert, wogegen sich die Tschechen seit jeher gewendet hatten. Die tschechische Führung machte aber keinen Versuch, die Einheit des Landes durch *Verhandlungen* mit der anderen Nationalität zu wahren. Die am 14. November 1918 in Prag zusammentretende Revolutionäre Nationalversammlung umfaßte nur Vertreter tschechischer Parteien, zu denen lediglich 40 Slowaken kooptiert wurden. Deutsche, Magyaren, Polen, Juden und Ukrainer blieben ausgeschlossen. Diese Nationalversammlung der Tschechen und Slowaken arbeitete auch die gesamtstaatliche Konstitution aus, ohne die vorgenannten Volksgruppen, nun Minderheiten genannt, an der dem Staat die Grundnorm gebenden Arbeit zu beteiligen. Rašin hat später diesen tschechischen nationalistischen Standpunkt nochmals mit aller Schärfe umrissen: „Den tschechoslowakischen Staat haben wir uns erkämpft, und er muß ein tschechischer Staat bleiben ... Wir haben nach den Friedensbedingungen das Recht, unsere Angelegenheiten so einzurichten, als ob andere Nationen überhaupt nicht existieren würden" (Volksstimme, 10. August 1920).

Dieser intransigenten Haltung entsprach eine ähnliche auf deutscher Seite. Den sudetendeutschen Randgebieten fehlte ein eigenes geistiges und politisches Gravitationszentrum, das die Tschechen in Prag hatten. Traditionell nach Wien orientiert, nahm ihnen der Zusammenbruch des Vielvölkerstaates diesen Schwerpunkt. Angesichts der tschechischen Bestrebungen, einen Nationalstaat ohne Rücksicht auf die nichttschechische Bevölkerung zu schaffen, erstanden alle jene großdeutschen Sehnsüchte wieder, die schon 1848 den Gang der Dinge bestimmen wollten. Deutschösterreich selbst hatte sich am 12. November 1918 zum Bestandteil der Deutschen Republik erklärt, d.h. formaljuristisch den Anschluß an Deutschland verkündet. Durch Gesetz vom 14. November 1918 nahm die Provisorische Nationalversammlung Deutschösterreichs die Provinzen Deutschböhmen und Sudetenland sowie Deutschsüdmähren und den Böhmerwaldgau in ihre Obhut. Die Sudetendeutschen bauten mit diesen Akten auf Hoffnungen, die der amerikanische *Präsident Wilson* mit seinen Erklärungen zum Selbstbestimmungsrecht der Völker als Grundlage des künftigen Friedens erweckt hatte.

Ging es in den letzten 50 Jahren der Donaumonarchie bei den Nationalitätenkämpfen und Ausgleichsbestrebungen meist nur um eine Regelung innerhalb der böhmischen Länder, so standen sich nun nach der Separation der tschechischen Nation von Österreich die bis in die letzte Konsequenz getriebenen Forderungen auf Auflösung der historischen Einheit der böhmischen Länder einerseits und auf Durchsetzung eines slawischen Nationalstaates andererseits gegenüber. In verschärfter Form wiederholte sich die Fragestellung von 1848. *Was die Tschechen nicht erkannten und auch die Welt damals nicht begriff, war, daß infolge der Auflösung Österreich-Ungarns das gesamte Problem der staatlichen Organisierung und Stellung des deutschen Gesamtvolkes in der Mitte Europas neu aufgeworfen worden war.* Die Lösung von 1866/1871 war wieder in Frage gestellt mit allen Konsequenzen auch für die Zukunft der tschechischen Nation. Das inner- tschechoslowakische deutsch-tschechische Verhältnis übernahm dabei die Rolle der Zeitbombe. Wie seinerzeit Österreich vor der böhmischen Frage, standen nun die Tschechen vor der Herausforderung der Geschichte, sich an der Entschärfung zu versuchen und damit auch ein Urteil über ihre eigene Zukunft zu fällen.

7. Der Widerspruch zwischen dem nationalstaatlichen Charakter und der Nationalitätenstruktur der Tschechoslowakei

Daß die erste Tschechoslowakische Republik ein Vielvölkerstaat wie Österreich-Ungarn war, zeigt ein Blick auf die ethnische Zusammensetzung der Bevölkerung. Im Jahre 1921 zählten die Tschechen 50,82 v.H. der Staatseinwohner. Die zweitstärkste nationale Gruppe waren die Deutschen mit 23,36 v.H. Es folgten die Slowaken, die in der östlichen Staatshälfte die Mehrheit bildeten, mit 14,71 v.H., die Magyaren mit 5,57 v.H., die Ukrainer mit 3,45 v.H. Der Rest verteilte sich auf Polen, Nationaljuden, Rumänen, Kroaten und Zigeuner. Der von den Siegern des Ersten Weltkrieges geschaffene tschechoslowakische Staat war zudem damit belastet, daß er auf einander widersprechenden Prinzipien gründete. In seiner westlichen Hälfte (Böhmen, Mähren und Sudetenschlesien) hielt er am Grundsatz der *historischen* Grenzen fest (was die Verweigerung des Selbstbestimmungsrechtes für die Deutschen dieser Länder bedeutete), während er im östlichen Teil (Slowakei und Karpathorußland) mit einigen strategischen Korrekturen das *ethnische* Prinzip (im Sinne der Negierung der historischen tausendjährigen Grenze des ungarischen Stephansreiches) verfocht. Auf Grund der Bevölkerungszusammensetzung stand er vor den gleichen Fragen eines inneren Ausgleichs wie die an diesem Problem zugrunde gegangene Donaumonarchie.

Das übernationale Habsburgerreich hatte aber zumindest in seiner zisleithanischen Reichshälfte die im Art. XIX der Verfassung von 1867 verankerte „*Gleichberechtigung aller Völker und Volksstämme des Reichs*" proklamiert und diesem Grundsatz durch die Errichtung eines Verwaltungsgerichtshofes vollen richterlichen Schutz gewährt, wie zahlreiche Entscheidungen auf dem Gebiet des Nationalitätenrechts beweisen (Gerald Stourzh, Die Gleichberechtigung der Nationalitäten und die österreichische Dezemberfassung von 1867, in: Der Österreichisch-Ungarische Ausgleich von 1867, Wien 1967, S. 210). Die Tschechoslowakei hingegen versuchte mit der gleichen Frage auf *nationalstaatlichem und formal demokratischem Wege* fertig zu werden. Die Tschechen, die gegen den Wiener Zentralismus und die Vorherrschaft der Deutschen in Zisleithanien (die westliche Reichshälfte Österreichs) für die Gleichberechtigung ihrer Nation gekämpft hatten, wurden nun die Herren in einem Staat, den sie als das Eigentum ihres Volkes auffaßten. Die Rollen wurden einfach vertauscht. Aus den Beherrschten wurden Herrschende und umgekehrt. Dem widerspricht nicht, daß den Deutschen die individuelle staatsbürgerliche Gleichheit zuerkannt wurde (die die Tschechen auch im alten Österreich hatten). Verändert hatte sich nur die Form der nationalen Hegemonie. Hatten die Deutschen in der Monarchie auf den *überlieferten Besitzstand* an Macht und

Rechten gepocht, so führten die Tschechen jetzt, dem neuen demokratischen Geist entsprechend, *das Majoritätsprinzip* für sich ins Feld. Da hierzu eine tschechische Mehrheit von 50,82 v.H. kaum ausreichte, erklärte man Tschechen und Slowaken zu einer fiktiven einzigen „tschechoslowakischen" Nation, womit sich der Hundertsatz der Mehrheit nach den Zahlen von 1921 auf 65,653 v.H. erhöhte. Die Angehörigen dieser in Wirklichkeit noch nicht existierenden gemeinsamen „tschechoslowakischen" Nation wurden das Staatsvolk gegenüber den anderen ethnischen Gruppen, die man als „Minderheiten" bezeichnete, womit die Gleichberechtigung, wie sie noch die österreichische Verfassung kannte, aufgehoben war. Der Wille, eine einheitliche „tschechoslowakische" Nation zu schaffen – die Gerechtigkeit gebietet, dies festzuhalten – ist trotzdem keine bloße Zweckkonstruktion. Der Versuch hat Wurzeln im 19. Jahrhundert, und ein Teil der protestantischen slowakischen Intelligenz hat sich begeistert zu diesem Konzept bekannt. Ein halbes Jahrhundert nach dieser Staatsgründung stand allerdings schon fest, daß diese Nationswerdung nicht geglückt ist und daß die Slowaken an ihrer ethnischen Eigenständigkeit auch in staatsformender Hinsicht festhalten.

Das tschechische Bestreben, den Slowaken ihr nationales Selbstverständnis zu nehmen, hat sehr zur Verfeindung dieser beiden Brudernationen beigetragen und bis in unsere Tage den Zusammenhalt des tschechoslowakischen Staates immer wieder gefährdet und ihn schließlich aufgelöst. Der letzte Grund war: Die Tschechen wollten mit dieser künstlichen Mehrheit einem Ausgleich mit den Sudetendeutschen ausweichen. Den Slowaken wurde daher zur Zeit der Staatsgründung auch jene Autonomie verweigert, die Thomas G. Masaryk während des Weltkrieges in Pittsburgh den Amerika-Slowaken versprochen hatte. Das Motiv ist leicht zu sehen: Hätte man den 14,71 v.H. der Slowaken die Autonomie gegeben, wie hätte man sie den 23,6 v.H. der Deutschen verweigern können, die in Böhmen gar 32,38 v.H. umfaßten? Auch die Karpatenukraine erhielt aus den gleichen Gründen nicht die in der Verfassung zugesagte Selbstverwaltung, und eine 1918 beschlossene Einteilung des gesamten Staatsgebietes in 21 Gaue (Župy) wurde wieder rückgängig gemacht, weil es dann im deutschen Siedlungsgebiet auch Gaue mit einer deutschen Mehrheit gegeben hätte.

Den Deutschen wurden also vom neuen tschechischen Staat jene Gruppenrechte verweigert, die die Tschechen für sich in Österreich gefordert hatten. An Stelle eines Ausgleichs zwischen den ethnischen Gruppen bot die Tschechoslowakei den sogenannten Minderheiten (die im eigenen Siedlungsgebiet durchaus Mehrheiten waren) die demokratische Gleichberechtigung des Staatsbürgers als Einzelindividuum an. In der Deklaration der tschechoslowakischen Auslandsaktion vom 18. Oktober 1918 waren die *Menschen- und Bürgerrechte der amerikanischen Verfassungsurkunde* als künftige Grundlagen der Tschechoslowakei genannt worden. Die endgültige Verfassung vom 29. Februar 1920 schloß sich jedoch eng an das *französische* Vorbild an. Diesem Geist der Verfassung entsprach eine parlamentarische Mehrheitsregierung als Ausdruck der Demokratie und der freien Selbstbestimmung der Individuen. *Das System wechselnder parlamentarischer Mehrheiten funktioniert jedoch nur dort, wo die Mehrheit veränderbar ist, d.h. wo nicht sprachliche, ethnische oder sonstige der Tagesentscheidung entzogene Bedingungen unverrückbare Mehrheiten fixieren.* Auf dem Boden des Prager Parlaments aber stand nun in allen Verfassungs- und Ausgleichsfragen eine mehrheitliche „allnationale" tschechoslowakische Koalition den ethnischen Minderheiten gegenüber, und das änderte sich selbst dann nicht, als sich deutsche Parteien an der Regierung beteiligten. Die formal einwandfreie Demokratie erhielt so in vielen Fällen den Charakter einer *Ethnokratie*.

In dieser Tatsache spiegelte sich der Widerspruch zwischen dem äußerlich übernommenen westeuropäischen Staatsbegriff und der praktizierten mittel- und osteuropäischen Auffassung vom sprachlich-ethnisch definierten Staatsvolk. Im Sinne der westeuropäischen Vorstellung war nur dem tschechischen Professor an der Prager Karls-Universität *Emanuel Rádl* Konsequenz und Ehrlichkeit zuzusprechen. Er trat für die Schaffung einer Staatsnation aus *allen Bürgern* tschechischer, slowakischer, deutscher, ungarischer u.a. Zunge ein, fand aber weder beim eigenen Volk noch bei den Deutschen Resonanz. Eugen Lemberg nennt Rádl den „einzigen, der sich unter den Tschechen des neuen Staates über die Nationalitätenfrage wirklich Gedanken machte" und stellt fest: „(er vollzieht) die Wendung zur westeuropäischen Auffassung, die die Nation als Gemeinschaft der Bürger des gleichen Staates erklärt ... Allein Rádl verkennt als westlerischer Sozialist die Bedeutung, jener nationbildenden Kräfte, die im östlichen und mittleren Europa gelten und die auch seinem Volk die entscheidenden Antriebe zur Volkwerdung gegeben haben. Darin liegt ja das Geheimnis seiner Unpopularität bei den Tschechen selbst ..." (E. Lemberg, Volksbegriff und nationbildende Kräfte, in: Nation und Staat, 9, S. 99). Emanuel Rádl hielt dem neuen Staat den Spiegel vor, als er in seinem 1928 veröffentlichten Buch „Der Kampf zwischen Tschechen und Deutschen" sagte:

„Die Anerkennung des neuen Staates wurde den Deutschen nicht leicht gemacht. Sprechen wir nicht von ihren alten Vorurteilen, sondern nur von grundsätzlichen Auffassungen. Programmatisch gehört unser Staat nur den Tschechen und Slowaken; die Deutschen können in ihm nur für sich leben, aber weil nach der Überlieferung die Interessen der Tschechen und der Deutschen einander widersprechen, können die Deutschen nicht von Herzen und in Ehren an der Pflege der Grundideale des neuen Staates teilnehmen. Haben sie aber nicht

Verpflichtungen als Staatsbürger? Die herrschende Theorie lehrt, daß der Sinn des Tschechentums in dem Kampf gegen das Deutschtum liegt, und tatsächlich ist die Politik unserer Republik nach dem Weltkrieg zum großen Teil ein Krieg des Staates gegen die inländische deutsche Bevölkerung. Wie konnten die Deutschen unter diesen Umständen den Staat anerkennen? Insbesondere erschwert noch die politische Praxis im kleinen den Deutschen (und den Ungarn) die Eingliederung in das staatliche Leben. Sie werden im allgemeinen als ein unerwünschtes, verdächtiges, gefährliches, fremdes Element angesehen; der Kampf gegen sie wird als Verdienst um den Staat aufgefaßt. Obgleich es hinreichend klar war, daß den Deutschen Unrecht getan wurde, hat die Regierung nicht ein einziges Mal klar einen objektiven Standpunkt eingenommen und nicht ein einziges Mal die deutschfeindliche Agitation verurteilt; die Gesetze über den Minderheitenschutz werden als Gesetze über den Schutz des Staates gegen die Deutschen ausgelegt. Nur Präsident Masaryk war bemüht, den Deutschen entgegenzukommen, während sich die Regierung, die in dieser Angelegenheit höchste Autorität ist, niemals an die Öffentlichkeit mit der Belehrung gewandt hat, daß auch die Deutschen unsere Mitbürger sind!" (E. Rádl, a.a.O., S. 173, 174).

8. Thomas G. Masaryk und die Sudetendeutschen

In der Tat hatte Thomas G. Masaryk, der erste Staatspräsident der CSR, schon in seinem Werk „Die Weltrevolution, Erinnerungen und Betrachtungen" (deutsche Ausgabe: Berlin 1925, S. 463) die Sätze geschrieben:
„Die Beseitigung des Streites zwischen uns und unseren Deutschen wird eine große politische Tat sein. Handelt es sich doch um die Lösung einer jahrhundertealten Frage, um die Regelung des Verhältnisses zwischen unserem Volk und einem großen Teil und damit dem ganzen deutschen Volk."
Die Tat blieb allerdings ungetan. Zwar erwog Masaryk, um die Deutschen zu gewinnen, in nationaler Hinsicht neutrale Staatssymbole zu schaffen, von der Staatsflagge bis zum Staatsnamen (so war z.B. der Name „Großböhmen" im Gespräch; s. Egbert Jahn, Die Deutschen in der Slowakei in den Jahren 1918-1929, S. 44), faktisch stellte sich der Präsident aber hinter den Nationalstaatscharakter der neuen Republik. In seiner Botschaft an die Revolutionäre Nationalversammlung vom 22. Dezember 1918 erklärte er:

„Die von den Deutschen bewohnten Gebiete sind unser Gebiet und werden unser bleiben ... Wir haben diesen Staat erstritten, und die staatsrechtliche Stellung unserer Deutschen, die einst als Auswanderer und Kolonisten hierher gekommen sind, ist damit festgelegt" (Helmut Slapnicka, a.a.O., Bd. IV, S. 36).

Im gleichen Sinne sprach man auch von den poněmčené území, d.h. man nannte das deutsche Siedlungsgebiet „verdeutschtes Gebiet", worin der Anspruch auf ein ursprünglicheres, dem tschechischen Volkstum gebührendes Recht auf die Heimat der Deutschen zum Ausdruck kam. Ein gerecht denkender Tscheche, Prof. Rádl, meinte dazu:

„Das Schlagwort von der Germanisierung des Landes läßt nur die Aspirationen der Tschechen erkennen, deutsches und gemischtsprachiges Gebiet zu tschechisieren, Aspirationen, die sittlich nicht zu rechtfertigen sind" (E. Rádl, a.a.O., S. 173).

Lassen sich die Worte Masaryks noch aus der Erregung der Auseinandersetzung zwischen Tschechen und Deutschen um die Erhaltung oder Negierung der historischen Grenzen vor dem Entscheid der Friedenskonferenz erklären, so haben spätere Botschaften des Staatspräsidenten an die Nationalversammlung erhärtet, daß auch Thomas G. Masaryk nicht mehr über den Schatten der bisherigen Entwicklung springen wollte oder konnte. Am 1. Juni 1920 verkündete er dem ersten gewählten tschechoslowakischen Parlament: „Über die territoriale Autonomie kann und wird man nicht verhandeln" (Hans Schütz, Der Aktivismus, in: Kirche, Recht und Land, S. 149). Am 28. Oktober 1923 unterstrich er: „Unser Staat wird natürlich einen nationalen Charakter haben. Das ergibt sich schon aus dem demokratischen Prinzip der Mehrheit" (Hans Schütz, a.a.O., S. 148). Und in der Botschaft von 1920 hob er zwar hervor, daß die deutsche Frage die Existenzfrage des Staates werden könne: „Nach meiner Meinung ist die tschechisch-deutsche Frage die wichtigste, ja wir haben eigentlich nur diese Frage. Die Fragen der Slowakei und Karpatorußlands sind weit leichter" (Hans Schütz, a.a.O., S. 149), trotzdem war keine Rede davon, daß das nationalstaatliche Fundament des Staates modifiziert werden könne.

Die sudetendeutschen Abgeordneten gaben beim Zusammentritt der ersten gewählten Nationalversammlung eine staatsrechtliche Erklärung ab, in der sie Verwahrung gegen die Vorenthaltung des Selbstbestimmungsrechtes einlegten und sich von dem ohne ihre Mitwirkung zustande gekommenen Staat distanzierten. Trotzdem wäre auch zu diesem Zeitpunkt noch eine Verständigung zwischen Tschechen und Sudetendeutschen im Rahmen des Staats möglich gewesen, wenn die Tschechen dem Nationalitätencharakter des Staates Rechnung getragen hätten und zu einer Verfassungsänderung bereit gewesen wären. Aus dem Nachlaß von Anton Klement ist ein Plan bekannt geworden, der Rudolf Ritter Lodgman von Auen zugeschrieben wird. Er sieht die Umwandlung der CSR in einen *Nationalitätenbundesstaat* vor. Ähnlich der Vorstellung Karl Renners sollte eine begrenzte territoriale Autonomie der ethnischen Gruppen mit der Personalautonomie eines Kuriensystems verbunden werden (Albert Karl Simon, Rudolf Ritter Lodgman von Auen, in: Ein Leben – drei Epochen, Festschrift für Hans Schütz, S. 714, 715). Im Oktober 1919 hatte Lodgman, der damals allseits akzeptierte Chef der Sudetendeutschen, in einer Rede in Prag erklärt:

„Beim Aufbau dieses Staates sind wir nicht gefragt worden. Wir wollen dabei sein, wenn es sich um den Ausbau handelt. ... Ein einseitiges Diktat, eine einseitige Unterwerfung kann niemals den Staatswillen der Staatsbürger ersetzen. Die Nationen für den Staat gewinnen, das war die Schicksalsfrage Österreichs und es ist die Schicksalsfrage des neuen Staates. ... An der Spitze dieses Staates steht ein Mann, von mir hoch geschätzt, als er noch mein Kollege im österreichischen Reichsrat war, denn ich habe ihn nie anders erkannt als einen Wahrheitshüter und somit einen edlen Menschen im besten Sinne des Wortes. Ich beglückwünsche die tschechische Nation zur Wahl dieses Mannes ... Ich wüßte nicht, wer würdiger wäre, uns im tschechoslowakischen Staat als ein Vorbild treuester Pflichterfüllung zu dienen, und ich wäre mit Freude bereit, ihn als das allseits anerkannte Oberhaupt zu begrüßen. Diese Anerkennung aber muß gesucht, die Wahl muß ermöglicht werden; sie ist der erste Prüfstein für unsere Stellung im Staat, und kein einseitiges Machtgebot vermag sie zu ersetzen." (Albert Karl Simon, a.a.O., S. 717, 718).

Es war aber keine tschechoslowakische Regierung vom Jahr der Staatsgründung bis 1938 bereit, von der ohne die Deutschen beschlossenen Verfassung und vom nationalstaatlichen Mehrheitsprinzip abzugehen. Die deutsche Frage in der Republik war aber identisch mit dem Problem einer grundsätzlichen Verfassungsrevision. Daß dabei der tschechischen Hartnäckigkeit die deutsche nicht nachstand, zeigte sich, als Thomas G. Masaryk 1921 die deutschen Parteien zu einer Besprechung einlud, um sie aus ihrer Isolierung herauszuführen. Die Deutschen ließen ebensowenig wie die Tschechen an ihrem Grundprinzip rütteln und verweigerten das vermittelnde Gespräch. Sie lehnten die Einladung des Staatspräsidenten brüsk ab (Helmut Slapnicka, a.a.O., Bd. IV, S. 37).

9. Die Fragwürdigkeit des Minderheitenschutzes

Angesichts dieser Ausgangslage stellte sich eine andere Frage: Den Nachfolgestaaten der Österreich-Ungarischen Monarchie wurde von der Friedenskonferenz ein *Minderheitenschutzvertrag* auferlegt, der Teil der Verfassung wurde. Nach Art. 7 dieses Vertrages hatte die ČSR die Verpflichtung übernommen, alle Staatsbürger vor dem Gesetz als gleich anzusehen, und zwar ausdrücklich ohne Rücksicht auf Sprache, Rasse oder Religion. Im Art. 8 hatte sich der Staat gebunden, die Staatsbürger, die einer ethnischen Minderheit angehören, nicht nur rechtlich, sondern auch tatsächlich gleich zu behandeln. Art. 1 stellte fest, daß alle Bestimmungen des Minderheitenschutzvertrages grundgesetzlichen Charakter haben, so daß kein Gesetz, keine Verordnung und keine Amtshandlung, die hierzu in Widerspruch stehe, ihnen gegenüber Gültigkeit haben solle.

Nach 1938 hat man tschechoslowakischerseits behauptet, daß der Minderheitenschutz voll funktioniert habe, ja, er sei sogar zu großzügig gehandhabt worden, so daß die deutsche Minderheit eben jene Bestimmungen zur Aushöhlung und Zerstörung des Staates habe mißbrauchen können. Diese Argumentation hat sehr wesentlich dazu beigetragen, daß die im Zweiten Weltkrieg entstandenen *Vereinten Nationen* nicht mehr zum Minderheitenschutzsystem des Völkerbundes zurückkehrten und es somit ablehnten, die Souveränität des Staates wirksam zu begrenzen. Erst in der zweiten Hälfte der 60er Jahre beginnt sich mit den Welt- und Menschenrechtspakten diese Einstellung der Vereinten Nationen auch zugunsten der „Ethnies" (Volksgruppen) zu ändern. 1993 hat eine Sonderversammlung der Vereinten Nationen sogar beschlossen, einen Hochkommissar für Minderheitenrechte einzusetzen. Angesichts der in der Gegenwart immer mehr um sich greifenden ethnischen Konflikte in aller Welt wird klar, daß das System der unbeschränkten Staatssouveränität unbrauchbar zu werden beginnt.

Nach 1918 sah die Wirklichkeit aber so aus, daß der Minderheitenschutz mehr für den Staat und gegen die Minderheiten ausgelegt wurde als umgekehrt. In die deutschen Gebiete wurden zum Beispiel in großer Zahl tschechische Beamte geschickt, die dann eine „Minderheit" darstellten und für deren Kinder Minderheitenschulen errichtet wurden. Proteste der Deutschen gegen Verletzung der Minderheitenschutzbestimmungen fanden keine Stelle, wo sie ihr Recht hätten einklagen können. Nur Mitglieder des Völkerbundrates durften die Verletzung einer Minderheitenschutzbestimmung vor dieses Gremium bringen. Die Minderheiten hatten zwar ein Petitionsrecht, das aber nur dann effektiv wurde, wenn ein Ratsmitglied die Beschwerde aufgriff. Von 1920 bis 1926 wurden von den nationalen Minderheiten der Tschechoslowakei rund 50 solcher Petitionen an den Völkerbund gerichtet. Keine einzige gelangte bis zur Behandlung im Völkerbundrat (Helmut Slapnicka, a.a.O., Bd. IV, S. 34).

Demgegenüber stellte Rádl fest: „Das Nationalitätenrecht ist notwendigerweise ein *Kollektivrecht*. Daher muß die ganze Nation geschützt werden, nicht nur der einzelne, der um Schutz anruft. Hierbei kommt es nicht darauf an, ob es sich um den Volksstamm in seiner Gänze oder nur um einen Bruchteil handelt ..." (E. Rádl, a.a.O., S. 115).

Die Wirklichkeit des tschechisch-sudetendeutschen Verhältnisses würde allerdings verzeichnet, wenn an dieser Stelle nicht gleichfalls angeführt würde, daß die Deutschen in der ersten Tschechoslowakischen Republik ein hohes Maß an politischer und kultureller Freiheit genossen. Das Wahlrecht garantierte ihnen eine proportionale Vertretung in den Parlamenten. Das kulturelle und gesellschaftliche Leben besaß genügend Spielraum. Dafür zeugen die Existenz einer deutschen Universität, zweier Technischer Hochschulen, von 70 Gymnasien oder anderen Oberrealschulen, 10 Lehrerbildungsanstalten, 52 Landwirtschaftlichen Fachschulen, 441 Bürgerschulen (Mittelschulen) und 3165 Volksschulen im Jahre 1936 (Alfred Bohmann, Das Sudetendeutschtum in Zahlen, S. 68). Im gleichen Jahr erschienen in den böhmischen Ländern 245 politische Zeitschriften in deutscher Sprache, 28 Theater wurden unterhalten (allerdings nur zum allergeringsten Teil staatlich subventioniert), 10 Kultur- und Schutzverbände, eine gleiche Anzahl von Jugendverbänden und 856 Turnvereine mit über 100.000 Mitgliedern konnten sich frei bewegen (A. Bohmann, a.a.O., S. 74-82).

Die Tschechoslowakei blieb zwar hinter den der Buntheit allein entsprechenden ethnischen Gruppenrechten zurück, nach individualrechtlicher westeuropäischer Auffassung erfüllte sie jedoch durchaus die Normen eines Rechtsstaates. *Das Problem lag nicht in etwaigen Verletzungen der individuellen staatsbürgerlichen Gleichberechtigung, sondern im fehlenden Ausgleich ethnischer Gruppen, der unter nationalstaatlichem Vorzeichen eben nicht gelingen konnte.*

Bezeichnend ist, daß die Tschechoslowakei den Ausgleich in Mähren, eine der Errungenschaften auf dem Gebiet zwischennationaler Verständigung, nicht modifizierte, sondern annullierte; daß der Prager Zentralismus den Wiener bei weitem übertraf. Wenn der Minderheitenschutz ein Fortschritt im Völkerrecht war, so war er trotzdem gleichzeitig auch ein *Rückschritt gegenüber den Normen des vorhergehenden übernationalen Reiches, denn nicht die ethnische Gemeinschaft, sondern nur der einzelne wurde nun der Träger von Rechten.* Wie aber konnte sich der einzelne gegen die immer perfekter werdende Staatsmaschinerie durchsetzen? In der Praxis lief es nur auf eine Humanisierung des vom Staat geförderten Assimilationsprozesses hinaus. Die Minderheit wurde zwar geschont, aber nicht am Staat beteiligt. Zum Schluß war niemand damit zufrieden: nicht der Nationalstaat, der sich in seiner Souveränität eingeschränkt fühlte und deshalb die Bestimmungen in den täglichen Entscheidungen der Bürokratie unterlief oder zu seinen Gunsten auslegte; nicht die Minderheiten, die vergeblich gegen die Vertragsverletzungen protestierten. Nicht der Minderheitenschutz oder sein Mißbrauch durch die Minoritäten brachten den Staat an den Rand des Abgrunds, sondern die Tatsache, daß die nichtgehörten Beschwerden der Sudetendeutschen – *die mit dreieinhalb Millionen Menschen die Einwohnerzahl Irlands oder Norwegens übertrafen und deren Siedlungsgebiet etwa der Fläche Belgiens entsprach* – einen Aufstau bewirkten, der dann von der imperialistischen Machtpolitik Hitlers ausgenützt werden konnte.

10. Sudetendeutsche „Negativisten" und „Aktivisten"

Die Sudetendeutschen (diese Bezeichnung für alle Deutschen der böhmischen Länder bürgerte sich nach dem Ersten Weltkrieg ein, nachdem die tschechoslowakischen Behörden die Verwendung des Begriffes „Deutschböhmen" verboten hatten) hatten diesen Staat nicht gewollt. Für sie hatte die österreichische Delegation auf der Friedenskonferenz die Durchführung einer *Volksabstimmung* gefordert. Als die Entscheidung zugunsten der historischen Grenzen und gegen das ethnische Prinzip und das Recht auf Selbstbestimmung der Deutschen gefallen war, weil man erstens das besiegte Deutschland nicht vergrößern und zweitens der Tschechoslowakei als Teil des französischen Sicherheitssystems eine zu verteidigende Grenze lassen wollte, protestierten die Deutschen der böhmischen Länder am *4. März 1919*, geführt von der Sozialdemokratie durch einen Generalstreik. Die Demonstration wurde vom tschechischen Militär im Blut erstickt und der Generalstreik von Beneš den Alliierten *als bolschewistischer Aufruhr* dargestellt, dem gegenüber die Republik ihre Ordnungsmacht einsetzen müsse.

Angesichts des nicht mehr zu verändernden fait accompli spalteten sich die Sudetendeutschen in sogenannte „Negativisten" und „Aktivisten". Die Negativisten gingen davon aus, daß eine Verfassungsänderung im Wege der Innenpolitik angesichts der unwandelbaren tschechoslowakischen Parlamentsmehrheit nicht zu erreichen sei und die deutsche Frage demnach ein außenpolitisches Problem darstelle, das nur über die Revision der Friedensverträge gelöst werden könne. Die Negativisten setzten auf die Wiedererstarkung und den Revanchewillen Deutschlands. Die „Aktivisten" hofften, über die Mitarbeit im Staat und die grundsätzliche Staatsbejahung erstens das Leben der Deutschen verbessern und dann einer Umwandlung des Staatsfundaments näherkommen zu können. Bei den Negativisten dominierte die Idee der „nationalen Sammlung". Die „Aktivisten" waren vornehmlich die nichtnationalen Weltanschauungs- und Interessenparteien, so die katholischen Christlichsozialen, die Sozialdemokraten, der Bund der Landwirte, die Gewerbepartei u.ä. Trotz der anfänglichen Negierung des tschechoslowakischen Staates fand sich die Mehrheit der Sudetendeutschen rasch mit der neuen Lage ab. *Bis zu den Parlamentswahlen von 1935 wählte die Mehrheit dieser Volksgruppe die staatsbejahenden „aktivistischen" Parteien.* Die „Negativisten" – die Deutsche Nationalpartei und die DNSAP (die Schwesterpartei der NSDAP in Deutschland) – errangen 1925 nur insgesamt 15 Mandate gegenüber 47 der „Aktivisten" (Alfred Bohlmann, Das Sudetendeutschtum in Zahlen, S. 85). Noch 1929 erreichten die „Negativisten" nur 23,8 v.H. des deutschen Stimmenanteils. *1935 hatte sich das Blatt gewendet:* Die Sudetendeutsche Partei *Konrad Henleins*, eine nationale Sammelbewegung mit einer anfangs noch offenen Entscheidung zwischen Negativismus und Aktivismus, konnte schon zwei Drittel aller sudetendeutschen Stimmen auf sich vereinigen. Zwischen diesen beiden Daten – 1929 und 1935 – lagen: a) *die Weltwirtschaftskrise*, die sich besonders in den hochindustrialisierten deutschen Grenzgebieten auswirkte (im tschechischen Gebiet entfielen auf 1000 Einwohner 40 Arbeitslose, im deutschen Grenzgebiet kamen auf 1000 Einwohner 90; 1936 waren von den 846000 Arbeitslosen des Gesamtstaates 525.000 Deutsche, d.i. *eine größere Arbeitslosenziffer als die des damaligen Frankreich* (Helmut Slapnicka, a.a.O., S. 66, 67); b) *das Scheitern des „Aktivismus"* (insofern die Mitarbeit im Staat, anstatt zu einem Verfassungsumbau zu führen, der tschechoslowakischen Politik für das Ausland nur den Scheinbeweis lieferte, daß die deutsche Frage zufriedenstellend und demokratisch gelöst sei); c) *die Machtübernahme Adolf Hitlers im benachbarten Deutschland*, der den Massen Brot und Arbeit und dem ganzen deutschen Volk die Revision der Friedensdiktate versprach. Wenn auch der „Aktivismus" nur eine Episode war und für beide Seiten enttäuschend endete, so war er von deutscher Seite doch der letzte ehrliche Versuch, die Trennung und damit das Verhängnis aufzuhalten. Nicht die sudetendeutschen und nicht die tschechischen Nationalisten standen im Einklang mit den 800 Jahren böhmischer Geschichte, wohl aber der deutsche aktivistische Minister *Franz Spina* (Bund der Landwirte), als er in einem Zeitungsinterview bekannte:

„Wir haben 1000 Jahre mit den Tschechen gelebt, und wir sind mit den Tschechen durch wirtschaftliche, soziale, kulturelle, sogar rassische Beziehungen so eng verbunden, daß wir mit ihnen eine Einheit darstellen. Wir stellen, um ein Beispiel zu gebrauchen, die verschiedenen Muster eines Teppichs dar. Natürlich kann man einen Teppich zerschneiden, aber man kann die eingewebten Blumen nicht voneinander trennen. Wir leben mit den Tschechen in einem Zustand der Symbiose, wir sind mit ihnen eine Vernunftehe eingegangen, und nichts vermag uns zu separieren" (Johann Wolfgang Brügel, Tschechen und Deutsche, S. 184).

Am Zusammenbruch dieses Experiments, die geschichtliche Verbundenheit in neuer Form weiterzutragen, hatten – wie am versäumten Ausgleich vor 1914 – wiederum *beide* Völker in gleicher Weise Schuld. Die Tschechen konnten sich nicht vom Nationalstaatskonzept lösen, und die Sudetendeutschen stellten schließlich, geblendet von der Macht des Deutschen Reichs, die gesamtdeutsche Einigung über die geschichtlich gewachsene Bindung in Böhmen.

Indem die Tschechen hofften, die deutsche Frage durch bloße administrative Zugeständnisse zum Schweigen zu bringen, wiederholten sie damit alle jene Fehler der österreichischen Regierungen gegenüber den Tschechen in den letzten Jahrzehnten der Monarchie. Wie aber der tschechische Nationalismus den Weg von der ursprünglichen Bejahung Österreichs zur Negierung des Vielvölkerstaates und zur Konspiration mit den ausländischen Feinden dieses Reiches ging, so schrumpfte auch die sudetendeutsche Anpassung an die tschechoslowakische Wirklichkeit bald zusammen, und die Volksgruppe fand sich in der konsequenten Verneinung des tschechoslowakischen Staates, die dann zum Werkzeug des nach Osten ausgreifenden Rassenimperialismus des Deutschen Reiches wurde.

11. Die Unzulänglichkeit des sozialistischen Überbrückungsversuchs

Im letzten Jahrzehnt der Donaumonarchie war die international organisierte österreichische Sozialdemokratie an dem deutsch- tschechischen Gegensatz zerbrochen. Die Initiative zur ethnischen Aufspaltung war von der tschechischen Sozialdemokratie ausgegangen. Das heißt aber nicht, daß es nicht auch tschechische Sozialisten gegeben hat, die im Gegensatz zur Mehrheit ihrer Partei am internationalen Standpunkt festhielten. Es war dies die Gruppe um Bohumir Šmeral. Šmeral, der nach dem Ersten Weltkrieg der Führer der KPTsch und der große alte Mann des tschechoslowakischen Kommunismus wurde – ein auch von den anderen Parteien als Persönlichkeit geschätzter Politiker von staatsmännischem Rang –, hatte 1913 zur Frage der Zerschlagung Österreichs gegen den Strom der tschechischen Meinung folgendes nahezu prophetische Wort gesprochen:

„(die böhmischen Länder) zur Gänze zu okkupieren, würde Rußland Deutschland nicht gestatten und auch umgekehrt; wenn diese Länder ganz okkupiert wären, könnte übrigens kaum einer dieser Staaten sie assimilieren und verdauen... So ist im Augenblick katastrophaler Umwälzungen die Erreichung des ‚Staatsrechts` nicht ausgeschlossen. Für die Tschechen als Nation und als Land wäre aber diese Möglichkeit die schlimmste. Wir wären nur vorübergehend selbständig, wie heutzutage Albanien, um als Beute für den Sieger der Zukunft, als Kriegsschauplatz für das künftige Ringen rivalisierender Kräfte aufgespart zu bleiben. *Wenn Österreich-Ungarn nicht bewahrt werden könnte, entstünde in Europa ein neuer Dreißigjähriger Krieg und wiederum, wie vor dem Westfälischen Frieden, wäre Bohmen das Zentrum des Leidens"* (Protokoll des 11. ordentlichen Parteitags der Arbeiterpartei, vom 7.-9. Dezember 1913, in: Zdeněk Šolle, a.a.O., S. 39).

Šmeral war nach 1918 kurze Zeit einer der meistgehaßten Tschechen im eigenen Volk. Seine überragenden politischen Fähigkeiten machten ihn aber in wenigen Monaten zum Führer der „marxistischen Linken", aus der die KPTsch hervorging.

Die Dritte International *Lenins*, die aus dem nationalen Opportunismus der II. Internationale zu Beginn des Ersten Weltkrieges die Schlußfolgerung gezogen hatte, eine konsequent internationalistische einheitliche Weltorganisation zu schaffen, verlangte von den Kommunisten der Völker und Volksgruppen der Tschechoslowakei die Gründung einer gesamtstaatlichen internationalistischen Parteiorganisation. Die mit dem Status quo ohnehin nicht zufriedenen Deutschen, Magyaren, Slowaken und Ukrainer vollzogen als erste diesen Schritt. Die Tschechen – und auch Šmeral – zögerten, weil sie angesichts der nationalistischen Stimmung auch unter den tschechischen Arbeitern ihre Massenbasis nicht verlieren wollten. Schließlich kam es im Jahre 1921 zum Zusammenschluß dieser Gruppen und damit zur Gründung der KPTsch, *als der einzigen Partei der Republik, in der alle Nationalitäten organisiert waren*. Um dies zu erreichen, hatte die Komintern und *Lenin* persönlich eingreifen müssen, der dem tschechischen Parteiführer Šmeral riet, *„drei Schritte nach links" und dem sudetendeutschen Chef der Kommunisten, Karl Kreibich, „einen Schritt nach rechts" zu rücken* (Koloman Gajan, Příspěvek ke vzniku KSČ, Praha 1954, S. 220). Lenins Einschätzung der tschechischen und sudetendeutschen Kommunisten stimmt bis zum heutigen Tag, insofern die tschechischen Kommunisten immer dazu neigten, sich nationalistischen Strömungen ihres Volkes allzusehr anzupassen und die sudetendeutschen Kommunisten ebenso leicht dem Gegenteil verfielen, nämlich völlig a-national zu denken und dem Dogma das eigene Volkstum einschränkungslos zu opfern.

Die Grunddirektive der KPTsch aber wurde von der Kominternzentrale in Moskau ausgegeben. Sie hing davon ab, welche negative oder positive Rolle der tschechoslowakische Staat innerhalb der weltrevolutionären Hoffnungen oder machtpolitischen Kalkulationen Moskaus einnahm. Bis 1934 setzte die Komintern auf die Revolutionierung Mitteleuropas, in der Erwartung, den nationalen Revanchismus der Deutschen zur großen sozialistischen Revolution umfunktionieren zu können. In diesem Plan war die ČSR nichts anderes als ein Bollwerk des westeuropäischen Imperialismus und Kapitalismus und damit vernichtenswert. Logischerweise förderte die Komintern alle Auflösungstendenzen und damit die radikalsten Wünsche der ethnischen Minderheiten. Bis 1929 hatten die tschechischen Kommunisten diese Linie bei Lippenbekenntnissen still sabotiert. Dann wurden sie durch einen Führungswechsel, der *Klement Gottwald* an die Spitze brachte, gleichgeschaltet. 1931 wurde die KPTsch auf ihrem VI. Parteikongreß gezwungen, folgende Losungen auszugeben:

„Für die gegenwärtige Phase des Kampfes um die Befreiung der unterdrückten Nationen aus dem nationalen und sozialen Joch in der Tschechoslowakei stellt die KPTsch folgende Hauptthesen auf: Gegen die Besetzung des deutschen Teils von Böhmen, der Slowakei, der Karpatoukraine und des Teschener Gebiets durch die imperialistische tschechische Bourgeoisie und für die Räumung von den Organen der tschechischen Okkupationsmacht ... Für das Selbstbestimmungsrecht der Nationen bis zur Losreißung vom Staate" (Protokoll des VI. Parteitags der KPTsch, S. 299-302).

Weder die tschechischen noch die sudetendeutschen Kommunisten waren aber die geeigneten und damit überzeugenden Vertreter einer solchen Politik. Als die Sowjetunion nach der Machtübernahme Hitlers in Deutschland die Linie der Komintern änderte und für die Verteidigung der CSR eintrat, forderte die KPTsch einen *gerechten Ausgleich zwischen Tschechen und Sudetendeutschen im Rahmen des tschechoslowakischen Staates*. Der VII. Parteitag sprach sich für die Gleichberechtigung der Sudetendeutschen aus, und die Parteiführung sandte ein diesbezügliches von Klement Gottwald und Bruno Köhler (dem Nachfolger Kreibichs) unterzeichnetes Memorandum mit konkreten Vorschlägen an die tschechoslowakische Regierung. Aber allen diesen Versuchen, die von einer internationalistischen-marxistischen Basis aus unternommen wurden und offensichtlich höhere strategische Interessen der Sowjetunion zur Ursache hatten, fehlte die Resonanz sowohl bei den tschechischen als auch bei den sudetendeutschen Massen. Sie schmeckten zu sehr nach Taktik und erzielten deshalb nie einen wirklichen Durchbruch in der Frage des tschechisch-deutschen Ausgleichs, obwohl man der KPTsch zugestehen muß, daß es nicht bloße Taktik war und *daß diese Partei sich bis in die Mitte des zweiten Weltkriegs hinein von der nationalistischen Verblendung beider Völker fernhielt*.

Was die Kommunisten nicht sehen konnten – und was sich mit ein paar Zwecklosungen nicht reparieren ließ -, war die Tatsache, daß der integrale Nationalismus auf beiden Seiten schon so weit fortgeschritten war, daß außer einer selbstfabrizierten Niederlage nichts mehr Einhalt tun konnte. Hatten die Tschechen in den letzten fünfzig Jahren der Donaumonarchie mitten im Staat einen eigenen, national orientierten Volks- und Gesellschaftskörper aufgebaut, so vollzog sich nun derselbe Prozeß bei den Sudetendeutschen in der Abwehr gegenüber dem tschechoslowakischen Staat in der Hälfte der Frist. Wie die Tschechen im Habsburgerreich organisierten sie sich als eigene völkisch bestimmte geschlossene Gesellschaft. Wie die Tschechen eine Generation früher wurden sie zu einer Art Staat im Staat. Die Gliederung der Volksgruppe nach Interessen- und Weltanschauungsparteien trat vor der nationalen Sammlung in der Sudentendeutschen Partei, in den Turnerbünden und anderen Selbsthilfeorganisationen zurück. Dem nationalen Totalitätsanspruch versuchten die sogenannten „Jungaktivisten" (*Wenzel Jaksch* von den Sozialdemokraten, *Hans Schütz* von den Christlichsozialen und *Gustav Hacker* von den Landbündlern) nochmals entgegenzutreten. Aber auch eine Vereinbarung dieser Gruppe mit Ministerpräsident *Hodža* (Frühjahr 1937) über eine bessere Vertretung der Deutschen im Staatsapparat reichte nicht mehr aus. Der integrale Nationalismus war durch administrative Maßnahmen nicht mehr zu entschärfen. Er hatte in einem rund zwei Generationen währenden Prozeß die Gesellschaft der böhmischen Länder endgültig geteilt. Zur Trennung fehlte nur noch der Eingriff von außen.

12. Das Verhältnis zum Deutschen Reich und die deutsche Trennungslösung

In den 300 Jahren vor 1918 stand die tschechische Nation nur in einem durch die Deutschen der böhmischen Länder und die österreichische Macht vermittelten Verhältnis zum deutschen Gesamtvolk und seinen politischen Formen. Mit der tschechoslowakischen Staatsgründung trat sie wieder in direkte und unvermittelte Beziehung zu dem deutschen Staat, so wie sich seinerzeit die Länder der böhmischen Krone ohne Zwischenglieder in Relation zum mittelalterlichen Reich befanden. Der Unterschied war allerdings bedeutsam: Am alten Reich, das einen übernationalen Charakter trug und zudem kein Staat nach neuzeitlichem Begriff war, hatten die Tschechen als gleichberechtigtes Glied teilgenommen. Nun standen sich zwei Nationalstaaten gegenüber, wobei der eine – der tschechische – erst auf den Trümmern einer Niederlage des deutschen Volkes ins Leben getreten war und, von den Siegermächten geschaffen, die Aufgabe hatte, Deutschland im System der Friedensverträge mit einzugrenzen. Weiter war der tschechoslowakische Staat nur möglich geworden, weil sich die Westmächte nach langem Zögern entschlossen hatten, die österreichisch-ungarische Völkergemeinschaft aufzulösen. Die Nationalitätenstruktur der Tschechoslowakischen Republik – und damit die Vererbung aller jener Probleme, an denen Österreich zugrunde gegangen war – war eine weitere Belastung.

Für die CSR ergaben sich somit drei ineinandergreifende Grundprobleme: 1. Die Befriedung der nichttschechischen Nationalitäten im Staat; 2. Die Blockierung einer möglichen habsburgischen Restauration und des ungarischen Revisionismus, der es ablehnte, den Verlust der Slowakei als endgültig hinzunehmen; 3. Die Normalisierung und Verständigung mit dem Deutschen Reich, um der sudetendeutschen Minderheit den Rückhalt an einem deutschen Nationalstaat zu nehmen. Das Nationalitätenproblem fand keine zureichende Lösung. Das ethnisch mißbrauchte demokratische Majoritätsprinzip verschleierte nur die Fehler in der Grundstruktur. Die Schaffung einer künstlichen Mehrheit durch Negierung der nationalen Eigenart und Eigenständigkeit der Slowaken führte im Endergebnis zu einer Situation, die dem früheren österreichisch- ungarischen Dualismus nicht unähnlich war. Die formal demokratische *individuelle* Gleichberechtigung der anderen Nationalitäten befriedigte in der CSR ebensowenig jemanden wie vorher im alten Österreich. Die innere Stabilität des Staates konnte trotz vieler gegenteiliger propagandistischer Behauptungen nicht erreicht werden.

Der spiritus rector der außenpolitischen Planung war der langjährige Außenminister und spätere Staatspräsident *Edvard Beneš*. Er setzte auf ein System von Pakten. Die habsburgische und donauländische Revision drohte kaum von der Republik Österreich, die von bürgerkriegsähnlichen Auseinandersetzungen gelähmt eher in Richtung eines Anschlusses an Deutschland dahintrieb. Das Zentrum der Verneinung der neuen Ordnung der Sieger war Rumpfungarn. Gegen die Gefahr der magyarischen Revanche schuf Beneš das System der *Kleinen Entente*. Die Interessengemeinschaft der Tschechoslowakei, Rumäniens und Jugoslawiens, die über 70 v.H. des Territoriums der ungarischen Stephanskrone zugesprochen erhalten hatten, führte bereits 1920/21 zum Abschluß bilateraler Defensivallianzen. 1933 wurde diese Zusammenarbeit durch einen Organisationspakt zu einer Dauerstruktur verfestigt. Sie erfüllte den gegen Ungarn gerichteten Zweck. Sie war allerdings – ebenso wie die formal demokratische Befriedung der Nationalitäten im Innern – kein hinreichender Ersatz für einen Ausgleich der Völker der ehemaligen Monarchie und deren Zusammenfinden in einer das östliche Mitteleuropa stabilisierenden Machtstellung. Ungarn und die Republik Österreich suchten in den *Römischen Protokollen* Anlehnung an Italien, und somit war der Donauraum in eine antirevisionistische und eine revisionistische Staatengruppe geteilt (Günter Reichert, Das Scheitern der Kleinen Entente, S. 24ff.). Daß das Deutsche Reich zum Zeitpunkt der Römischen Protokolle (1934) noch nicht zum Revisionstenblock fand, verhinderte die *österreichische Frage*. Eine künftige Einigung zwischen Deutschland und Italien über diesen Punkt mußte die Lage für die Tschechoslowakei unhaltbar machen.

Die Tschechoslowakei gehörte zum gegen Deutschland gerichteten *französischen Sicherheitsbündnis*. In Frankreich erblickte die CSR ihren Garanten. Bündnisverträge von 1919 und 1924, ein Militärpakt aus dem gleichen Jahr und ein Garantievertrag im Rahmen des Locarno-Paktes sollten ihre Existenz sichern. Von der Mitarbeit im Völkerbund, dessen Ratsmitglied die Tschechoslowakei von 1923 bis 1927 und von 1932 bis 1935 war, erhoffte die Prager Außenpolitik das Wohlwollen Europas in etwaigen kommenden Gefahren. All das bedeutete aber nicht, daß die erste Tschechoslowakische Republik eine Politik *gegen* das Deutsche Reich getrieben hätte. Die CSR war saturiert und damit eine Status-quo-Macht. Ihr Interesse war, den Besitzstand durch Verträge zu sichern und viel eher Deutschland mit dem Status quo zu versöhnen als es bloß einzukreisen. Die tschechoslowakische Außenpolitik bemühte sich deshalb, zum Deutschen Reich ein gutnachbarliches und nicht bloß korrektes Verhältnis zu schaffen. 1925 kam ein Schiedsvertrag zwischen Deutschland und der Tschechoslowakei zustande, und wenig später befürwortete Beneš die Aufnahme Deutschlands in den Völkerbund. Die sudetendeutsche Frage sah die Weimarer Republik als innertschechoslowakische Angelegenheit, wenn auch als noch nicht zufriedenstellend gelöstes Problem an. *Stresemann* hatte sich z.B. dem von Beneš gewünschten Ost-Locarno verweigert. Vom deutschen Gesandten in Prag erhielten die Sudetendeutschen aber nur den Rat, im Staat mitzuarbeiten, das Verhältnis zu den Tschechen zu verbessern und die deutsche Politik nicht zu komplizieren. *Im großen und ganzen hat die Weimarer Republik den nicht uninteressierten Abstand zu den böhmischen Problemen beibehalten, den schon das Bismarck-Reich gegenüber dieser Frage eingenommen hatte.*

Das änderte sich auch nicht sofort, als der Österreicher *Adolf Hitler* die Macht in Deutschland übernahm. Solange Deutschland nicht wieder aufgerüstet war, ließ er die Karten verdeckt. Die *brisante Kombination* aber war gegeben: Einer jener österreichischen Deutschen, die sich seit 1866 zunehmend als Irredenta fühlten und die aus den beschränkten Erfahrungen der letzten Jahrzehnte der Monarchie den aus der Geschichte tradierten übernationalen Reichsgedanken zutiefst ablehnten, war an die Spitze des von Bismarck als saturiert angesehenen preußisch-deutschen National- und Machtstaates gelangt.

Zunächst tastete Hitler nur ab. Ende 1936 schickte er zwei Geheimemissäre, Maximilian Karl Graf Trautmannsdorff und Karl Haushofer, zu Beneš, um über den Abschluß eines deutsch- tschechoslowakischen Gewaltverzichtsabkommens zu verhandeln (Helmut Slapnicka, a.a.O., Bd. IV, S. 76). Das Ziel war, die Tschechoslowakei aus dem von Frankreich 1935 mit der Sowjetunion vereinbarten Beistandspakt herauszulösen, dem sich die CSR angeschlossen hatte. Interessant ist, daß die sudetendeutsche Frage bei diesen Geheimgesprächen eine vergleichsweise geringe Rolle gespielt hat. *Hitler ging es nicht in erster Linie um die Rechte der Deutschen* (siehe auch seine Einstellung zu den Deutschen Südtirols, die er der Zusammenarbeit mit Mussolini opferte), *sondern um großräumige Herrschaftsziele.* Der Versuch versickerte aber im beiderseitigen Mißtrauen. Die Konstante der Lage aber war durch die Balkanisierung des Donauraumes gegeben. Die Zerteilung der Donaumonarchie wies der in Mitteleuropa allein übrigbleibenden deutschen Macht die Stoßrichtung. Sobald die französisch-britische Allianz zur Erhaltung des Versailler Systems brüchig werden würde, war mit einer deutschen Aktivität in südöstlicher Richtung zu rechnen. Frankreich wollte dem mit neuen Militärpakten zuvorkommen. Großbritannien zog eine maßvolle deutsche Revision dem Engagement der Sowjetunion in Mitteleuropa vor und wurde dadurch zum Schrittmacher der Auflösung des Systems der Sieger.

Auch die Sudetendeutschen hatten diesen Wandel der internationalen Situation bemerkt. Sie knüpften Gespräche mit London an. *Henlein* hielt im Dezember 1935 und im Mai 1936 Vorträge vor dem Royal Institute of International Affairs. Unterredungen mit *Winston Churchill* und *Robert Vansittart* folgten. Engländer und Sudetendeutsche trafen sich zunächst in dem Bemühen, die nationalstaatliche Struktur der CSR zu modifizieren. Ziel der Briten war es, das Nationalitätenproblem in Böhmen zu entschärfen, um Deutschland keinen Vorwand zum Eingreifen zu geben, Ziel der Sudetendeutschen, über London und indirekt Paris die Tschechen zu einer Änderung ihrer Nationalitätenpolitik in Richtung einer sudetendeutschen Autonomie zu veranlassen. Die Sammlungsbewegung Konrad Henleins, der übrigens der Sohn einer tschechischen Mutter war (Johann Wolfgang Brügel, Tschechen und Deutsche, S. 238, 239), war zu diesem Zeitpunkt noch nicht eindeutig negativistisch zum tschechoslowakischen Staat eingestellt. Neben den nach Berlin orientierten Nationalsozialisten strebte auch ein Flügel (der sog. Kameradschaftsbund) nach einer autonomistischen böhmischen Lösung. Die Massen wären jedoch damit kaum mehr zufrieden gewesen. Die Anziehungskraft Deutschlands war bereits zu groß. Ursprünglich mehr der sudetendeutschen Eigenständigkeit innerhalb Böhmens zuneigend, entschied sich Henlein für Berlin. Am *19. November 1937* sandte er dem deutschen Reichskanzler einen Geheimbericht, in dem er die Auffassung vertrat, daß „eine Verständigung zwischen Deutschen und Tschechen praktisch unmöglich und eine Lösung der sudetendeutschen Frage nur vom Reich her denkbar" sei (Helmut Slapnicka, a.a.O., Bd. IV, S. 87). *Spätestens seit diesem Zeitpunkt ging die Selbständigkeit der sudetendeutschen Politik und ihre Initiative an Berlin verloren.* Von da an war sie nur noch Werkzeug Hitlers und alle Gespräche mit der tschechoslowakischen Regierung im Jahre 1938 über das *Karlsbader Programm* oder die Angebote Beneš's nur tarnendes vordergründiges Spiel. Ihr Ziel war nicht mehr der Ausgleich, sondern die Zerschlagung des Staates und der Anschluß des deutschen Siedlungsgebietes an das Deutsche Reich.

Der Weg der europäischen Großmächte nach *München* 1938 ist bekannt. Für Hitler war das Münchener Abkommen nur die zweitbeste Lösung, da er viel lieber den gesamten tschechoslowakischen Staat sogleich vernichtet und die anderen kleineren Staaten auf dem Weg zur russischen Grenze und dem erhofften Großraum im Osten eingeschüchtert hätte. „München" blieb für ihn deshalb nur eine Etappe, eine kurze erzwungende Haltestelle, nicht aber der Ausgleich, den sich die anderen Signatare vorgestellt hatten. Die Sudetendeutschen sahen es wieder anders: Für sie schien die Zeit der Erfüllung gekommen zu sein. Nach neunzig Jahren vergeblicher Ausgleichsbemühungen (an deren Scheitern allerdings beide Seiten ein gerütteltes Maß von Schuld hatten) und nach der aufoktroyierten tschechoslowakischen Lösung wurden sie wieder als Glied der deutschen Nation angenommen, war die Entscheidung von 1866 überwunden, nahmen sie Teil an der Macht des Deutschen Reiches. Sie begriffen damals noch ebensowenig wie später die Tschechen, *daß sich 800 Jahre geschichtlicher Gemeinschaft im böhmischen Raum nicht zugunsten der einen oder anderen Seite, sondern nur zuungunsten beider auflösen lassen.*

Die Trennung war nun erstmals vollzogen, die Revision der Zwangseingliederung der Sudetendeutschen in den tschechoslowakischen

Nationalstaat von 1918/19 dadurch erkauft, daß der tschechischen Nation die Teilung der ein Jahrtausend alten böhmischen Einheit durch einen Großmächte-Entscheid aufdiktiert wurde, zu dem sie ebensowenig gehört wurde wie die sudetendeutsche Delegation 1919 in St. Germain. Der Preis der Teilung aber war der durch die Ohnmacht vertiefte und erbitterte Haß der Tschechen gegen ihre ehemaligen deutschen Mitbürger. Für das tschechische Empfinden war „München" ein größerer Schock als der Einmarsch der deutschen Truppen ins restliche Böhmen ein halbes Jahr später. Im März 1939 hatte man schon keine Hoffnungen mehr. Durch „München" aber wurde das Geschichtsverständnis der modernen tschechischen Nation im Kern getroffen. Nach einer 300jährigen Pause hatte man die Selbständigkeit des böhmischen Staates in neuer Form wiedererrungen. Gegen Deutschland fühlte man sich durch Bündnisse in West und Ost gewappnet. Und über Nacht wurde man plötzlich den Deutschen ausgeliefert. So empfand es die tschechische Nation. Für die sudetendeutsche Gleichberechtigung im tschechoslowakischen Staat konnte man Tschechen gewinnen, zuerst einzelne, später sicher auch ganze Gruppen. Die Auflösung der böhmischen Länder aber war undiskutabel. Der von außen auferlegte Entscheid öffnete nicht den Weg zum realen Begreifen der Situation, sondern er zerschnitt die letzten Fäden der Gemeinschaft mit den Deutschen.

13. Die Tschechische Trennungslösung

Es war die These der Tschechen seit der Friedenskonferenz von St. Germain gewesen, daß sie ohne die deutschbesiedelten Grenzgebiete, ohne die Beibehaltung der historischen Grenzen der böhmischen Länder ihre Selbständigkeit als Staat nicht wahren könnten: „Um des Selbstbestimmungsrechtes der tschechischen Nation willen müßten daher die Deutschen der böhmischen Länder auf das ihre verzichten, was nicht sehr ins Gewicht fiele, da die Deutschen an anderem Ort ihren nationalen Staat besäßen, während die Tschechen nur auf diese einzige Möglichkeit angewiesen seien." Die Behauptung war weder hieb- und stichfest noch sehr logisch. Aber Hitler beeilte sich, sie zu rechtfertigen. Vor „München" hatte er der Welt bekanntgegeben, daß die Sudetenfrage seine letzte territoriale Forderung sei, und wenngleich Franzosen und Briten ihren tschechischen Protégé nur mit schlechtem Gewissen im Stich ließen, so sprach immerhin das Selbstbestimmungsrecht und das nationalstaatliche Prinzip für die der CSR aufoktroyierte Entscheidung. Hitler hatte aber gelogen. Schon am 21. Oktober 1938 erteilte er der Wehrmacht den Befehl, die Zerschlagung der Resttschechoslowakei vorzubereiten (ADAP IV, Nr. 81). Vier Monate später veranlaßte Berlin die Abspaltung der Slowaken, die Ausrufung einer selbständigen Slowakischen Republik (mit der Drohung, sie sonst den Magyaren zu überlassen), und einen Tag später ließ er die Wehrmacht das restliche böhmisch-mährische Gebiet besetzen. Am 16. März proklamierte Hitler vom Prager Hradschin aus die Errichtung des *Protektorats Böhmen und Mähren*. Dem tschechischen Volk wurde damit die außen- und innenpolitische Selbstbestimmung ihres eigenen Schicksals genommen. Die Beziehungen zwischen der deutschen und der tschechischen Nation waren auf einem Punkt angelangt, den es in der ganzen tausendjährigen Geschichte beider Völker nicht gegeben hatte: es waren die des bloßen brutalen Eroberers zu einer unterworfenen Bevölkerung, der man für alle Zukunft keine Eigenständigkeit mehr zuzubilligen gedachte. Im Sommer 1932 hatte Adolf Hitler in einer Unterredung mit *Hermann Rauschning* (dem ehemaligen Senatspräsidenten von Danzig) das Wort gesprochen:

„Wir werden niemals eine große Politik machen ohne einen festen, stahlharten Machtkern im Mittelpunkt. Ein Kern von achtzig oder hundert Millionen geschlossen siedelnder Deutscher. Meine erste Aufgabe wird es daher sein, diesen Kern zu schaffen, der uns nicht nur unbesiegbar macht, sondern ein für allemal das entscheidende Übergewicht über alle europäischen Nationen sichern wird ... Zu diesem Kern gehört Österreich ... Es gehört dazu aber auch Böhmen und Mähren, und es gehören dazu die Westgebiete Polens bis an gewisse strategische Grenzen ... In allen diesen Gebieten wohnen heute überwiegend fremde Volksstämme. Und es wird unsere Pflicht sein, wenn wir unser Großreich für alle Zeiten begründen wollen, diese Stämme zu beseitigen. Es besteht kein Grund dagegen, dies nicht zu tun. Unsere Zeit gibt uns die technischen Möglichkeiten, solche Umsiedlungspläne leicht durchzuführen. Das böhmisch-mährische Becken, die an Deutschland grenzenden Ostgebiete werden wir durch deutsche Bauern besiedeln. Wir werden die Tschechen nach Sibirien oder in die wolhynischen Gebiete verpflanzen, wir werden ihnen in den neuen Bundesstaaten Reservate anweisen. Die Tschechen müssen heraus aus Mitteleuropa ... Es gibt kein gleiches Recht für alle. Wir werden den Mut haben, dies nicht bloß zur Maxime unseres Handelns zu machen, sondern uns auch dazu zu bekennen. Nie werde ich daher anderen Völkern das gleiche Recht wie dem deutschen zuerkennen ..." (Hermann Rauschning, Gespräche mit Hitler, S. 35).

Die Grundprinzipien der Politik des Dritten Reiches verwehren es, diese Äußerungen als bloße Plauderei am Kamin abzutun. Untersuchungen, die die SS während des Krieges im ganzen Bereich des Protektorates durchführte (wobei die Tschechen in verschiedene rassische und politische Kategorien eingestuft und in assimilationsfähige und -willige sowie assimilationsunfähige und -unwillige geschieden werden sollten), lassen erkennen, was ihnen nach einem Sieg der deutschen Waffen bevorgestanden hätte. *Zum auf ethnische Homogenität drängenden Nationalstaatsgedanken hatte sich ein darwinistisch verstandener Rassenimperialismus gesellt, die beide die in der Substanz und vom Ursprung her übernationale deutsche Geschichte negierten* und für ihren Aus- und Angriff nach Osten die deutsch-slawische Schicksalsgemeinschaft sowie 800 Jahre deutscher Ostsiedlung und beiderseitiger Durchdringung und Befruchtung auf Spiel setzten.

Die Konsequenz nationalstaatlicher Homogenität hatten aber auch die Tschechen begriffen. Vom Münchener Abkommen und der bald darauf folgenden Besetzung im Kern ihres staatspolitischen Bewußtseins getroffen und verletzt, *dachten sie nicht mehr über ihren eigenen Beitrag zum Weg in die Katastrophe nach*. Um sich zu erhalten und selbst zu rechtfertigen, mußten sie alles in der einfachen Schwarzweißzeichnung sehen. Die objektiv falsche Geschichtslegende des 19. Jahrhunderts vom tausendjährigen unerbittlichen Kampf zwischen Tschechen und Deutschen hatte sich durch die Politik des Deutschen Reiches seit 1933 bewahrheitet, und die Deutschen der böhmischen Länder waren die Handlanger dieses auf die Vernichtung der Selbständigkeit der tschechischen Nation abzielenden deutschen Imperialismus gewesen. So stellte sich nun diese Frage dem tschechischen Verständnis dar. Hatten die Deutschen das Tischtuch der Gemeinschaft zerschnitten, so sollten sie – sobald sich eine Gelegenheit bieten würde – auch aus der gemeinsamen Wohnung der böhmischen Länder hinaus. Die tschechische Reaktion auf die Teilung des Landes durch München war der Wunsch, sich zur Gänze und auf immer von den Deutschen zu trennen, d.h. das zweite Volk Böhmens auszusiedeln.

Vertreibungen, Aus- und Umsiedlungen liegen überall dort nahe, wo sich ein Nationalstaat ethnisch-sprachlich begreift und keine diese Gemeinschaften übersteigenden Werte mehr kennt. Unter diesem Aspekt sind die Vertreibungen nach dem Zweiten Weltkrieg nicht nur die Folge der deutschen Angriffspolitik, sondern auch die *letzte Konsequenz des integralen Nationalismus*, der – wie zur Zeit der Religionskriege – die Konformität des Staatsvolkes erzwingen will. War und ist das Bekenntnis zu einer religiösen Konfession oder auch modernen Weltanschauung und Ideologie noch durch Willensentscheid veränderbar, so ist die sprachliche und ethnische Verschiedenheit, in die der Mensch hineingeboren wird, nicht durch einen einfachen Sprung über die Trennungslinie zu überwinden. Es bleiben dann nur diverse Formen der freiwilligen oder erzwungenen Assimilation und die Vertreibung oder Ausrottung. Junge Nationalismen neigen zu letzterem. So hatten die Jungtürken im Ersten Weltkrieg die Verschwörung einiger *Armenier* benützt, um sich dieser ganzen Volksgruppe in grauenhafter Weise zu entledigen. 1923 beendete der *Vertrag von Lausanne* zwischen der Türkei Kemal Atatürks und Griechenland den Krieg dadurch, daß Millionen Griechen und Türken ihre Jahrhundertealte Heimat verlassen und in „ihre" Nationalstaaten umsiedeln mußten. 1939 stellten Hitler und Mussolini in einem *Abkommen die Südtiroler* vor die unzumutbare Wahl, entweder auf ihre Heimat oder auf ihre Muttersprache zu verzichten. Die *Judenmassaker* des Dritten Reiches sind ein besonders schauerliches Beispiel dieser Homogenisierung von Staat und Volk. Die wenigen Beispiele, die sich aus jüngster Zeit aus anderen Erdteilen leicht vermehren ließen, genügen, um darzulegen, *daß die Vertreibungen nicht nur aus dem Krieg, sondern mehr noch aus dem die gewachsene Geschichte negierenden geometrischen Denken stammen, das die Welt in möglichst homogene Nationalstaaten auflösen möchte.* Der Krieg und die deutsche Aggression hat nur Hemmungen beseitigt.

Den Gedanken selbst gab es schon vorher. Und zwar auch im sudetendeutsch-tschechischen Fall. 1918 hatte das Comité d'Etudes, das sich unter der Leitung des französischen Historikers Ernest Lavisse mit den sachlichen Bedingungen der Vorbereitung der Friedenskonferenz beschäftigte, festgestellt:

„Es gibt außerhalb Böhmens etwa 4 Millionen Tschechen und Slowaken auf der Welt, die Sprache und Nationalgefühl bewahrt haben. Sie sind fast so zahlreich wie die in Böhmen lebenden Fremden. Diese sind es, die sich dort niederlassen könnten, wo noch gestern Deutsche und Magyaren waren. Wir können daher keinesfalls sagen, daß die Deutschen auf dem tschechoslowakischen Staatsgebiet unersetzlich seien und daß sich die Sprachinseln niemals auffüllen werden" (Viktor Bruns, Die Tschechoslowakei auf der Pariser Friedenskonferenz, in: Zeitschrift für ausländisches öffentliches Recht und Völkerrecht, Bd. 8, S. 610).

Nach München und erst recht nach dem 15. März 1939 lag es nahe, daß eine tschechische Zukunftsplanung bei der Frage, wie eine wiedererstandene Tschechoslowakei zu stabilisieren sei, nicht an eine übernationale Verbesserung der Verfassungsstruktur, sondern an die Verwirklichung des Nationalstaatsgedankens bis zur letzten Konsequenz denken würde. So tauchte der Vorschlag, nach einem von den Alliierten gewonnenen Krieg die Sudetendeutschen auszuweisen, bereits im Herbst 1939 in Pariser tschechischen Exilkreisen auf. Drei in Paris lebende sudetendeutsche sozialdemokratische Emigranten – Walter Kolarz, Leopold Goldschmidt und Johann Wolfgang Brügel – wandten sich gegen diese Pläne mit der Schrift „Le problème du transfer de populations" (Wenzel Jaksch, Europas Weg nach Potsdam, S. 440, 505, S. 506). Elizabeth Wiskemann, die im Auftrag des Royal Institute of International Affairs das Problem der deutsch-tschechischen Beziehungen untersuchte, führt an, *Hubert Ripka* (engster Mitarbeiter Beneš's im Londoner Exil und späterer Außenhandelsminister) habe ihr in einem Brief mitgeteilt, daß Beneš und er erstmals im Dezember 1938 die praktischen Möglichkeiten einer solchen Aussiedlung nach dem von ihnen erwarteten Krieg „ernsthaft erörterten" (Elizabeth Wiskemann,

Germany's Eastern Neighbours, S. 62). Auch unter den tschechischen Soldaten und Offizieren, die 1939 nach Polen gegangen waren, um gegen die Deutschen zu kämpfen, wurden damals schon Forderungen laut, daß die künftige Tschechoslowakei „ohne nationale Minderheiten" und auf einer rein nationalen Basis errichtet werden sollte (Rudolf Kopecky, Československý odboj v Polsku v roce 1939, S. 35). Beneš selbst stellte in einer Ansprache am 19. Mai 1947 vor den Bezirks- und Ortsnationalausschüssen in Karlsbad fest: „... Die erste Frage, die ich unserer Auslandsaktion bereits im Jahre 1940 vorlegte, war die Frage des Abschubs der Deutschen aus unserem Lande. Ich stellte die Frage direkt und integral und besprach sie offen, *zuerst mit den Engländern, dann mit den Amerikanern, mit den Russen zuletzt* ... Als sich unsere Regierung im Ausland konstituiert hatte und definitiv anerkannt worden war, erklärte ich unmißverständlich, welche Konsequenzen man in diesem Sinne aus dem Abkommen von München ziehen solle und müsse" (Edvard Beneš, in: Lidová Demokracie, Praha, Jg. III, No. 118, 21. Mai 1947).

Hemmungen, die auf Grund der Tradition, der Moral und der Vorstellungen von Gerechtigkeit bei den Alliierten vorhanden waren, bauten der immer härter geführte Krieg und die daraus resultierenden Emotionen bei den Völkern ab. Trotzdem mußte die tschechoslowakische Exilregierung in London noch zu Verschleierungen und Täuschungen Zuflucht nehmen, um die kriegführenden Großmächte von der Zweckmäßigkeit des Vertreibungsplanes zu überzeugen. *Den Amerikanern wurde 1943 von Beneš und Ripka in einem Spiel mit Telegrammen vorgemacht, daß die Sowjets bereits die Zustimmung zum Massentransfer gegeben hätten, während den Russen die amerikanische Einwilligung vorgehalten wurde* (Wenzel Jaksch, Europas Weg nach Potsdam, S. 385, 386). Aber auch dieses Einverständnis (wie das behauptete britische) wurde den tschechoslowakischen Gesprächspartnern nur mündlich versichert. „Weder Beneš noch ein anderer tschechischer Autor (ist in der Lage) ein einziges diplomatisches Dokument zu zitieren, in dem eine der drei Großmächte ihre Zustimmung zu den Aussiedlungsplänen ausgesprochen hätte" (Johann Wolfgang Brügel, Die Aussiedlung der Deutschen aus der Tschechoslowakei, in: Vierteljahresheft des Instituts für Zeitgeschichte, Nr. 8 (1960), S. 162*). Insbesondere hat sich die Sowjetunion fast bis zum Kriegsende, mindestens aber bis zum Dezember 1943* (dem Abschluß des tschechoslowakisch-sowjetischen Vertrags*) alle Wege offengelassen.* Die *zweite Irreführung der Alliierten* bestand darin, daß die tschechoslowakische Exilregierung ihr wahres Ziel, alle Deutschen zu vertreiben, damit tarnte, daß sie immer nur von den „schuldig gewordenen nazistischen Deutschen" sprach und offenließ, um welche Zahl es sich dabei handle. Noch im *Geheimmemorandum* der tschechoslowakischen Regierung an die Regierungen der USA, Großbritanniens, Frankreichs und der Sowjetunion *vom 23. November 1944*, mit dem die

Zustimmung zum Vertreibungsplan eingeholt werden sollte, operierte sie mit einer Rechnung, die das Problem bewußt verkleinerte und verharmloste: Man teilte mit, daß es sich „nur" um die Aussiedlung von 1,6 Millionen Menschen handeln würde. Dieser Transfer würde bestens organisiert sein und sich allmählich über einen größeren Zeitraum abwikkeln. 800.000 Sudetendeutsche dürften in der Tschechoslowakei bleiben. Ausdrücklich wird in dem Memorandum erklärt, daß nicht beabsichtigt sei, das Privateigentum zu konfiszieren. Der Wert des im Lande verbleibenden Eigentums werde nach allgemein geltenden Schätzsätzen festgelegt werden. Die transferierten Personen würden Bescheinigungen erhalten, die sie berechtigten, den festgelegten Schätzpreis vom deutschen Staat auf Rechnung der tschechoslowakischen Forderungen an Deutschland ausbezahlt zu bekommen (Acta Occupationis Bohemiae et Moraviae, Praha 1966, S. 538ff.).

Zur selben Zeit sandte der persönliche Sekretär Dr. Beneš' (und spätere tschechoslowakische Justizminister) *Prokop Drtina Geheimanweisungen an die Widerstandsgruppen in der Heimat*, in denen folgendes stand:

„10. Zur Frage unserer Deutschen gibt Ihnen der Präsident zu dem, was er im Staatsrat gesagt hat, noch folgende Erklärungen: Soweit es sich um die internationale Lösung dieser Frage handelt, hängt noch viel von der Entwicklung in der Endphase des Krieges ab. Das Verhältnis zu den Deutschen und zu Deutschland, zu der Methode, wie mit Deutschland nach dem Krieg verfahren werden soll, also auch zur Frage, was mit unseren Deutschen zu geschehen hat, nimmt in der öffentlichen Weltmeinung immer mehr eine Wendung zum Besseren, und zwar so, wie es unser Volk braucht. Wir rechnen also mit der Möglichkeit der Durchführung eines Transfers unserer deutschen Bevölkerung. Es kann jedoch heute noch nicht definitiv gesagt werden, daß sämtliche drei Millionen Deutsche auf der Grundlage irgendeiner internationalen Regelung transferiert werden können. Auf diesem Weg wird es vielleicht möglich sein, sie nur zum Teil loszuwerden, maximal vielleicht zwei Millionen, und wir können uns daher nicht auf eine internationale Lösung verlassen und können eine solche auch nicht abwarten. *Es ist notwendig, daß wir in den ersten Tagen nach der Befreiung vieles selbst erledigen*, daß möglichst viele schuldige Nazisten vor uns fliehen, aus Angst vor einer Bürgerrevolte gegen sie in den ersten Tagen der Revolution, und daß möglichst viele derjenigen, die als Nazisten sich wehren und Widerstand leisten, in der Revolution erschlagen werden. Denken Sie immer daran, darauf muß die ganze Nation vorbereitet sein. Der internationalen Lösung der deutschen Frage bei uns muß daher ... die schnellstmögliche Besetzung und Säuberung (der Grenzgebiete) ... vorangehen. Die öffentlichen Bekanntmachungen des Präsidenten und der Regierung hier in London müssen in dieser Frage immer sehr zurückhaltend sein, und es ist notwendig, sie auch bei uns dementsprechend zu beurteilen ..." (V. Prečan, Z korespondence Slovensko-Londýn v roce 1944 do vypuknutí, Slovenského národního povstání, in Příspěvky k dějinám KSČ 6, Nr. 4, S. 927, 928).

Das war die nur schwach verhüllte Aufforderung zum Terror und Massenmord, kurz: die Schaffung eines fait accompli beim Kriegsende. Dies geschah dann auch im Sommer 1945 in der sogenannten „wilden Austreibung". Der Art. XIII des Potsdamer Protokolls hat in den ganzen Zusammenhang gestellt deshalb auch nur die Bedeutung einer Hinnahme vollendeter bzw. nicht mehr abzuwendender Tatsachen, nicht eines Gebots der Alliierten (dazu: The Conference of Berlin 1945, Bd. II, Washington 1960, S. 382ff., 511ff., sowie Report No. 1841, House of Representatives, 81st Congress, 2nd Session, Washington 1950).

In Anbetracht solcher Vorstellungen hatte der Versuch der sudetendeutschen sozialdemokratischen Emigration in England, die unter Führung von *Wenzel Jaksch* mit Beneš einen Ausgleich aushandeln wollte und im März 1940 in der sogenannten *Deklaration von Laughton* für eine sudetendeutsche Autonomie in einer „nach dem Föderalprinzip reorganisierten Tschechoslowakei" eingetreten war (Der Sozialdemokrat, 1. Jg., No. 2, 16. April 1940, S. 29-34), keine Chancen. *Beneš wollte wie Hitler etwaige kommende Möglichkeiten maximal ausnützen.* Die fortschreitende Radikalisierung und Barbarisierung des Krieges verengten das Gesichtsfeld auf die Gewaltlösung.

So folgte auf die deutsche Teilungslösung von 1938 die tschechische der Trennung der beiden Sprachgruppen der böhmischen Länder durch Vertreibung. Anstatt das Problem des Zusammenlebens zweier Völker in einem Land zu bewältigen, stand am Ende der Auseinandersetzung von drei Generationen auf beiden Seiten nur noch das *Argument des Axthiebes und damit die Kapitulation vor diesem Problem.* Deutsche und Tschechen waren nun voneinander geschieden, und diese Scheidung besaß eine *Symbolkraft*. Sie war, vielen Tschechen damals noch nicht bewußt, der Austritt aus einem Jahrtausend deutsch-tschechischer Symbiose und die Option für das neue Reich im Osten.

Klement Gottwald, der Führer der KPTsch, hatte dies erkannt, als er am 23. Juni 1945 in seiner Rede in Brünn ausrief: „Wir greifen mit dem Gesetz der Beschlagnahme des deutschen Bodens noch tiefer in die Geschichte unseres Volkes. Wir korrigieren die Irrtümer unserer böhmischen Přemyslidenkönige ..." (Klement Gottwald, Deset let, S. 365). Aber etwas anders als damals wird heute mancher Tscheche die Botschaft Präsident Beneš' zum Jahrestag der Schlacht am Weißen Berge (1620) im Jahre 1946 verstehen:

„Der Abschub der Deutschen ist ein Akt außerordentlicher geschichtlicher Reichweite in dem Sinne, daß er staatlich und politisch die Irrtümer eines ganzen Jahrtausends von den Zeiten des hl. Wenzel an ... korrigiert ... Seien wir uns dessen bewußt, daß wir vor den zukünftigen Generationen eine große nationale Verantwortung übernehmen" (Jaroslav Smutný, Němci v Československu a jich odsun z Republiky, Doklady a Rozpravy, Nr. 26, S. 90).

Beneš, und mit ihm ein beträchtlicher Teil des tschechischen Volkes, hat mit der Deutschenvertreibung gewiß keine Wahl für den Osten und gegen den Westen vollziehen wollen. Objektiv wirkte dieser Entscheid aber in jener Richtung. Mehr noch als die beabsichtigten Folgen bestimmen die ungewollten den Gang der Geschichte.

Der Zerfall der Österreich-Ungarischen Monarchie

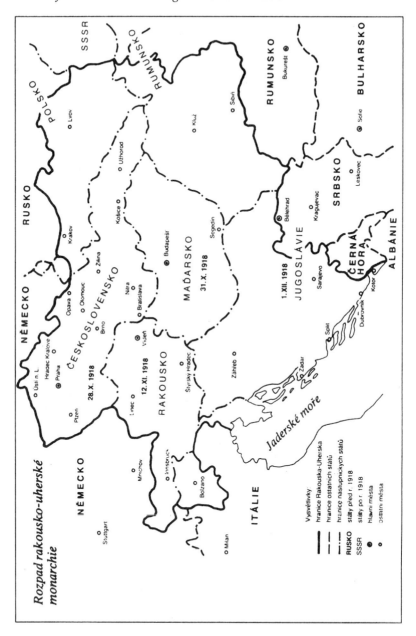

Nationalitätenstruktur der CSR nach der Volkszählung vom 15.2.1921

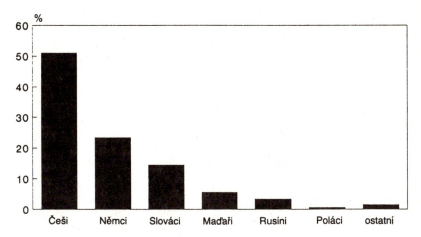

Die Nationalitätenstruktur des CSR nach der Volkszählung vom 15.2.1995

Anmerkung: Nach der Statistik des Jahres 1921 lebten auf dem Gebiet der Republik 13.613.172 Einwohner, davon 6.850.000 Tschechen (51%), 1.910.000 Slowaken (14,5%), 3.123.000 Deutsche (23,4%), 745.000 Magyaren, 461.000 Rusinen, Ukrainer und Russen, 180.000 Juden, 75.000 Polen, eine kleinere Anzahl Rumänen und andere Nationalitäten. Teil des Verfassungsgesetzes war das Sprachengesetz, das festlegte, daß die staatliche und offizielle Sprache der Republik die tschechoslowakische Sprache sei, was damals als die Gleichberechtigung der tschechischen und slowakischen Sprache begriffen wurde. Weiter wurde gemäß dem Vertrag zum Schutze der Minderheiten, den die CSR mit den Friedensverträgen übernommen hatte, den anderen Nationalitäten in den Bezirken, in denen sie mehr als 20% der Bevölkerung bildeten zugesichert, daß sie im Verkehr mit den Ämtern die Muttersprache benützen dürfen. Die Durchführungsverordnungen zum Sprachengesetz aus dem Jahre 1926 legten die Verwendung der Staatssprache fest, und verlangten u.a. von den Staatsbeamten eine Prüfung in der Staatssprache, was vor allem die Sudetendeutschen als eine Härte empfanden.

Aus der Rede von Staatspräsident Tomas Garrigue Masaryk zum 10. Jahrestag der Gründung der Republik:

„Bei uns geht es hauptsächlich um das Verhältnis der tschechoslowakischen Mehrheit zu unseren deutschen Bürgern. Falls man dieses Problem löst, werden auch leicht die anderen Sprach- und Nationalitätenprobleme gelöst werden können. Vom Schicksal vorgegeben, leben in unserem Staat neben Tschechen und Slowaken schon seit langer Zeit eine beträchtliche Anzahl Deutscher. Es gibt andere Staaten, die nicht mehr Einwohner haben (als sie zählen) und unsere deutschen Mitbürger besitzen ein hohes kulturelles und wirtschaftliches Niveau..."

Das europäische Bündnissystem nach 1920 und

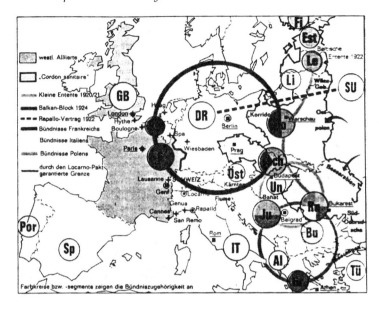

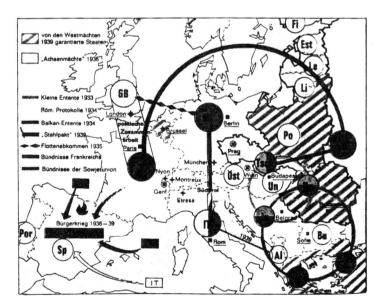

Das europäische Bündnissystem 1933-39

Die Böhmischen Länder nach München

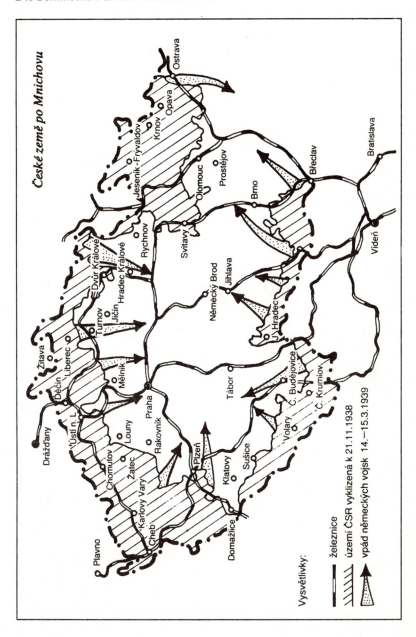

Der deutsche Hegemonialbereich 1940

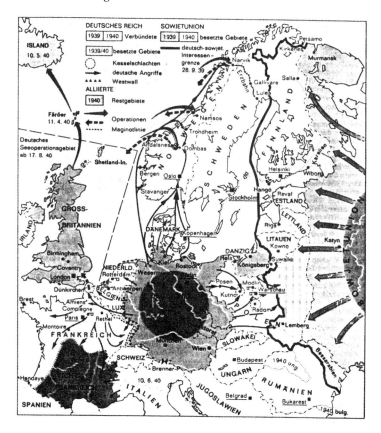

Teil II
Übergänge

IV. Neuanfänge in der Nachkriegszeit

1. *Der Ausgangspunkt*

War der Endpunkt der Trennung und Auflösung der historisch gewachsenen tschechisch-deutschen Lebensgemeinschaft zugleich ein neuer Anfang unbelasteter Beziehungen zwischen Tschechen und Deutschen, die nun ohne die alten Reibungsflächen direkt von Nation zu Nation miteinander sprechen konnten? Das war nicht der Fall. Zunächst lag der Ausgangspunkt nicht bei Null, sondern weit unter dieser Marke, weil alles Deutsche zutiefst verhaßt und jede Mäßigung Deutschen und Deutschland gegenüber undiskutabel erschien. Von größerem Gewicht war jedoch, daß sich aus der Vertreibung der Sudetendeutschen *zwangsläufig* die Vorstellung ergab, daß Deutschland als Quelle möglicher Revisions- und Revanchepolitik auch in Zukunft die Gefahr Nummer eins bleiben würde. Im Zeitpunkt des Untergangs des deutschen Nationalstaates, der totalen Ohnmacht des deutschen Volkes und der Formierung eines neuen weltpolitischen Antagonismus zwischen West und Ost blieben das tschechische Volk und der tschechoslowakische Staat infolge des Gewalteingriffs gegen die deutsche Bevölkerung der böhmischen Länder *starrer als je zuvor auf die Vergangenheit* eines vermeintlich die ganze Geschichte bestimmenden und auch weiterhin unausweichlichen tschechisch- deutschen Gegensatzes *fixiert*.

Daraus erwuchs wiederum die *Wunschvorstellung*, daß die Kriegsallianz von West und Ost mindestens eine Generation weiterbestehen und das deutsche Volk in den nächsten beiden Generationen keine europäische Macht mehr sein würde. Dem entsprach, daß sich die *Tschechoslowakei* in der Vorstellung Edvard Beneš' und seiner Mitarbeiter als *Brücke zwischen West und Ost verstand,* und zwar nicht im Verein mit den anderen (deutschen) Mitteleuropäern, sondern *über ein deutsches Vakuum hinweg.*

Eine krassere Fehlbeurteilung der Lage läßt sich kaum denken. Daß sich West und Ost über Deutschland nicht würden einigen können, sobald die deutsche Macht besiegt war, war vorauszusehen. Daß sich diese Nichteinigung auf das Schicksal der CSR auswirken müsse, war zu erwarten. Daß der Tschechoslowakei zur Brückenfunktion in jedem Fall die Voraussetzungen zureichenden Raumes und zahlenmäßigen Gewichts der Bevölkerung fehlten, hätte jeder erkennen können, der nicht wie Lots Weib *rückwärts (nach „München")* starrte. Die Stunde der Wahrheit kam nicht erst mit der totalen Machtübernahme der KPTsch im Februar 1948, sondern bereits im Sommer des Vorjahres, als die Tschechoslowakei eingeladen wurde, am *Marshallplan* teilzunehmen. Die Regierung nahm die Einladung einstimmig an. Bereits ein paar Tage später – am 10. Juli 1947 – beschloß der gleiche Ministerrat ebenso einstimmig, nicht nach Paris zu gehen. In der Zwischenzeit waren der Ministerpräsident und der Außenminister nach Moskau zitiert worden, und von dort aus legten beide telefonisch der Regierung den sofortigen Widerruf des ersten Beschlusses nahe. Das Brückenkonzept war gescheitert.

Solange die Sowjetunion hoffen konnte, im Einvernehmen mit dem Westen Einfluß auf Gesamtdeutschland, d.h. auch auf die westlichen Besatzungszonen, zu gewinnen, solange blieben die Vorstellungen der Tschechen von einem „Mittelweg" der tschechoslowakischen Außen- und Innenpolitik unbehelligt. Als sich der Westen zum *Containment* entschloß und begann, die Westdeutschen in die westliche Völkergemeinschaft aufzunehmen, reagierte *Stalin* mit der raschen Konsolidierung seines Einflußbereichs im östlichen Mitteleuropa. War es denkbar, daß Moskau der Tschechoslowakei, die nach Norden die sowjetische Besatzungszone und Polen und nach Süden den mittleren Donauraum flankierte, eine freie Wahl zwischen West und Ost oder die Beibehaltung einer zwielichtigen Stellung gestatten würde? *Mit der Entscheidung über die deutsche Frage im Sinne der Teilung fiel auch das Los über die Tschechoslowakei.* Womit erneut – wenngleich im Negativen – *die Unlösbarkeit der geschichtlichen Verflechtung zweier Völker*, bestätigt wurde, die sich soeben anscheinend endgültig getrennt hatten.

Die innenpolitische kommunistische Machtübernahme im Februar 1948 war daher bei weitem nicht das entscheidende Ereignis, zu dem es die nach dem Westen geflüchteten tschechoslowakischen Brückentheoretiker machen wollten. Den Ausschlag gaben größere gesamteuropäische Zusammenhänge. Angesichts der Ausschaltung der westeuropäischen Kommunisten aus den Regierungen mußte Moskau argwöhnen, daß man auch in der CSR den Versuch dazu machen würde. Der Putsch hätte deshalb irgendwann im Frühjahr 1948 stattgefunden. Die Demission der 12 nichtkommunistischen Minister im Februar 1948, mit dem Ziel, klare Fronten vor den für Mai angesetzten Wahlen zu schaffen, arbeitete der KPTsch ungewollt in die Hand. Sie beließ Gottwald eine Kabinettsmehrheit und ermöglichte den Kommunisten die legale Machtübernahme. Vor der Drohung eines Bürgerkrieges wich Staatspräsident Beneš zurück. Er ließ seine Freunde fallen und akzeptierte die neue Regierung Klement Gottwald. Die Neuwahlen im Mai erfolgten dann auf Grund einer Einheitsliste. Die Tschechoslowakei war gleichgeschaltet.

Wie weit der Boden aber bereits seit 1945 vorbereitet war, zeigen diese Fakten: In der ersten, am 4. April 1945 in Kaschau gebildeten tschechoslowakischen Regierung hatten die Kommunisten das Innenministerium, das Informationsministerium, das Arbeitsministerium und das Landwirtschaftsministerium. Das Verteidigungsministerium und das Unterrichtsministerium wurden von Fachleuten besetzt, die – ohne das Parteibuch zu besitzen – zu den Kommunisten zählten (General Ludvík Svoboda und der Universitätsprofessor Zdeněk Nejedlý). Verboten war die stärkste Partei der ersten Republik, die Agrar- oder Republikanische Partei, zu der die breiten Massen der ländlichen Bevölkerung und das konservative Bürgertum tendierten. *Die Einführung der Nationalausschüsse (eines Rätesystems) auf allen Ebenen der Verwaltung hatte den alten Staatsapparat entmachtet. Die Enteignung und Rechtlosmachung der Deutschen hatten in weiten Schichten des tschechischen Volkes das Rechtsbewußtsein relativiert.* Ferdinand *Peroutka*, einer der führenden exiltschechischen, an Masaryk orientierten Journalisten stellt hierzu im Rückblick fest:

„Der Abschub der Deutschen schuf eine Atmosphäre, in der es möglich wurde, den politischen Gegner ohne viel Lärm zu beseitigen und sich an ein Leben ohne Recht und Gesetz zu gewöhnen. Einstmals sagte Palacky, daß er sein Volk nicht mehr achten würde, wenn nicht der letzte Zigeuner dort sein Recht finden könne. Nun aber, im Jahre 1945, verschwand das ordentliche Recht für Hunderttausende, damit es später für andere, noch nichts ahnende Hunderttausende verschwinden konnte ... Das sind die moralischen Folgen des Massenabschubs, wie man sie heute erkennen kann: Wenn es möglich ist, daß der Mensch dafür bestraft wird, weil er zu einem bestimmten Volk gehört, dann ist es später auch möglich, daß er bestraft wird dafür, daß er zu einer bestimmten Gesellschaftsklasse oder zu einer bestimmten politischen Partei gehört. *Die Zukunft wird nicht stolz sein auf jenen Augenblick, als in der Welt der Begriff der Kollektivschuld eingeführt wurde ...*" (Ferdinand Peroutka, Několik poznámek k česko-německému problému, in: Československé Noviny, April 1956, Washington).

Die Verteilung des deutschen Grund und Bodens über die von der KPTsch beherrschten Nationalausschüsse und durch das Landwirtschaftsministerium war eine weitere Quelle politischen Einflusses. Die nationale (gegen die Deutschen gerichtete) Revolution ging mit der sozialen Hand in Hand. *Sie löste die überlieferte Rechtsordnung schon lange vor dem Februar 1948 auf.* In den freien Wahlen vom 26. Mai 1946 erhielt die KPTsch bereits 114 von 300 Parlamentssitzen. Der Durchschnittsprozentsatz der KPTsch in den böhmischen Ländern lag bei 38 v.H. In den ehemals deutschen Grenzgebieten aber stimmten an manchen Orten bis zu 80 v.H. für die Kommunisten (Josef Korbel, The Communist Subversion of Czechoslovakia, Princeton Univ. 1959, S. 162).

Die Einordnung der Tschechen in das östliche Machtsystem und die Aufnahme der in den westlichen Besatzungszonen lebenden Mehrheit der deutschen Nation in das westliche Lager wirkten zusammen mit der Vertreibung der Sudetendeutschen zunächst und unmittelbar im Sinne der Bestätigung und Vertiefung der Trennung beider Völker. Im Westen schöpften die Deutschen Hoffnung und klammerten sich an die Vorstellung, mit Hilfe der amerikanischen Weltmacht und der europäischen Einigung wenigstens den härtesten Folgen der totalen Niederlage im Osten zu entkommen. Die zerstreuten Sudetendeutschen sammelten sich wieder und meldeten in politischen Erklärungen und Kundgebungen ihre Forderungen auf Wiedergutmachung und Rückgabe des heimatlichen Siedlungsbodens an. Im Osten liierte sich die sowjetische Vormacht mit dem durch Krieg und Nachkriegsereignisse hochgetriebenen deutschfeindlichen Nationalismus der Westslawen und interpretierte das Entstehen der Bundesrepublik Deutschland als das Wiedererwachen der „deutschen Gefahr". Die Angst vor einer deutschen Revanche wurde zum Mittel der Konsolidierung. *Mit vielen Worten wurde also auf beiden Seiten die historische Auseinandersetzung fortgeführt, obwohl sich die Lage für das deutsche wie das tschechische Volk von Grund auf geändert hatte.* Beide hatten ihre Eigenständigkeit verloren und waren bloße Funktion in größeren Systemen und Machtzusammenhängen geworden. Früher oder später konnten vorgeordnete Gesichtspunkte das ganze deutsch-tschechische Problem relativieren.

*

In der Geschichte stehen die Völker auf zwei Ebenen miteinander in Beziehung: auf einer offiziellen staatlich-rechtlich-politischen und auf einer eher unterschwelligen menschlichen: von Volk zu Volk, Gesellschaft zu Gesellschaft, Kultur zu Kultur. Die erste Art des Verhältnisses läßt sich klar fassen und definieren. Sie ist der traditionelle Hauptinhalt der Geschichtsschreibung. Die zweite kann man nicht so genau abgrenzen, noch weniger kontrollieren, fast niemals dirigieren. Sie fließt aus vielen Quellen und Rinnsalen mitunter zu mächtigen unterirdischen Strömungen zusammen und vermag die Geschichte oft nachhaltiger zu bestimmen als manche einschneidenden Ereignisse der politischen Beziehungen wie der Wechsel der Herrschaften, Schlachten und Verträge. Die Bewegung kann auf beiden Ebenen parallel laufen, sie muß es aber nicht. Die Richtungen können sogar konträr sein und ebenso verschieden in Tempo und Stärke. Zu manchen Zeiten wird die staatlich-rechtliche Beziehung überwiegen, in anderen wird die gegenseitige gesellschaftlich- kulturelle Durchdringung oder Abstoßung den Ton angeben.

Für den Bewohner eines Nationalstaates, insbesondere für den binnenländischen, vom Staat von 1871 geprägten Deutschen, ist das schwer zu verstehen, denn er neigt dazu, sich das Verhältnis der Völker zueinander nur in den staatlichen Kategorien deutlich zu machen. Man muß auf die in übernationalen Räumen gemachte Erfahrung zurückgreifen, um zu wissen, worum es sich handelt. Die deutsch- tschechische Beziehung allein vom Verhältnis Staat zu Staat zu sehen, würde ein ganz falsches Bild ergeben. Über weite Strecken der Geschichte dominiert hier die nichtstaatliche, menschlich-kulturelle Verbindung, und zwar so sehr, daß sich Deutsche und Tschechen jahrhundertelang kaum ihrer Abgrenzung bewußt wurden; daß sie gemeinsam als die eine *„böhmische Nation"* existierten und dies wiederum als *Glied jenes übernationalen Reichsverbandes, in dem sich das deutsche Volk, sehr ungleich den großen westeuropäischen Nationen, staatlich organisierte.* Jedenfalls gibt es kein slawisches Volk, das so sehr wie die Tschechen in engster geschichtlicher Symbiose mit den Deutschen lebte.

Man muß dies alles mit in Betracht ziehen, um nicht auf Grund des im 19. Jahrhundert einsetzenden Prozesses der Differenzierung, Ausgliederung, Spaltung und schließlichen Trennung zu Fehlurteilen zu kommen. Zwar überwiegen seit 1918 und erst recht seit 1945 die staatlich-juristischen Beziehungen, aber nahezu ein Jahrtausend gegenseitiger Beeinflussung ist damit nicht ungeschehen zu machen. Die Beziehungen auf dieser zweiten unterschwelligen Ebene werden in dem einen Jahrhundert des aufsteigenden Nationalismus negiert oder als ständiger Kampf umgedeutet. Aber im gleichen Maß wie der Risorgimento-Nationalismus (Eugen Lemberg, Wandlungen im deutsch-tschechischen Verhältnis, in: Deutsche und Tschechen, S. 18, 19) nach 1945 abgebaut wird, melden sich wieder die alten Gemeinsamkeiten zu Wort. Die Nachkriegsbeziehungen ohne diesen Aspekt zu berücksichtigen zu analysieren, würde nicht sehr weit führen. Neben der äußeren Bestimmung beider Völker durch deren Eingliederung in antagonistische Weltsysteme spielt der Bewußtseinswandel eine nicht minder große Rolle. Drei Fakten sind hier wesentlich: 1. Trotz Trennung und Abriegelung (oder vielleicht gerade deshalb?) kommt nach einem Jahrzehnt wieder die alte Zweischichtigkeit der Beziehungen zum Vorschein: 2. Der Abschluß der Epoche des nationalen Erwachens in ganz Europa wirkt in Richtung des Abbaus des deutsch-tschechischen Gegensatzes und 3. Die räumliche Trennung beider Völker durch die Vertreibung der Sudetendeutschen, die den Konflikt gewiß nicht einfach aufhebt, wirkt schließlich entkrampfend.

Zum Ausgangspunkt gehört noch eine letzte Betrachtung: Auf der staatlich-politischen Ebene stehen die Tschechen nach 1945 den Deutschen ohne den geschichtlichen Mittler „ihrer Deutschen" gegenüber. Die Frage ist, wie sie damals dieses deutsche Volk sahen und wie die politische Entscheidung der Teilung Deutschlands dieses Bild als erstes modifizierte?

Im Sommer 1945 war es eindeutig: Die Deutschen galten als die Verkörperung alles Bösen und Verabscheuenswerten. Aus Gründen des inneren Machtkampfes und trotz der Prinzipien des sozialistischen Internationalismus setzte sich die KPTsch sogar an die Spitze dieser Verdammung. Ihr Ziel war, die national-chauvinistischen Massen zu gewinnen und sie den bürgerlichen Parteien, den eigentlichen Trägern dieser Aussage, abzujagen. Ein Sprecher der KPTsch führte hierzu 1955 in einem Vortrag vor der Parteihochschule der SED in Kleinmachnow aus:

„*Die Reaktion (d.h. die tschechischen bürgerlichen Parteien. Der Verfasser) hätte ... eine chauvinistische Hetze gegen die Kommunisten geführt und diese des Verrats an den nationalen Interessen beschuldigt* (wenn sie die deutsche Minderheit gegen die Diskriminierung geschützt hätte. Der Verfasser). Unter solchen Bedingungen hätte die tschechoslowakische Arbeiterklasse die Bourgeoisie nicht schlagen und die Diktatur des Proletariats nicht errichten können ... Die Presse der tschechischen Nationalsozialisten (Partei Beneš'. Der Verfasser) wimmelte von Rassentheorien darüber, daß die Wurzeln des Nazismus im deutschen Nationalcharakter, im Blut des deutschen Volkes liegen. Die Kommunistische Partei der Tschechoslowakei stimmte mit solchen Äußerungen nicht überein. Sie konnte aber zu dieser Zeit keine groß Kampagne gegen diese Erscheinungen führen. Das Mißtrauen gegenüber dem ganzen deutschen Volk war noch zu stark. In dieser Lage den ideologischen Kampf in dieser Frage aufzunehmen, hätte bedeutet, Kräfte vom entscheidenden Frontabschnitt – vom Abschnitt des Kampfes um die politische Macht – auf einen weniger wichtigen Abschnitt zu werfen ..." (Miloš Hájek, Die Beziehungen zwischen der tschechoslowakischen und der deutschen Arbeiterbewegung, Parteihochschule Karl Marx beim ZK der SED, Berlin 1955, S. 20).

Die dem Internationalismus verpflichtete KPTsch half also lieber 800.000 deutsche Arbeiter mit 50 kg Gepäck als Ergebnis ihres Arbeitslebens über die Grenze zu jagen, und sie sicherte sich das entscheidende Wort bei der Verteilung des deutschen Besitzes in den Grenzgebieten. Die Rechnung ging auf.

Noch vor der totalen Machtübernahme, jedoch erst nach dem Abschluß der Aussiedlung der Deutschen, leitete Klement Gottwald – zu dieser Zeit schon kommunistischer Premier der Tschechoslowakischen Republik – *den Prozeß der Differenzierung in der Beurteilung der Deutschen* ein. In einer 1947 in Böhmisch-Leipa gehaltenen Rede verwarf er die These von der deutschen Kollektivschuld mit den Worten: „*Není*

Němec jako Němec" (Es ist nicht ein Deutscher wie der andere; Aufbau und Frieden, Prag, Nr. 27, 22. Mai 1953). Dem Parteiführer war schon bekannt, daß zwischen West und Ost keine Verständigung über Deutschland erzielt werden und daß es zur deutschen Teilung kommen würde. Bereits die Sitzung des Außenministerrats vom Oktober 1945 war ein Fehlschlag gewesen. Im Sommer 1946 wandte sich *Molotow* auf einer interalliierten Konferenz in Paris gegen die Identifikation des deutschen Volkes mit Hitlerdeutschland (Alfred Grosser, Deutschlandbilanz, S. 105). Im September folgte die *Byrnes-Rede* in Stuttgart, die eine Änderung des amerikanischen Kurses gegenüber den Deutschen signalisierte. Mit dem Scheitern der Außenministerkonferenz im März/April 1947 in Moskau begann der Kalte Krieg. Für beide Lager stellte sich nun die Frage, ob die Deutschen auf ihrer Seite nicht eine positive Rolle in der anhebenden Auseinandersetzung übernehmen könnten. Unter diesen Umständen hätten auch die Tschechen nicht mehr lange an einer bloß rückwärts gewandten negativistischen Einstellung festhalten können. Der Februar 1948 brachte die Entscheidung, welche Deutschen nun die „guten" und welche die „bösen" sein würden. Die Eingliederung der Tschechoslowakei in das stalinistische Weltsystem verursachte jene *Polarisierung im Deutschlandbild*, die das von den Sowjets besetzte Deutschland als „demokratisch, friedliebend und fortschrittlich", das von den Westmächten besetzte als „reaktionär, revanchistisch und dem Nazi-Erbe verpflichtet" darstellte. Dieses Klischee hat zwei Jahrzehnte der tschechoslowakischen Politik mitbestimmt, und als Funktion des Deutschland und Europa teilenden Ost-West-Gegensatzes war es mindestens bis 1968 von Bedeutung. Von außen ins tschechische Bewußtsein hineingetragen und machtpolitischen Zwecken entsprungen, hat es eher verzerrt als die von der Geschichte zwischen beiden Völkern aufgerissene Kluft wirklich überbrücken helfen. Der Freundschaft und dem Bündnis mit dem einen Teil der Deutschen stand die sorgsam gepflegte Trennung und die Offenhaltung der Wunden dem anderen gegenüber. Die *großen Fragen* einer Neudeutung der tschechisch-deutschen Geschichte fanden weder in der Annäherung an Ost-Berlin noch in der Feindschaft zu Bonn eine Antwort. Sie *blieben tabu*.

Trotzdem hatte aber auch diese Zweckkonstruktion ihren Wert im Gang der Entwicklung. Durch sie wurde der Nullpunkt im tschechisch- deutschen Verhältnis überwunden: Die immer intensiver werdende Zusammenarbeit der Tschechoslowakei mit der DDR – und zwar nicht nur auf Regierungsebene, sondern auch in den Kontakten der Massenorganisationen – machte die Deutschen beim tschechischen Volk erst wieder einmal „gesellschaftsfähig" (Adolf Müller/Bedřich Utitz, Deutschland und die Tschechoslowakei, S. 74). *Dem geschichtsideologisch verstandenen antideutschen Nationalismus hatten die Kommunisten die Spitze abgebrochen.*

2. Von der verordneten Freundschaft zum ungeplanten Bruch (Das Verhältnis zu den „guten" Deutschen)

Die Normalisierung des tschechisch-deutschen Verhältnisses im Osten vollzog sich im ersten Stadium ohne Mitwirkung der Bevölkerung auf beiden Seiten. Sie war Funktion der Deutschlandpolitik der Sowjetunion und ereignete sich zwischen den Staats- und Parteiführungen. Als am 5. Oktober 1947 das Kominform als Instrument der Integrierung und Disziplinierung des Ostblocks gegründet wurde, hoffte Moskau noch, die definitive Teilung Deutschlands verhindern und Einfluß auch auf die Westzonen gewinnen zu können. Die für den 24. Juni 1948 nach Warschau einberufene Außenministerkonferenz aller europäischen sozialistischen Staaten, an der auch die Tschechoslowakei teilnahm, forderte dementsprechend die Schaffung einer „provisorischen, demokratischen und friedliebenden gesamtdeutschen Regierung" (Müller/ Utitz, a.a.O., S. 78). Eine zur gleichen Zeit entfachte Krise um den Zugang nach West-Berlin sollte dieser Zielsetzung Nachdruck verleihen, mindestens aber in Berlin klare Verhältnisse erzwingen. Das Ergebnis war die westdeutsch-amerikanische Solidarisierung und die Beschleunigung der Maßnahmen, die schließlich zur Gründung der *Bundesrepublik Deutschland* führten. Der Osten zog mit der Errichtung der *Deutschen Demokratischen Republik* nach. Beide deutschen Staaten gingen in ihren Gründungsurkunden von der Unteilbarkeit Deutschlands aus und betrachteten sich damit gegenseitig als illegitim. Diese Situation setzte den neuen Maßstab für die tschechoslowakischen Beziehungen zu den Deutschen.

Um die Deutschen im Osten gleichberechtigt in das sowjetische Staatensystem einzugliedern, sollten die aus der Geschichte in die Gegenwart hineinragenden Reibungsflächen möglichst rasch beseitigt werden. Das von der Hegemonialmacht empfohlene Rezept war denkbar einfach: a) Tabula rasa gegenüber der von Moskau nicht verstandenen und unter dem ideologisch-machtpolitischen Aspekt als quantité négligeable abgetanen Vergangenheit; b) Anerkennung des durch die Waffen geschaffenen Status quo in der Gegenwart; c) Gleichberechtigung und freundschaftliche Kooperation für die Zukunft.

Das *Prager Abkommen* vom Juni 1950 erfüllte diese Bedingungen. Zur Vergangenheit wird festgestellt, daß es „zwischen beiden Staaten keine strittigen und offenen Fragen mehr gibt und daß die durchgeführte Aussiedlung der Deutschen aus der Tschechoslowakischen Republik unabänderlich, gerecht und endgültig gelöst ist". Zur Gegenwart, daß beide Staaten „keinerlei Gebiets- und Grenzansprüche" gegeneinander haben. Für die Zukunft werden bereits die aus dem Nichts hervorbefohlenen „freundschaftlichen Beziehungen" unterstrichen.

Um die in der Tschechoslowakei zurückgebliebenen und, trotz der von der KPTsch unleugbar erwirkten Verbesserungen, noch immer ethnisch diskriminierten 200.000 Sudetendeutschen kümmerte sich die

DDR bis zum Jahre 1969 überhaupt nicht, obwohl sie dazu in der Lage gewesen wäre. Es wird behauptet, daß *Walter Ulbricht* den Tschechen sogar einmal erklärt habe, daß es ihm „gleichgültig sein müßte, was die Tschechoslowakei mit ihren Deutschen unternehme, und wenn sie sich keinen Rat wüßte, sollte sie sie in Lager stecken" (Müller/Utitz, a.a.O., S. 84). Die einzige uns bekannte Ausnahme ging auf einen Anstoß der Bundesrepublik zurück: Im Jahre 1956 besuchte der Präsident des westdeutschen Roten Kreuzes, Heinrich Weitz, die Tschechoslowakei, um über Probleme der Familienzusammenführung zu sprechen. Anschließend erschien Ministerpräsident *Grotewohl* in Prag, und zwar in Begleitung von drei in die DDR ausgesiedelten sudetendeutschen Kommunisten. In Geheimgesprächen wurde neben der Familienzusammenführung auch die Rückkehr von 60.000 Sudetendeutschen aus der DDR in ihre alte Heimat erwogen. Aus uns nicht bekannten Gründen verliefen die Gespräche ergebnislos (Müller/Utitz, a.a.O., S. 85).

Auf allen sonstigen staatlichen, gesellschaftlichen, wirtschaftlichen und kulturellen Ebenen aber machte die tschechoslowakisch-deutsche Verständigung im Osten rasche Fortschritte. Die Zusammenarbeit der herrschenden Parteien setzte bereits 1949 ein. 1953 wurden Abkommen über den Wirtschafts- und Kulturaustausch geschlossen. 1955 wurde der Kriegszustand mit Deutschland auf Grund einer Initiative der Sowjetunion formell beendet. Dies war eine legalistische Voraussetzung der Beteiligung der Deutschen am *Warschauer Pakt*, der am 14. Mai des gleichen Jahres ins Leben gerufen wurde. Im darauf folgenden November kam es zu einer Vereinbarung zwischen Prag und Ost-Berlin, die den 1945 in der Tschechoslowakei verurteilten Deutschen die Freiheit gab. Zum weiteren Abbau der Schranken gehörte auch, daß seit 1955 der touristische Reiseverkehr zwischen der DDR und der Tschechoslowakei offiziell wieder ermöglicht wurde, wenngleich praktisch durch Visumzwang, Devisenbestimmungen und andere bürokratische Hürden noch etliche Jahre behindert. Wirtschaftlich und politisch rückten beide Länder immer mehr zusammen. Zwischen 1948 und 1955 hatte sich z.B. der Warenaustausch versiebenfacht (Müller/Utitz, a.a.O., S. 86). Der ungarische Aufstand 1956 und die gleichzeitigen Unruhen in Polen verstärkten die Bindungen in der Interessenlage beider Staats- und Parteiführungen. Erste schwache Ansätze einer ostpolitischen Flexibilität in der Bundesrepublik veranlaßten Ost- Berlin, Prag zu einer gemeinsam formulierten Linie in der Deutschlandpolitik zu bewegen. Von beiden Seiten wurde in einem Kommuniqué festgestellt, daß „die Beziehungen, die sich zwischen unseren beiden Völkern herangebildet haben ... ein Vorbild für die Beziehungen zwischen dem gesamten deutschen Volke und dem tschechischen Volke (sind). Beziehungen, die nicht mehr die Spuren der Vergangenheit tragen, sondern sich auf die gemeinsamen Interessen, auf die Prinzipien der freundschaftlichen Zusammenarbeit gründen" (Müller/Utitz, a.a.O., S. 87).

In der Tat spielte die Vergangenheit keine Rolle mehr. Unrichtig aber war die Behauptung von den ungetrübten freundschaftlichen Beziehungen in der Gegenwart. Es entstanden neue Reibungsflächen und Spannungen, die für das beiderseitige Verhältnis nicht minder gravierend wurden als die früheren Auseinandersetzungen und die schließlich sogar in die von der DDR stark befürwortete bewaffnete Intervention vom August 1968 führten. Der neue Konfliktstoff hatte allerdings nichts mehr mit nationalen Kontroversen zu tun. Er wurde erzeugt durch die natürliche Rivalität der beiden industriell am weitesten entwickelten Wirtschaften innerhalb der sowjetischen Hegemonialzone um den besseren Platz nahe der Sonne der russischen Macht. Er wurde angehäuft und begann leise zu schwelen unter dem Mißtrauen Ost-Berlins, als die Tschechoslowakei trachtete, ihre Beziehungen zur Bundesrepublik zunächst durch inoffizielle Kontakte zu verbessern. Und er wurde gezündet, als die KPTsch im Frühjahr 1968 den Weg frei gab in ein neues ideologisches Experiment bzw. als *Dubček* die Zügel der Entwicklung entglitten. Die DDR mußte die Gefahr für ihren Bestand eher merken als alle anderen Staaten des Warschauer Paktes, die Sowjetunion inbegriffen, weil sie am exponiertesten war. Ein freiheitlicher Sozialismus in Böhmen, eine Grenze offen für die Menschen aus beiden Richtungen, eine Politik, die den Austausch und die Annäherung auf allen Lebensgebieten nicht hindert, sondern fördert – das alles hätte die Deutschen in der DDR nicht unberührt gelassen. *Jede Veränderung aber – sagen wir das ganz offen – wäre von einer Bundesrepublik, deren Perspektivkonzept die Wiederherstellung des seit Bismarck bestehenden deutschen Nationalstaates war, auf irgendeine Weise ausgenützt worden.* Die Existenz der DDR selbst stand mit den Prager Veränderungen auf dem Spiel, nicht bloß Modifizierungen in der Parteistruktur und den Parteidogmen. Am Ende einer von der vorgeordneten sowjetischen Machtpolitik befohlenen tschechisch-deutschen Freundschaft, die glaubte, unbeschwert über die Vergangenheit hinwegschreiten zu können, stürzte alles wieder in sich zusammen wie ein Kartenhaus.

Der Weg ins Scheitern war nicht so kurz, wie man aus der Perspektive von 1968 annehmen könnte. Bereits im Herbst 1956 hatten die Tschechen hinsichtlich ihres Verhältnisses zur DDR Moskau als Schiedsrichter angerufen (Müller/Utitz, a.a.O., S. 84). Die Öffentlichkeit beider Länder erfuhr davon nichts. Auch über die Ursachen lassen sich nur Vermutungen anstellen. Sicher ist, daß das Verhältnis zur Bundesrepublik Deutschland bereits in der ersten Hälfte der sechziger Jahre eine Quelle des Mißtrauens zwischen Prag und Ost-Berlin war. Prag wurde mehrmals vorgeworfen, daß es Gespräche mit den Westdeutschen suche oder gestatte, ohne die Interessen der DDR ausreichend zu berücksichtigen. Um ein besonders krasses Beispiel zu nennen: 1966 kommentierte das „Neue Deutschland" ein Interview des tschechischen Chefredakteurs der deutschsprachigen „Prager Volkszeitung", Mojmír Šimonek, mit dem stellvertretenden Vorsitzenden der SPD, Helmut Schmidt, als einen „Handlangerdienst für den deutschen Imperialismus" (Müller/Utitz, a.a.O., S. 96, 97). Als am 31. Januar 1967 normale diplomatische Beziehungen zwischen der Bundesrepublik und Rumänien aufgenommen wurden, mußte Ost-Berlin fürchten, das Monopol der deutschen Vertretung in den anderen sozialistischen Staaten Mittelosteuropas zu verlieren, ohne daß die Bundesrepublik vorher die DDR als den anderen deutschen Staat anerkannt hatte. Ulbrichts Gegenzug waren Verträge mit den anderen Warschaupaktstaaten, die eine unübersteigbare Grenze bilden sollten. Mit der CSSR wurde am 17. März 1967 ein Abkommen über „Freundschaft, Zusammenarbeit und gegenseitigen Beistand" unterzeichnet, das die DDR so umfassend wie möglich, die Tschechen in persönlichen Kontakten mit Westdeutschen eher restriktiv interpretierten. Daß die tschechische Bevölkerung und vor allem die unruhig gewordene Intelligenz diese Bindung nicht mehr als erwünschte Verstärkung der Sicherheit, sondern als Bevormundung empfand, zeigt recht plastisch eine ironische Bemerkung *Jan Procházkas*, des seinerzeitigen stellvertretenden Vorsitzenden des tschechoslowakischen Schriftstellerverbandes:

„Ich fragte einmal einen Genossen: ,Warum haben wir eigentlich keine Beziehungen zur Bundesrepublik'. ,Aus prinzipiellen Gründen', antwortete er. ,Und warum hat die Sowjetunion diplomatische Beziehungen zur Bundesrepublik', ,Aus prinzipiellen Gründen', sagte er. Ich begriff, daß nur dieser Mann achtzehn Jahre lang Außenminister unseres Landes hatte sein können" (Jan Procházka, Solange uns Zeit bleibt, S. 92).

Interessant in diesem Zusammenhang ist, daß im Artikel 7 dieses Vertrags von 1967 zum ersten Mal zwischen den beiden Staaten die Frage des Münchener Abkommens behandelt wird. Beide Vertragspartner gaben ihrer Auffassung Ausdruck, daß dieses Abkommen „von Anfang an ungültig" sei, und zwar „mit allen sich daraus ergebenden Folgen". Folgen ergaben sich für die DDR keine. Wohl aber für die Tschechen, für die die Hürde, die vor der Aufnahme der Beziehungen zur Bundesrepublik genommen werden mußte, ein gutes Stück höher gestellt war.

Im großen und ganzen zeigte sich die Tschechoslowakei aber auf außenpolitischem Gebiet willfährig und rücksichtsvoll. Sie war das letzte Land des Ostblocks, das mit der Bundesrepublik die Errichtung von Handelsmissionen vereinbart hatte, obgleich die Westdeutschen schon seit langem an erster Stelle der westlichen Handelspartner der Tschechoslowakei standen. Kritisch wurde es erst, als sich Differenzen auf dem ideologischen Sektor bemerkbar machten. Die Tschechoslowakei hatte sich wie die DDR am längsten der Entstalinisierung entzogen. Die erste große Krise von 1956 ging fast spurlos an beiden vorüber. Der zweiten Chruschtschowschen Reformwelle mit Beginn der sechziger Jahre konnte sich die CSSR aber schon deshalb nicht mehr verschließen, weil inzwischen das wirtschaftliche Versagen offenkundig geworden war und nach Abhilfe schrie. Experimente wurden geplant, wenn auch zögernd in Gang gesetzt. Parteikommissionen zur Untersuchung notwendiger Strukturänderungen auch im Apparat der KPTsch wurden beschlossen. Die tschechisch- slowakische Frage meldete sich, wie alle nur vertagten Probleme, genau zum ungünstigsten Zeitpunkt zu Wort. Ventile wurden geöffnet, alte Stalinisten in Pension geschickt. Der tschechoslowakischen Intelligenz wurde mehr Bewegungsfreiheit eingeräumt. Einmal hatte man in Prag von einem eigenen „tschechoslowakischen Weg" zum Sozialismus geträumt und versucht, die humanitären Traditionen des tschechischen Selbstverständnisses in die sozialistische Revolution einzubauen. Der Stalinismus hatte dann alles auf die vorgeschriebene Norm zurechtgestutzt. Nun standen diese Hoffnungen wieder auf. In der Literaturzeitschrift „Plamen" schrieb Jiři Hájek davon, daß „Prag zum neuen Zentrum des Marxismus in Mitteleuropa" werden könne (Müller/Utitz, a.a.O., S. 94). In Berlin aber sah man die Dinge anders. Den tschechoslowakischen Intellektuellen brachte man seit langem tiefes Mißtrauen entgegen. Mitte der sechziger Jahre wurde vom Politbüromitglied Horst Sindermann sogar der Vorwurf der „Verfälschung des Marxismus" erhoben (Müller/Utitz, a.a.O., S. 94). Die Krise zwischen den deutschen Dogmatikern und den tschechischen und slowakischen Revisionisten brach 1968 offen auf. Sie erreichte einen vorläufigen Höhepunkt, als der Chefideologe der SED, Kurt Hager, am 25. März auf einem Kongreß die Entwicklung in der Tschechoslowakei und ein Mitglied der Staats- und Parteiführung (Josef Smrkovský) offen attackierte: Die tschechische Öffentlichkeit reagierte mit ungeheurer Empörung, die tschechoslowakische Regierung mit einem offiziellen Protest. Den bevorstehenden Bruch zwischen beiden Parteien verdeutlichte wenige Monate später eine von der SED verbreitete Denkschrift unter dem Titel „Argumentation zur Politik der KPTsch". Dort wurde die Anschuldigung ausgesprochen, daß die KPTsch von allem Anfang an kleinbürgerlich, nationalistisch und anarchistisch verseucht sei, daß „viele Angehörige der Intelligenz ... oft sogar innerhalb der Partei die ideologische Position von Masaryk und Beneš gegen den Marxismus-Leninismus vertraten" und daß in der Tschechoslowakei der Weg frei gemacht werden solle für eine stille Konterrevolution, und dies „im Interesse der herrschenden imperialistischen Kreise Westdeutschlands" (Müller/Utitz, a.a.O., S. 105, 106).

Nicht alle Anklagen waren aus der Luft gegriffen. Der KPTsch hing in der Tat nach, daß sich – im Gegensatz zur DDR – die soziale Revolution mit der überlieferten nationalistischen Ideologie und mit dem chauvinistischen Amoklauf von 1945 verbündet hatte. Größere Bedeutung jedoch kamen nach der stalinistischen Enttäuschung der Erinnerung an die demokratischen und parlamentarischen Traditionen des tschechischen Volkes zu. Vorstellungen vom „dritten Weg" zwischen West und Ost drangen wieder durch und wurden im Rausch des sogenannten *Prager Frühlings* gesteigert durch den von der sozialistischen Republik übernommenen *hussitischen Geschichtsmythos:* das tschechische Volk als Avantgarde der revolutionären Befreiung von den Mächten des Dogmas, der Gewalt, der Herrschaft. Von *Zdeněk Mlynář,* einem der jungen Leute im Machtzentrum der KPTsch, kennen wir das Wort:

„Wir sind keine hundert Millionen, aber das bedeutet nicht, daß wir nichts Eigenes, Schöpferisches, Neues und Richtiges, nicht nur uns selbst, sondern auch den anderen zu geben haben. Wir haben schon in der Geschichte etwas Europa und der Welt gegeben, und ich weiß nicht, warum das nicht mehr der Fall sein sollte" (R. Hilf, Die Ereignisse in der Tschechoslowakei, Teil II, München 1968, S. 24).

Das war nicht mehr der „brave Soldat Schwejk", sondern der von František Palacky, Karel Havlíček, Alois Jirásek und Thomas G. Masaryk erweckte geschichtsbezogene Nationalstolz, als kleines und hart bedrängtes Volk doch an der Spitze des geistigen Fortschritts der Menschheit zu stehen, wenn es sein mußte „Proti Všem" („Gegen alle" – Titel eines berühmten Hussitenromans von Alois Jirásek) und den anderen, viel Mächtigeren, voraus zu eilen.

Zu all dem erscholl aus Ost-Berlin nur der Ruf nach Ordnung, Disziplin und Treue zu den unveränderlichen Prinzipien des Marxismus- Leninismus. Als am 21. August 1968 auch die DDR Truppen über die tschechoslowakische Grenze schickte, zerbrachen die verordnete Freundschaft und der Glaube an sie bei den tschechoslowakischen Massen. Hatte die von den Sowjets seit 1947 geförderte deutsch-tschechoslowakische Zusammenarbeit das geschichtliche Verdienst, das Eis zwischen Deutschen und Tschechen gebrochen zu haben, so war man wieder am Ende des Weges angekommen.

Die DDR hat sich anschließend bemüht, diesen Rückschlag wettzumachen. Ihre wirtschaftliche Hilfe für die Tschechoslowakei war beträchtlich. Die DDR nahm in Prag an Einfluß nach der Sowjetunion die zweite Stelle ein. Im Frühjahr 1972 wurde zwischen beiden Staaten der Visumzwang abgeschafft, so daß Deutsche und Tschechen im östlichen Bereich ohne weitere Schwierigkeiten zusammenkommen konnten. Die Frage ist, ob dies alles den Eindruck auslöschen kann, den die Stellungnahme des kommunistischen Deutschland zu den Hoffnungen des tschechischen Volkes im Prager Frühling und die Beteiligung an der Intervention hinterlassen haben. Offizielle Freundschaftsdeklamationen gab es viele. Über ihren Wert wird man auch in Ost-Berlin geteilter Meinung gewesen sein. Zusammengefaßt: Mit sehr viel Zurückhaltung wird man das Endergebnis der befohlenen Verbrüderung als ein Scheitern eines von den eigenen Voraussetzungen her gutgemeinten, mit unzureichenden Mitteln unternommenen Versuchs bezeichnen. Der historischen Vergangenheit gegenüber verständnislos, konnte er auch die eigentliche deutsch-tschechische Frage nicht beantworten.

3. Von der durch die Weltteilung potenzierten Feindschaft zur Wiederbegegnung auf der nichtstaatlichen Ebene (Das Verhältnis zu den „bösen" Deutschen)

Das Verhältnis der Tschechen zu den westlichen Deutschen stand zunächst eindeutig unter der Belastung der Vergangenheit. Hatte man diese gegenüber den östlichen Deutschen verdrängen müssen, so war es hier nationale und staatsbürgerliche Pflicht, nichts zu vergessen und nichts zu vergeben. Die Wunden offen zu halten und den antideutschen Geschichtsmythos gradlinig, wenngleich unter neuem Vorzeichen, fortzusetzen, lag im Interesse der neuen Macht. Es wäre aber falsch, zu meinen, daß diese Auffassung der tschechischen Öffentlichkeit hätte aufoktroyiert werden müssen. Sie entsprach den Gefühlen und dem Denken einer großen Mehrheit ebenso wie die Begeisterung für den Befreier aus dem Osten und das Bewußtsein, im brüderlichen Verband mit der slawischen Weltmacht zu stehen, die nun den Endsieg über den deutschen Erbfeind errungen hatte. Die Deutschen hatten allerdings das ihrige – und nicht zu knapp – dafür getan, diese Interpretation der Geschichtslage zu rechtfertigen. Es genügt, an *Lidice* zu erinnern. Ergo fand auch die Vertreibung, obgleich ursprünglich nur Planung kleiner Zirkel und nicht spontaner Racheakt, die nahezu einmütige Billigung des Volkes. Von einem Deutschland, in dem sich die ausgesiedelten Sudetendeutschen wieder sammeln und unter dessen Fittichen sie ihre Forderungen auf Rückkehr und Wiedergutmachung anmelden durften, erwarteten die Tschechen infolgedessen das Schlimmste, nämlich eine vom Westen – der sie schon einmal verraten hatte – unterstützte Politik der Revanche. Die „deutsche Gefahr" tief verwurzelt in der Ideologie des modernen tschechischen Nationalismus und bestätigt durch die Ereignisse zwischen 1938 und 1945, war ein sehr handliches Mittel der Konsolidierung der innen- und außenpolitischen Umwälzung. Die dem stalinistischen System charakteristische totale Abriegelung des Landes und seiner Gesellschaft widersprach zwar den tschechischen Traditionen, aber sie konnte aus den Umständen der Gefährdung durch den wiedererstehenden „deutschen Militarismus und Revanchismus" und der Sicherung der Grenzen erklärt werden. Wo die Begeisterung für den Aufbruch zu neuen

Ufern fehlte – und bei einem Großteil der Jugend fehlte sie nicht –, tat die Angst vor der harten Hand des Staates das ihre. *Potenzierung des deutsch-tschechischen Gegensatzes und Versteinerung der letzten Epoche der Feindschaft* als bewußt eingesetztes Mittel des Kalten Krieges stehen damit am Beginn der Relation zu den Deutschen westlich der böhmischen Grenze.

Unter diesen Umständen waren die Beziehungen auf der menschlichen Ebene auf ein absolutes Minimum reduziert. Auf dem staatlich-politischen Sektor folgte die Entwicklung dem zwischen Moskau und Bonn herrschenden Rhythmus von Abstoßung und Annäherung, wenngleich modifiziert durch die besondere geographische Lage und seit Anfang der sechziger Jahre durch zunehmende Bewußtseinsveränderungen der tschechischen Gesellschaft.

Im Rückblick können wir auf tschechoslowakischer Seite *vier Perioden* der politischen Beziehungen zur Bundesrepublik unterscheiden: 1. Abschließung und Abstoßung; 2. die taktische Offensive der Normalisierungsangebote; 3. Rückzug und Sicherung durch die Neuentdeckung des Münchener Abkommens; 4. die von Moskau kanalisierte Verständigung nach der Ratifizierung der Bonner Verträge mit Moskau und Warschau (welcher Punkt einer gesonderten Behandlung bedarf). Von Bonn her gesehen, entsprechen die Abschnitte 1 und 2 der Politik des Kalten Krieges und des bewußten Verzichts auf eine Ostpolitik unter Adenauer; Nr. 3 korrespondiert der ersten ostpolitischen Flexibilität unter Außenminister Schröder und den Kanzlern Erhard und Kiesinger. Das vierte Tempo hat die Konsolidierung der innertschechoslowakischen Situation mittels der Wiederbesetzung des Landes durch die Rote Armee und den Beschluß der Kreml-Führung vom Frühjahr 1969, eine Entspannungsoffensive in Europa zu beginnen, zur Voraussetzung.

Ad 1: Das erste außenpolitische Dokument der Beziehungen zur Bundesrepublik Deutschland war der Protest der tschechoslowakischen Regierung gegen die Staatsgründung vom 6. Oktober 1949. In ihm wurden die Klischees des antideutschen Geschichtsbildes wiederholt: Die Warnung vor der Wiedergeburt des deutschen chauvinistischen Nationalismus, der an den pangermanistischen aggressiven Nationalismus von Bismarck und Hitler anknüpfen würde; der Verdacht, die Bundesrepublik würde zur militärischen Plattform eines neuen Angriffes gegen den Osten werden (Müller/Utiz, a.a.O., S. 115). Bis zur Aufnahme diplomatischer Beziehungen zwischen der Bundesrepublik Deutschland und der Sowjetunion nach dem Besuch Adenauers in Moskau im Jahre 1955 wiederholen die Tschechen nur die sowjetischen Erklärungen. Die einzige Eigenständigkeit zeigen sie in den Noten, die die Tätigkeit der Sudetendeutschen in der Bundesrepublik zum Gegenstand haben. Unberührt von allen Protesten bleibt der Handel. 1950 wird der erste Handelsvertrag geschlossen. Im nächsten

Jahr errichtet man die inoffizielle tschechoslowakische Handelsvertretung in Frankfurt. 1953 folgt das erste langfristige Handelsabkommen.
Ad. 2: Nachdem die Sowjetunion eingesehen hatte, daß sie den Eintritt der Bundesrepublik in die NATO nicht verhindern konnte, schaltete sie um auf die Normalisierung der staatlichen Beziehungen auf der Basis des Status quo der Teilung Deutschlands in zwei Staaten. Analog ändert sich auch die tschechoslowakische Einstellung zur Bundesrepublik. Prag bot Bonn die Normalisierung und die Aufnahme diplomatischer Beziehungen an. Letzteres ohne Vorbedingungen. Die neue Taktik eröffnete der tschechoslowakische Staatspräsident mit seiner Neujahrsansprache am 1. Januar 1956. Es folgte eine Offerte in der Regierungserklärung von Ministerpräsident Viliam Široký am 30. Juni des gleichen Jahres. Nach einer Unterbrechung durch die ungarischen Ereignisse setzte die Tschechoslowakei die Linie 1958 in einem Brief des Parlamentspräsidenten Zdeněk Fierlinger an Eugen Gerstenmaier und einen Brief Viliam Širokýs an Konrad Adenauer fort. Allerdings wurden nun Bedingungen genannt: Einfrieren der Rüstung, Ablehnung der Lagerung von Atomwaffen auf dem Gebiet der BRD, Einverständnis mit dem Rapacki-Plan, Abschluß von Gewaltverzichtsverträgen und Zustimmung zu einer Konferenz der Regierungschefs der NATO und des Warschauer Paktes. Die Aufnahme diplomatischer Beziehungen sollte dem vorausgehen.

Sämtliche tschechoslowakischen Vorschläge blieben in Bonn unbeantwortet. Aus der tschechoslowakischen Sicht gewiß ein bedauerliches Faktum. Aber doch nicht so schwerwiegend. Denn in Prager Regierungskreisen war man sich über den bloß taktischen Charakter dieser Schritte klar. Man rechnete, daß Bonn nicht positiv reagieren würde und daß man damit ernsthafter Verhandlungen enthoben sei. Zwei 1968 geflüchtete tschechische Wissenschaftler, die diese Frage untersucht haben, zitieren aus persönlicher Kenntnis des internen Begründungsberichts des tschechoslowakischen Außenministeriums zum Angebot der Normalisierung der Beziehungen zur Bundesrepublik Deutschland:

„,... man (könne) voraussetzen ..., die Bundesrepublik würde das Angebot für die Aufnahme diplomatischer Beziehungen nicht positiv beantworten können" (Müller/Utitz, a.a.O., S. 121).

Ad 3: Seit Beginn der sechziger Jahre vergrößerte sich das Gewicht ostpolitischer Überlegungen in der Außenpolitik der Bundesrepublik. Außenminister Schröder gab 1962 die Erklärung ab, daß man keine restaurative und revanchistische Politik treibe und Möglichkeiten und Initiativen immer gewissenhaft prüfen werde. Der Berater Willy Brandts, Egon Bahr, prägte 1963 in einem Vortrag in Tutzing jenes Wort von der „Wandlung durch Annäherung". Bundeskanzler Erhard sprach in seiner Regierungserklärung vom 16. Oktober 1963 die Notwendigkeit der Verbesserung der Beziehungen zu den osteuropäischen Staaten an. Schröder fügte eine Neuinterpretierung der Hallstein-Doktrin hinzu. Mit Rumänien, Polen, Ungarn und Bulgarien wurden Handelsmissionen ausgetauscht. Im März 1966 sandte Erhard dann die *Friedensnote*, in der der Tschechoslowakei ausdrücklich versichert wurde, daß das Münchener Abkommen keine territoriale Bedeutung mehr habe und die Bundesrepublik keine Gebietsansprüche erhebe. Die Regierungserklärung der Koalition Kiesinger/Brandt vom Dezember des gleichen Jahres setzte diese Politik fort mit dem Signal, daß man „sich auch mit der Tschechoslowakei verständigen möchte... und daß das unter Androhung von Gewalt zustande gekommene Münchener Abkommen nicht mehr gültig" sei.

Dies war die Anpassung an neue Vorstellungen der amerikanischen Schutzmacht, wie sie insbesondere von der Kennedy-Administration entwickelt werden. Der *Grundgedanke* war, die starren Teilungsfronten zu unterlaufen, den *polnischen und tschechischen Nationalismus durch deutsche Verzichte auf Rechtspositionen zu befriedigen und somit Moskau des Schutzvorwandes zu berauben, weiter die DDR zu isolieren und die Liberalisierung im Ostblock generell durch Programme großzügiger Wirtschaftskooperation zu fördern* (Zbigniew Brzezinski, Alternative zur Teilung, S. 186, 187).

Die Initiative schien auf den Westen überzugehen. Gefährdet wurde die Position Moskaus in Mitteleuropa allgemein, die der DDR im besonderen. In der Tschechoslowakei kamen drei Faktoren hinzu: 1. der Nachholbedarf an Entstalinisierung und die dadurch geschaffene Aufstauung; 2. die akut werdende Wirtschaftskrise: 1962 mußte der Wirtschaftsplan mitten im Jahr völlig revidiert werden; praktisch bot sich nur dann ein Ausweg an, wenn die Wirtschaftsreformen mit solchen der politischen Struktur Hand in Hand gehen und große Kredite im Westen zur Erneuerung der industriellen Ausrüstung aufgenommen würden – Ota Šik sprach später von 500 Millionen Dollar; 3. *ein – im Unterschied zu Polen – rapides Zurückgehen der antideutschen Ressentiments in der Bevölkerung* und der spontane Drang nach der Wiederaufnahme von Kontakten auf allen Ebenen.

Es zeigte sich darin ein Phänomen, das der Soziologe *Eugen Lemberg* als einen von West nach Ost *fortschreitenden Abbau des „Risorgimento-Nationalismus"* bezeichnet. Jedenfalls war eines gewiß: Die räumliche Trennung von den Deutschen und die vom Stalinismus überdrehte künstliche Offenhaltung des deutsch-tschechischen Antagonismus hatten nicht die Vergangenheit konserviert, sondern das Gegenteil bewirkt. Das tschechische Volk war sowohl dieses Tones als auch der Zwangsabschließung überdrüssig geworden. Man suchte jetzt die menschliche und sachliche, nicht aber die politisch-ideologisch kanalisierte Begegnung mit den Deutschen.

Alles dies zusammengenommen ergab, daß sich das Regime in Prag vor den Folgen einer Verbesserung der Beziehungen zur Bundesrepublik zu fürchten hatte. Es fand sich deshalb mit dem der DDR im Bestreben, die Bremsen anzuziehen, was die inner-tschechoslowakische Polarisierung der Ansichten nur verschärfte. Nach Müller/Utitz (a.a.O., S. 150) wurde so die Deutschlandpolitik zu einem Faktor des Kampfes um die innere Demokratisierung. In dieser Situation gelang es der Parteiführung, ein neues Problem zu schaffen, das erstens eventuelle unabweisbare Verhandlungen mit der Bundesrepublik erschweren mußte und von dem zweitens erhofft wurde, daß es die eingeschrumpfte anti-deutsche Fixierung der Bevölkerung wieder erneuern und kräftigen würde: Die Tschechoslowakei forderte von der Bundesrepublik die *„Annullierung des Münchener Abkommens von Anfang an, mit allen sich daraus ergebenden Folgen"*. So lautete die Standardformel, und das bedeutete, daß die Deutschen vor der Aufnahme regulärer Beziehungen völkerrechtlich-verbindlich zu erklären hatten, daß das Münchener Abkommen rechtlich nie existiert habe, wobei von der CSSR zu keiner Zeit eine genaue Antwort zu erhalten war, was sie denn unter den „Folgen" verstehe. Der Zaun zwischen Prag und Bonn wurde also erhöht. Das übrige würde der mit Sicherheit zu erwartende sudetendeutsche Protest und die dann antwortende Propaganda von der „unbelehrbaren und revanchistischen Bundesrepublik" tun.

Daß das Münchener Abkommen völkerrechtlich nichtexistent sei, war natürlich keine Neuerfindung *Antonín Novotnys*. Es war schon die These des tschechoslowakischen Exilpräsidenten *Edvard Beneš* im Zweiten Weltkrieg gewesen. Sie war eine rechtliche Zweckkonstruktion, die die tschechoslowakischen Grenzen als bereits feststehend einer künftigen Friedenskonferenz entziehen sollte, und die *Voraussetzungen dafür, daß der Nachkriegstschechoslowakei die sudetendeutsche Volksgruppe ausgeliefert wurde*, über die man dann infolge der unbestrittenen Souveränität über das Vormünchener Staatsgebiet frei im Sinne der Vertreibungsplanung verfügen konnte. Die Alliierten hatten dieser Vorstellung insofern Rechnung getragen, als sie in ihren Erklärungen zur Deutschlandfrage von den Grenzen von 1937 ausgingen, d.h. die Vormünchener Grenze nicht mehr in Frage stellten.

Nachdem diese Konstruktion ihren Zweck erfüllt hatte, war vom Münchener Abkommen nicht mehr die Rede; nicht im Prager Vertrag mit der DDR von 1950, nicht in den Normalisierungsangeboten zwischen 1956 und 1959. Das erste Mal wird diese Forderung am 12. Juni 1963 in einem Interview des Bayerischen Rundfunks mit dem tschechoslowakischen Außenminister *Václav David* aufgeworfen. Am 4. November des gleichen Jahres plakatierte sie *Staatspräsident Novotný* in der deutschen Illustrierten „Stern". Seitdem verschwand sie nicht mehr aus dem tschechoslowakischen Repertoire. Sie diente dazu, die Friedensnote Ludwig Erhards zurückzuweisen, die Formel in der Regierungserklärung Kiesingers als unzureichend abzustempeln, und sie hätte bewirkt, daß die Tschechoslowakei beinahe der letzte Ostblockstaat geworden wäre, mit dem die Bundesrepublik diplomatische Beziehungen aufnehmen konnte. Sie war als Sperre gedacht und hat als solche funktioniert.

*

Auf der zweiten Ebene der nichtstaatlichen Beziehungen lagen die Dinge anders. Sie erwies sich als nur beschränkt kontrollierbar. Die 15jährige Abschließung vom Westen hatte einen Aufstau des Informationsbedürfnisses bei breiten Schichten des Volkes erzeugt. Der Zwang der Dogmen und der propagandistischen Klischees wurde zur Herausforderung der kritischen Intelligenz besonders der jüngeren Generation in Wissenschaft, Kultur und Publizistik. Man wünschte und man begann den Austausch mit dem Westen, und jenseits der Grenze am nächsten erreichbar lagen nun einmal Deutschland und Österreich. Viele zerrissene Fäden wurden so wieder ohne viel Aufhebens und ohne die große Politik geknüpft. Durch die Mittlung von Sudetendeutschen z.B. erreichte ein Großteil der tschechischen Nachkriegsliteratur den deutschen Leser. Kontakte zwischen tschechischen und sudetendeutschen Historikern unter der Leitung des *bayerischen Gelehrten Karl Bosl* (Collegium Carolinum in München) führten zu einem fruchtbaren Dialog. Aber solche Gespräche blieben noch auf kleine Menschengruppen begrenzt. Im zweiten Halbjahr 1963 aber öffnete die tschechoslowakische Regierung die Grenzen für den westdeutschen Tourismus. Es war ihr klar, daß damit die ausgesiedelten Sudetendeutschen kommen würden, um ihre alte Heimat wenigstens einmal wiederzusehen, und sie mußte eigentlich auch wissen, daß dieser Kontakt breiter Schichten miteinander nur gegen das vom Staat erzeugte Feindbild vom revanchistischen Deutschen wirken konnte. Wenn sich Prag trotzdem dazu entschloß, dann war das auf akute Probleme der Wirtschaft, vor allem den Bedarf an harten Devisen, zurückzuführen. Die Tschechoslowakei wollte sich – oder mußte sich – an dem alljährlichen westdeutschen Millionentourismus beteiligen. Fünf Jahre lang besuchten nun im Schnitt jährlich 100.000 Bürger der Bundesrepublik die Tschechoslowakei, 70 bis 80 v.H. davon Sudetendeutsche, so daß *ein Viertel der in der Bundesrepublik lebenden Sudetendeutschen die tschechische Grenze überschritten*. Je mehr Menschen aus dem Westen kamen, um so weniger konnten die tschechoslowakischen Behörden den Willen der tschechischen Bevölkerung unberücksichtigt lassen, nun ihrerseits mit eigenen Augen sehen zu dürfen, wie die Welt jenseits des „Elektrozauns" beschaffen war. 300.000 Tschechen und Slowaken reisten 1967 in den Westen. 1968 waren es über 450.000. 233.000 besuchten die Bundesrepublik, die ungefähr gleiche Anzahl fuhr nach Österreich (Müller/Utitz, a.a.O., S. 158).

Was war das Ergebnis dieser Wiederbegegnung? Tschechen und Deutsche, vor allem die Hauptbetroffenen unter den letzteren – die Sudetendeutschen –, wurden sich des inneren Wandels bewußt, den der räumliche Abstand und die Zeit von zwei Jahrzehnten bei beiden Völkern bewirkt hatten. Kein Haß mehr, keine verkrampfte Selbstrechtfertigung, sicher keine plötzliche Liebe, kein einfaches Vergessen, dafür ein vorsichtiges, noch etwas mißtrauisches Sichannähern, ein Versuch, den anderen zu verstehen, sich an jenen -immer auch vorhandenen – besseren Teil der alten Zeiten zu erinnern, und vor allem der spontane Wille, einander etwas Freundliches zu tun, ihm irgendwie zu beweisen, daß Vergangenes vergangen ist und daß man ein guter Nachbar sein, im anderen wieder den Mitmenschen sehen will. Darüber gibt es Tausende von Berichten. Der Eindruck vom Bewußtseinswandel war um so stärker, als bis zu dieser neuen Berührung die eine Seite – die tschechische – von Staats wegen auf das Bild unentwegt nach Rache sinnender Sudetendeutscher fixiert worden war und die andere – die sudetendeutsche – infolge der Aussperrung von der alten Heimat und der Aktivierung des erlittenen Unrechts als Bindekraft der Volksgruppe in der Zerstreuung immer noch das Bild des tschechischen Volkes in seinem Vergeltungswillen von 1945 vor Augen hatte. Voll Erstaunen sahen sich beide zum ersten Mal seit langer Zeit wieder ganz anders, als die Vorstellungen eines ganzen Jahrhunderts des Nationalitätenstreits allein wahrhaben wollten.

Das Jahr 1968 hat dann gezeigt, daß Tschechen und Deutsche unterwegs waren und sind zu einem nachbarschaftlichen Verhältnis, das der vornationalen Epoche ähnlicher ist oder sein wird als dem Jahrhundert der Abgrenzung und des Auseinanderlebens. Die Wendung zu dieser echten Normalisierung der zwischenvolklichen Beziehungen – die unendlich mehr ist als die Formalisierung auf dem staatlichen Sektor je sein kann – rührte erstmalig in der Tschechoslowakei auch an das *Tabu der Vertreibung*. Diesseits der Böhmerwaldgrenze, in der Bundesrepublik Deutschland, hatte der erste Sprecher der vertriebenen Sudetendeutschen, *Rudolf Ritter Lodgman von Auen*, ehemaliger Abgeordneter im österreichischen Reichsrat, Landeshauptmann von Deutschböhmen und Abgeordneter im tschechoslowakischen Parlament, schon im Jahre 1950 – zu einer Zeit also, als die Wunden der Vertreibung noch offen waren und tief schmerzten – von seinen sudetendeutschen Landsleuten das Ja zur Versöhnung mit dem tschechischen Volk gefordert und erhalten. Er schloß, unter Assistenz des CSU-Bundestagsabgeordneten *Hans Schütz* und seines SPD-Kollegen *Richard Reitzner*, das sogenannte *Wiesbadener Abkommen* mit dem tschechischen *Armeegeneral Lev Prchala*, dem Vorsitzenden des Tschechischen Nationalausschusses (Český Národní Výbor) in London. Prchala, einer der führenden Generäle der ersten Republik, war ein persönlicher Gegner Beneš' und hatte 1939 auf polnischer Seite gegen die Deutschen gekämpft. Er war 1945 nicht mehr in die Heimat zurückgekehrt, weil er Beneš' Außenpolitik mißbilligte. In diesem Abkommen sprachen sich beide Seiten für eine Wiederherstellung des Zusammenlebens in den böhmischen Ländern aus. Natürlich konnte eine solche Vereinbarung weder eine staats- noch eine völkerrechtliche Wirkung haben.

Ihre Bedeutung lag darin, daß nach der totalen Trennung in Feindschaft Tschechen und Sudetendeutsche zum ersten Mal wieder frei und unbeeinflußt aufeinander zugingen, in dem Willen sich zu verständigen. Es war ein erster Durchbruch, dem bis heute z.B. zwischen den deutschen Vertriebenen aus den Gebieten östlich der Oder-Neiße und der polnischen Emigration nichts auch nur entfernt Gleichartiges an die Seite gestellt werden kann. Auch dies ist Ausdruck einer unterschiedlichen Geschichte, wenngleich nur eine Episode, die politisch folgenlos bleiben mußte, weil unter den weltpolitischen Aspekten die tschechische Emigration (ungleich der Situation nach 1914 und 1939) einer unaufhaltsamen Erosion unterworfen war. Die Voraussetzungen für eine dritte tschechoslowakische „Auslandsaktion" hatten sich inzwischen ins Nichts verflüchtigt.

In Prag beschränkte man sich darauf, diesen Schritt als den typischen Emigrantenverrat anzuprangern. Man durfte aber berechtigte Zweifel daran haben, ob die junge tschechische Intelligenz diesem Problem wirklich auf derart billige Weise ausweichen würde, sobald sie sich dazu frei äußern könnte. Eine Diskussion, die im Januar 1968 in Brünn geführt wurde, deutet jedenfalls in eine andere Richtung. Der sogenannte Trialog fand statt zwischen *Milan Hübl*, Jahrgang 1927, Dozent und seit dem April 1968 Rektor der Parteihochschule in Prag; *Jan Procházka*, Jahrgang 1929, Schriftsteller und seit dem Januar stellvertretender Vorsitzender des Verbands tschechoslowakischer Schriftsteller, Mitglied des ZK der KPTsch und *Vladimír Blážek*, Jahrgang 1930, Dr. phil., Redakteur und Fachassistent der Philosophischen Fakultät der Brünner Universität. Abgedruckt wurde dieses Gespräch im vollen Wortlaut in der Zeitschrift „Host do domu" im Mai 1968 (S. 22-29). *Erstmals wurde hier die Vertreibung der Deutschen nicht mehr verteidigt, sondern als moralisch fragwürdig und unzulässig bezeichnet.* Dazu Procházka:

„Die Aussiedlung: Selbstredend war dies eine Entscheidung der Großmächte. Wie aber konnten wir uns selbst von der Verantwortung für die Aussiedlung entledigen? Ich würde begreifen, wenn es zu einem Nationalitätenausgleich der Bevölkerung im tschechischen Binnenland gekommen wäre. Lebten in dem Städtchen, das ich im Sinne habe, sieben deutsche Familien, könnte man eine Migrationslösung erwägen. Aber wir siedelten ein ganzes Volk aus kompakten Gebieten aus, und zwar aus Städten, Städtchen, Dörfern. Jedem bewilligten wir fünfzig Kilogramm Gepäck, ob er schuldig oder unschuldig war. Dabei war dem Großteil dieser drei Millionen ausgesiedelten Deutscher der Krieg zumindest gleichgültig, und entschieden beteiligten sie sich an keinem Verbrechen. Das ist ganz und gar unannehmbar: Eine Politik, wie immer begründet, die auf den Einzelmenschen nicht

Rücksicht nimmt, die sich lediglich um die Erreichung globaler Ziele, ohne Rücksicht auf das konkrete Schicksal konkreter Menschen bemüht, ist tragisch und letzten Endes eine schlechte Politik."

Milan Hübl betonte, daß „die Auslandsleitung der KPTsch bis zum Jahre 1944 in Opposition zu der Forderung nach Aussiedlung stand" und daß man die „Lösung von 1945 nicht als optimal" bezeichnen könne, wie immer man sie rechtfertige.

Noch deutlicher wurde *Blažek*:

„Als die Austreibung begann, leckte das Gesindel Blut und wurde Anhänger der Revolution. So war das übrigens auch bei allen bewaffneten Revolutionen. Unsere Revolution vermochte sich auch nicht von diesem Pöbel zu distanzieren und zu reinigen; das was bei der Vertreibung begann, setzte sich weiter fort ..."

Nochmals *Procházka*:

„Im Jahre 1945 hatten wir einige Möglichkeiten, unsere Perspektiven zu konzipieren. Auch heute bestehen noch einige offene Möglichkeiten. Aber keine von ihnen ist real, falls wir nicht imstande sind, unsere Beziehungen zum deutschen Volk in Ordnung zu bringen. Wir können doch nicht das deutsche Volk liquidieren, aus Europa heraustreiben. Die Deutschen haben selbstverständlich die Pflicht, sich mit dem Erbe des Nazismus auseinanderzusetzen, uns müssen vor allem die eigenen Pflichten interessieren" (Host do domu, Nr. 5, 1968, S. 22-29).

Dieser Ausschnitt aus einer mehrstündigen Diskussion ist Zeichen für ein verändertes Denken bei der Generation, die Protektorat und Nachkriegsereignisse schon bewußt erlebte. Die jüngere und jüngste tschechische und slowakische Generation geht an diese Fragen unbelastet heran – soweit sie davon überhaupt Kenntnis hat. Jedenfalls ist sie frei von jener antideutschen Geschichtsinterpretation und Stoßrichtung, die selbst die Masaryk-Republik noch charakterisierte. Als *Gustav Husák am 20. März 1968* in Prag auf einer Großkundgebung vor Tausenden Prager Jugendlichen das Nationalitätenproblem behandelte und *für die Gleichberechtigung auch der Deutschen in der CSSR eintrat, antwortete ihm stürmischer Applaus*. Eine undenkbare Szene für jeden, der das Prag der Vorkriegszeit kennt.

Wahrscheinlich kommt der Soziologe Eugen Lemberg der Wirklichkeit am nächsten, wenn er von einer *Veränderung der „Großwetterlage" im Bewußtsein der europäischen Völker* spricht. Wie seinerzeit die „Idee der nationalen Abgrenzung" von West nach Ost wanderte und die Tschechen als das den Deutschen am nächsten stehende und durch die gemeinsame Geschichte ähnlichste Volk vor den anderen Osteuropäern ergriffen hat, so findet nun ein Abbau dieses „Risorgimento- Nationalismus" in der gleichen Richtung statt. Es vollzieht sich nach Lemberg der „Übergang von der Epoche des nationalen Erwachens und des damit heraufbeschworenen Nationalitätenstreits zu einem ganz anders gearteten, von anderen Sorgen und Denkkategorien erfüllten Zeitalter" (Eugen Lemberg, Wandlungen im deutsch-tschechischen Verhältnis, in: Deutsche und Tschechen, S. 12). Lemberg weist darauf hin, daß die jüngere Generation bei Tschechen wie bei Sudetendeutschen „ein merklich distanziertes Verhältnis zu den Nationalitätenproblemen und -kämpfen ihrer Väter hat" und daß nun „nach erfolgter Selbstkonstituierung das Nebeneinander der Nationen in Mittel- und Osteuropa in einen normalen Zustand zurückpendelt" (Eugen Lemberg, Deutsch-tschechische Nachbarschaft, S. 11).

Zeichen der Besinnung gab es schon vorher. Wäre der Amoklauf des deutschen Nationalismus rechtzeitig gestoppt worden, hätten sich Ansätze der Wandlung bei dem tschechischen Volk schon viel früher durchsetzen können. Bereits um die Jahrhundertwende wurde dem romantisch-idealistischen Geschichtsbild Palackys durch die berühmte tschechische Historikerschule *Jaroslav Golls* widersprochen. Palacky und die durch ihn historisch bewußte Nation suchte die Abgrenzung zu den Deutschen und interpretierte die ganze böhmische Geschichte als den tausendjährigen Kampf, wobei die Slawen für das edle und gute Prinzip, die Deutschen für das böse und gewalttätige fochten. Golls bedeutendster Schüler und größter positivistischer Historiker der ersten Republik, *Josef Pekař,* sagt von Goll, daß er „das alte Böhmen ins alte Europa zurückgeführt, d.h. Zusammenhänge zerrissen, die es im Bild der älteren Geschlechter an die slawische Welt gekettet hatten" (Richard G. Plaschka, Von Palacky bis Pekář, S. 63).

Pekář, selbst setzte sich mit Masaryk auseinander, der in modifizierter Form ebenfalls an dieser dem 19. Jahrhundert entstammenden Geschichtsideologie festhielt. In Pekářs, Hauptwerk *„Smysl českých dějin"* (Der Sinn der tschechischen Geschichte) wird der Palackysche deutsch-tschechische Kampf zwischen Licht und Finsternis revidiert und den Tatsachen entsprechend festgestellt, „daß nicht bloße Berührung und kampfmäßige Auseinandersetzung, nach der Formel Palackys, sondern das stete Übernehmen, Nachgeben, das Durchdrungensein vom Leben und Denken der fortgeschrittenen Nachbarn der germanischen und romanischen Welt der mächtigste Faktor, das bei weitem bedeutendste Faktum unserer Geschichte ist" (Josef Pekář, Der Sinn der tschechischen Geschichte, S. 40f.). An die Adresse der Sudetendeutschen sprach er wenige Jahre vor der Katastrophe das Wort: *„Werden wir uns auf beiden Seiten ohne Voreingenommenheit und Unlust bemühen, der Wahrheit und dem Recht zum Durchbruch zu verhelfen, wie sie durch vorurteilsloses Studium festgestellt worden sind, dann werden wir uns zweifellos nicht nur in der Auslegung der Vergangenheit treffen, sondern ich glaube auch in den Differenzen der Gegenwart"* (Richard G. Plaschka, a.a.O., S. 88).

Das alles war schon vorhanden und wurde verschüttet durch die Eroberungspolitik des Dritten Reiches und die Einsichtslosigkeit und Engstirnigkeit sowohl auf tschechischer als auf sudetendeutscher Seite. Nach 1945 übernahm die tschechoslowakisch-marxistische Geschichtswissenschaft paradoxerweise das romantische Geschichtsbild Palackys, weil für sie die panslawisch motivierte Option für den Osten zupaß kam. Die positivistische Forschung Pekařs wurde als bürgerlich verdammt. Seit Anfang der sechziger Jahre aber haben gerade junge marxistische Historiker diesen Rückfall in den Risorgimento-Nationalismus bremsen können. Der historische Materialismus und seine Kategorie der Klassenkämpfe hat, wie vorher die positivistische Schule Jaroslav Golls und Josef Pekařs, die Ideologie der Einteilung der Völker in gute und böse und deren vorbestimmte Sendung zersetzen helfen. Viele Ströme und Ursachen führen also zur Bewußtseinsänderung im Sinne der von Eugen Lemberg genannten *Wende in der Großwetterlage*.

Den größten Beitrag hat allerdings die Sowjetunion erbracht. Der Schock des 21. August 1968 und die Fortdauer der Besetzung der böhmischen Länder durch russische Truppen hat geistig nicht nur der gesamten innertschechischen Entwicklung seit 1938 (dem Anstoß zur Wendung nach Moskau) den Boden weggezogen, sondern ein ganzes Jahrhundert – das der panslawischen Hoffnungen der tschechischen Nation – annulliert. Moskau hat die breiten Massen der Tschechen in ihrem Selbstverständnis in den mitteleuropäischen Geschichtsraum, aus dem sie einst freiwillig austreten wollten, zurückgezwungen. In wenigen Wochen wurde ein Kapital der Zuneigung vertan, das in Generationen aufgehäuft wurde. Wer nur in den Kategorien äußerer und durchsetzbarer Macht denkt, mag das unterschätzen. In der Geschichte sind aber nicht nur die geplanten und auch erreichten Folgen einer Aktion relevant, sondern auch die mit jeder Tat eintretenden, sehr oft unerwünschten und unvoraussehbaren Nebenwirkungen. *Die Tragik mag für die Russen darin liegen, daß sie eigentlich gar keine Wahl hatten. Die Alternativen, die angesichts dieser Entwicklungen für Moskau noch übrig blieben, waren:*

Entweder eine verbissene und verkrampfte Abwehrschlacht gegen diese Bewußtseinsänderungen im tschechisch-deutschen Verhältnis zu führen, die um so weniger gewonnen werden konnte, als sie aus der Position der Drohung mit den Machtmitteln geführt werden muß und gerade diese Bewußtseinssphäre dem Zwang unzugänglich bleibt oder eine neue Bestandsaufnahme zu machen, das so gern zitierte Wort „wie das Leben beweist" ernst zu nehmen und, anstatt an einem versteinerten Feindbild von den Deutschen festzuhalten, *sich selbst an die Spitze einer neuen Entwicklung der Schaffung von Friedensbrücken in Mitteleuropa zu setzen.*

4. Die Formalisierung der deutsch-tschechoslowakischen Beziehungen

Nach dem Eingreifen der Sowjets in der Tschechoslowakei ((1968), das trotz seines militärischen Charakters eine *Defensivaktion* war, hätte es nahegelegen, daß Moskau zu einer verstärkten Politik der Isolierung der Bundesrepublik zurückkehren würde. Darauf deutete die Drohung mit der UN-Interventionsklausel im Frühjahr 1968 hin. In der Tschechoslowakei selbst war die Anklage der Konspiration mit den „revanchistischen Kräften Westdeutschlands" erhoben worden (Aufruf der Regierung Bulgariens, Ungarns, der DDR, Polens und der Sowjetunion an die Bürger der Tschechoslowakei vom 23. August 1968, in: Europa-Archiv 18/1968, S. D 448, 449). Eine neue Berlin-Krise als Vorwand einer verstärkten Abschließung Mittelosteuropas vom Westen hätte ein geeignetes Mittel sein können. Das Instrument der „deutschen Gefahr" würde dann wieder zur inneren Konsolidierung benutzt werden.

Das Gegenteil war der Fall. Ein halbes Jahr nach den Ereignissen in der Tschechoslowakei richtete die *Budapester Konferenz* der Staaten des Warschauer Vertrages einen Appell an alle europäischen Länder, „eine gesamteuropäische Konferenz zur Erörterung von Fragen der europäischen Sicherheit und der friedlichen Zusammenarbeit" einzuberufen. Der Aufruf wiederholte zwar einen schon vor drei Jahren gemachten Vorschlag und an die deutsche Adresse nur alle bekannten Forderungen (mit Ausnahme der Annullierung des Münchener Abkommens ex tunc) – in diesem Moment war aber bemerkenswert, daß man sich jeder Polemik gegen die Bundesrepublik Deutschland enthielt (Text in: Europa-Archiv 7/1969, S. D 153).

Wollte die Sowjetunion einer drohenden Isolierung in Europa nach dem 21. August mit dieser Initiative bloß vorbeugen? Wollte sie aus ihren ostmitteleuropäischen Schwierigkeiten die Flucht nach vorn antreten und den Entspannungsdruck umpolen? Wollte sie ihre Westflanke langfristig durch ein globales Arrangement mit den Europäern sichern, um in Ostasien freie Hand zu bekommen? Hatte sie begriffen, daß die Nachkriegszeit in Mitteleuropa zu Ende und die deutsche Buhmann- Funktion wirkungslos geworden war? (Im Juni 1968 hatte „man" bei Falkenau/Sokolov in Westböhmen – wo noch verhältnismäßig viele Sudetendeutsche leben – einen Waffenfund konstruiert und in der gesamten großen nichttschechischen Ostblockpresse in Zusammenhang mit einsickernden „Revanchisten" gebracht und feststellen müssen, daß das in ganz Böhmen kein Mensch mehr für bare Münze nahm.)

Welche Antworten immer gegeben werden mögen, der Appell an Europa war in erster Linie einer an Westdeutschland (ohne dessen Zustimmung eine Europäische Sicherheitskonferenz kaum zustande kommen würde) und die *dialektische Entsprechung* zur Intervention vom 21. August: *Der Konsolidierung mit den Mitteln der Macht folgte die Entspannungsoffensive.* Man kann es auch so sehen: Solange die innere Situation in der Tschechoslowakei und den anderen ostmitteleuropäischen Gesellschaften vom sowjetischen Standpunkt her gesehen labil war, glaubte Moskau, nicht auf den Disziplinierungsfaktor der „deutschen Gefahr" verzichten zu können. Als mit der Stationierung sowjetischer Truppen in der Tschechoslowakei die machtpolitische Lage in diesem Land stabilisiert und für andere Abweichler ein warnendes Exempel gesetzt wurde, bekam Moskau die Hände frei, sein Verhältnis zu Bonn zu modifizieren: ein weiteres Beispiel des Fortdauerns des Zusammenhangs der deutschen mit der tschechischen Frage! *Die Sowjetunion konnte die deutsche Karte erst spielen, als sie die böhmische sicher abgelegt hatte.*

Für die Bundesrepublik wurde dies zur *zweiten Nachkriegszäsur.* Gehen wir davon aus, daß einer der Hauptergebnisse des Zweiten Weltkrieges die Auslöschung Deutschlands – d.i. des 1871 geschaffenen deutschen Nationalstaates – als eigenständiger politischer Willensträger war, so ist das Entstehen der Bundesrepublik Deutschland 1949 (und analog der DDR) die *erste Zäsur* in der deutschen Nachkriegsgeschichte. Beide Staaten wurden geschaffen als Funktion im Verteidigungssystem einander feindlich gegenüberstehender Weltlager. Auch wenn sich inzwischen das Verhältnis in Richtung auf eine Partnerschaft hin zu wandeln schien, an der grundlegenden Weichenstellung hatte sich nichts geändert. Die sowjetische Entscheidung vom Frühjahr 1969 und die Beantwortung dieses Signals durch die Bundesregierung Brandt/Scheel, die zum *Vertrag von Moskau* geführt haben, setzten nun einen neuen Akzent auf die Situation in Mitteleuropa. Dies nicht wegen des Vertragsinhalts, sondern auf Grund der Tatsache, daß dieser Vertrag – wenngleich mit den westlichen Bündnispartnern abgestimmt – erstmalig an einem wesentlichen Punkt über die Ursprungsfunktion der Bundesrepublik hinausreicht: Die Bundesrepublik bleibt im Westbündnis, und sie bekennt sich weiter zur Einigung Westeuropas, hinzu kommt aber, daß sie jetzt in einer selbständigen Aktion *zugleich Partner der Hauptmacht des östlichen Lagers* wird. Hat Konrad Adenauer aus der Erfahrung seines Lebens und dem Zusammenbruch Deutschlands 1945 nichts so sehr gefürchtet wie eine eventuelle Rückkehr der Deutschen in ihre historische Mittelposition, so vollzog Bundeskanzler *Willy Brandt* eine Entscheidung gerade in dieser Richtung. Das verändert noch nicht den Status quo, aber einfache und eindeutige Bedingtheiten (Funktion in der atlantischen Allianz) werden künftig mit einer Vielzahl neuer Faktoren konkurrieren müssen. Juristisch mag sogar alles noch starrer werden, politisch begann sich der Grund zu bewegen.

Gewinnt das deutsch-tschechische Verhältnis (staatlich das westdeutsch-tschechoslowakische) nach diesem zweiten großen Einschnitt der Veränderung der deutsch-sowjetischen Beziehungen eine neue Qualität?

Kurzfristig war das zu verneinen. Die sowjetische Entspannungsoffensive zielte nicht auf eine einvernehmliche Änderung des Status quo in Mitteleuropa (Disengagement), sondern auf dessen Sicherung und Legalisierung. Offen war der Weg deshalb nur für die *Formalisierung* des Verhältnisses, d.h. für die Aufnahme der diplomatischen Beziehungen, den Ausbau der wirtschaftlichen, technischen und wissenschaftlichen Kontakte. Die Kultur wird zwar immer mitgenannt, aber der unbehinderte Austausch ihrer Güter würde schließlich zu jenem freien Fluß von „Menschen, Informationen und Meinungen" führen, den kein herrschendes Dogma (wenn es Dogma bleiben und weiterherrschen will) auf die Dauer verkraften kann. Man durfte deshalb nicht mit einer Automatik – Errichtung von Botschaften, Normalisierung der staatlichen Beziehungen, Förderung der wirtschaftlichen und technischen Kontakte = Dialog der Menschen und Ideen – rechnen. Ganz im Gegenteil: Es zeigte sich, daß als Pendant zur politisch-militärischen Entspannung eine verstärkte ideologische Abriegelung der sozialistischen Gesellschaft gehörte. Ebenso wie die Anerkennung der DDR durch die Bundesrepublik sogleich zu einer Abgrenzungskampagne im östlichen Deutschland geführt hat, ebenso konnte man im tschechischen Parteiorgan lesen, daß die ideologische Arbeit verstärkt werden müsse, „weil die friedliche Koexistenz mit Staaten verschiedenen gesellschaftlichen Charakters nicht Versöhnung, sondern den Kampf der Ideen bedeutet" (Rudé Právo, Prag, 15. Juni 1972, S. 6).

Gerade weil die Tschechoslowakei, d.h. die tschechische und slowakische Bevölkerung, offen und bereit zu einem echten Dialog sein würde, gerade deshalb wurde die Verständigung streng kanalisiert. 1968 hat die sowjetische „Prawda" der tschechoslowakischen Regierung vorgehalten, Prag habe gemeint, daß „die Tschechoslowakei zwischen der Sowjetunion und Westdeutschland liege". Ein solcher Standpunkt, so die Prawda, „entbehrt aber jedes Klassengehalts, widerspricht der gesamten geschichtlichen Erfahrung und wird den Interessen der Sicherheit der sozialistischen Länder und der Tschechoslowakei selbst nicht gerecht" (Prawda, Moskau, 22. August 1968). Konnten jetzt die staatlichen Beziehungen zwischen Bonn und Prag durch den Abschluß des *Prager Vertrags* von 1973 normale völkerrechtliche Qualität erhalten, so hat gleichzeitig die tschechoslowakische Partei- und Staatsführung dafür gesorgt, daß die Bevölkerung nicht unzulässige Schlüsse aus diesem Faktum zog.

Die *Normalisierung* blieb also – auch mit einer Liquidierung des Münchner Abkommens – im Bereich einer bloßen *Formalisierung*. Daß diese Formalisierung identisch ist mit dem Frieden zwischen dem deutschen und dem tschechischen Volk, könnte nur von denjenigen Beurteilern angenommen werden, die das Ausmaß der geschichtlichen Störung im Verhältnis beider Völker nicht kennen oder aus irgendwelchen Gründen für irrelevant erachten. In der Politik existiert allerdings diese Behauptung. Sie ist – von tschechoslowakischer Seite aufgestellt – eine Zweckthese, mit der alle anderen Probleme (insbesondere das der Aussiedlung und Enteignung der Deutschen) ohne weitere Diskussion ad acta gelegt werden; von deutscher Seite wäre sie Ausdruck jener Kurzsichtigkeit, die nur das Hier und Jetzt zu sehen vermag. Das ahistorische Denken unserer Zeit verführt allerdings leicht zu solchem verkürzten Urteil von einem Neuanfang aus dem Punkt Null der Gegenwart. „Die Geschichte (aber) ist ein Ganzes. Wer das nicht wahrhaben will, der wird damit gestraft, daß sich ihm auch die Wirklichkeit der Gegenwart verhüllt hinter undurchdringlichen Nebelschwaden von Illusionen und Utopien" (Günther Stökl, Osteuropa und die Deutschen, S. 160).

Das System von Yalta: NATO und Warschauer Pakt

V. Das Ende der Nachkriegszeit

1. Die quantitativen und qualitativen Veränderungen der Problemlage

Noch im Juni 1989 hatte Gorbatschow in Bonn, als man ihn auf das Problem der deutschen Wiedervereinigung ansprach, gesagt, daß man „nicht wissen könne, was in hundert Jahren sein würde". Bereits ein Jahr später war das System von Jalta im vollen Zerfall, der sich innerhalb des sowjetischen Bereichs in den darauffolgenden Jahren fortsetzte.

Mit der Wiedervereinigung Deutschlands, mit der inneren Selbstbefreiung der Tschechoslowakei und den entsprechenden Veränderungen in Polen, in Ungarn, in Rumänien und im Bereich Jugoslawiens und schließlich sogar in den Baltenstaaten war das ganze System, das am Ende des Zweiten Weltkrieges errichtet worden war, in rasend schneller Zeit zusammengebrochen.

Der Warschauer Pakt verschwand, die NATO blieb. War es also der westliche Sieg im Kalten Krieg und damit das bloße Fortschreiten der westlichen Integration nach Osten? Das hat man im allgemeinen geglaubt, bis hin zur absurden Aussage eines Vordenkers im US-Statedepartment, Francis Fukuyama, „daß nun die Geschichte an ihr Ende gelangt sei und daß die Völker und Staaten in aller Welt nur noch die eine Alternative hätten: die liberale und kapitalistische Demokratie des Parteienpluralismus zu übernehmen." Das klingt nicht unähnlich der früheren marxistisch-leninistischen Aussage, die ebenfalls einen kommunistischen Endzustand, ein Ende der Geschichte, postulierte und in Reichweite wähnte. Nachdem sich jene Zukunftsprojektion in Nichts aufgelöst hatte, nun also eine Neue: Die Zukunft würde Amerika heißen und die Menschheit würde sich überall nach diesem Beispiel der USA orientieren.

Die Wirklichkeit allerdings ist ganz anders: Die Geschichte geht weiter, sie hört weder an jenem noch an diesem Punkt auf und trotz allen Ideologen in West wie in Ost: Wir können das Ende nicht wissen. Wir können nur feststellen, daß sich nahezu über Nacht eine neue Lage ergeben hat; wir können diese Lage analysieren, wir können Trends erkennen, die aber keine unausweichlichen Vorbestimmungen sind, sondern nur offene oder halboffene Möglichkeiten und wir sind vor allem herausgefordert (im Sinne der „Challenge and Response" des großen britischen Historikers Arnold J. Toynbee), eigene Entscheidungen zu treffen. Alles andere ist stumpfe, um nicht zu sagen stumpfsinnige Ideologie, auch die liberale westliche, nicht bloß die kollektivistische östliche.

Wie ist die Lage?

1. Die weltpolitische Bipolarität ist sowohl geistig wie materiell verschwunden;
2. Die einzig übriggebliebene Globalmacht, die USA, versucht von einem Punkt her die Welt in ihrem Sinne zu organisieren (The New World Order);
3. Da sie dazu, trotz ihrer ungeheuren Mittel, wirtschaftlich finanziell allein nicht in der Lage ist, braucht sie von ihr abhängige Partner, die selbst beträchtliche Gewichte einbringen können. Das sind in Europa in erster Linie die NATO und innerhalb der NATO Deutschland. Das ist weiter im Mittleren Osten die Abhängigkeit der großen arabischen Ölproduzenten, mit denen man auch Europa wirtschaftlich im Griff halten kann und da ist schließlich der Einfluß auf die ungelöste Frage, was aus Rußland wird und ob sich in Ostasien eine neue Weltmacht formt. Alles andere ist sekundär.
4. Diese ganze auf Domination abgestimmt Strategie (es gibt darüber ein Pentagonpapier) stößt sich in Nordafrika und im Mittleren Osten an einem kaum einzudämmenden revolutionären Drang nach Schaffung einer unabhängigen islamischen Macht; in Ostasien auf gleichfalls nicht zu kontrollierende Entwicklungen, auch wenn sie noch einige Zeit brauchen, und in Rußland, das Nuklearmacht bleibt, an einem nationalistischen faschistoiden Widerstand. Auch wenn heute niemand voraussagen kann, welche chaotische, möglicherweise selbst kriegerische Etappen die Macht im Osten noch durchlaufen muß, Rußland wird ebenso wiederauferstehen wie Deutschland wieder auf die weltpolitische Bühne zurückgekehrt ist, was kluge Amerikaner wie der Herausgeber von Foreign Affairs (William G. Hyland) schon Mitte der 80er Jahre vorhergesehen und ausgesprochen haben.
5. Das im Westen (NATO und Europäische Union) verankerte Deutschland ist dabei nicht mehr angekettet, sondern mitentscheidender Partner, dem man eine mögliche russische Option ebensowenig wegnehmen kann wie den Russen eine künftige deutsche. Das ist ohne jede Tendenz und ohne jede Emotion ausgesprochen.

Es gibt nur die Lage vor den künftigen Entscheidungen wieder. Es ist die totale Umkehrung nicht nur der machtpolitischen Konstellation von Jalta, sondern die Aufhebung aller Konstellationen seit dem Beginn dieses Jahrhunderts, ja vielleicht seit den napoleonischen Kriegen. Es deutet sich eine geschichtliche Wende an, wichtiger als die der beiden Weltkriege.

In diesem neuen Horizont existiert also die alte deutsch-tschechische Nachbarschaft und Problematik. Und das bedeutet, daß beide, Deutsche wie Tschechen, ihr Verhältnis zueinander neu durchdenken müssen. Unsinnig, ja geradezu dumm wäre es, wenn die Tschechen aus Angst oder kleiner zweckbedingter innerpolitischen Verhetzung bloß in einer deutschfeindlichen Aversion vergangener Zeiten verharren würden. Und unsinnig, ja geradezu dumm wäre es, wenn die Deutschen aus neuer Überheblichkeit wiedergewonnener Macht das kleinere tschechische Volk als eine quantité négligeable einstufen würden. Übrigens: gerade diejenigen Deutschen für die heute die Sudetendeutschen eine quantité négligeable sind, können morgen diejenigen sein für die die „paar Millionen" Tschechen auch nicht ins Gewicht fallen. Sie haben keine Verbindung zu diesem Land, sie verstehen weder seine Geschichte noch seine Gegenwart. Der „Balkan" begann für sie schon seit dem vorigen Jahrhundert am Böhmerwald.

Fassen wir diese Nachbarschaft nochmals zusammen: Der Ausgangspunkt dürfte unstrittig sein. Die neuzeitliche deutsche und tschechische Frage entstanden mit geringer zeitlicher Verschiebung in den ersten zwei Dritteln des vorigen Jahrhunderts. Das Problem der staatlichen Organisation des deutschen Volkes und der Neuordnung eines bi- nationalen Böhmens sowie des österreichischen Vielvölkerstaates läßt sich subsumieren unter *der Frage der Neugestaltung des Verhältnisses der zentraleuropäischen Völker zueinander und zu ihren Nachbarn in West- und Osteuropa. Sie wurde bis zum heutigen Tag nicht gelöst, wenn man unter Lösung einen Zustand versteht, der Dauer beanspruchen kann, weil er im Wesen von allen Beteiligten bejaht und aus freiem Willen angenommen wird. In rund 150 Jahren bereiteten die diversen nationalstaatlichen Umstrukturierungsversuche und die sich ablösenden „Siege" nur die Gesamtkatastrophe vor. Am Ende gab es kein eigenständiges Mitteleuropa mehr.*

Heute, nach der Auflösung der Konstellation von Jalta ist dieses ehemalige Mitteleuropa erst ein großer Bauplatz, den man zwar „europäisch" nennt, auf dem aber nur Baukolonnen mit sehr unterschiedlichen Plänen, teils mit-, teils gegeneinander Baupläne verwirklichen wollen. Das große „europäische Haus" ist immer noch nicht viel mehr als eine Schimäre. Gehen wir davon aus, daß die deutsch-tschechische Frage vom Ursprung her *immer zwei Komponenten hatte* – die des *Verhältnisses beider Sprachgruppen in den böhmischen Ländern* und die der *Relation des böhmischen oder tschechischen Staates zu den politischen Formen des deutschen Gesamtvolkes* –, so erkennen wir eine quantitative und qualitative Veränderung der Lösungsvoraussetzungen in diesem Zeitablauf. *Nach jedem Versagen in der Bewältigung des Problems wird dieses nicht nur komplizierter, sondern auf eine ganz neue Ebene geschoben.*

Zwischen 1848 und 1914 hätte es *innerstaatlich* – d.h. böhmisch-österreichisch – gelöst werden können. Der Ausgleich der beiden ethnischen Gruppen im böhmischen Rahmen und die Gleichberechtigung des böhmischen Staatswesens in einem bundesstaatlich umgebauten Österreich waren Ziele, die theoretisch ohne Einmischung von außen realisierbar waren, wenn die Einsicht der Betroffenen sich darauf hätte einigen können.

Die Entscheidungsebene der Zeit von 1918 bis 1938 besitzt bereits andere Qualität. Ein noch möglicher innerstaatlicher Ausgleich im tschechoslowakischen Staat befand sich im Spannungszentrum eines *gesamteuropäischen Machtproblems*. Die CSR war Glied des französischen Sicherheitssystems gegen Deutschland. Die Auflösung der Donaumonarchie hatte einer deutschen Expansion die Stoßrichtung gewiesen und dem großdeutschen Gedanken (diesmal nicht im Sinne einer mitteleuropäischen Föderalisierung, sondern in dem des „Anschlusses" an den preußisch-deutschen National- und Machtstaat) gewaltigen Auftrieb gegeben. Die Chance einer tschechoslowakisch- sudetendeutschen Verständigung war sehr schmal geworden. Die Auseinandersetzung in Böhmen berührte nicht mehr Tschechen und Sudetendeutsche allein, sondern das ganze Gleichgewicht in Mitteleuropa und damit alle europäischen Großmächte. Dem Münchner Entscheid – der kein Ausgleich, sondern Diktat war – ging eine gesamteuropäische Krise voraus, und auch die osteuropäische sowjetische Macht gehört insofern in dieses Bild, als einer der Gründe der Einigung zwischen Deutschland, Großbritannien und Frankreich die Ausschaltung der Sowjetunion aus dem vom Westen irrtümlich erhofften neuen europäischen Konzert der Großmächte war.

Nachdem der deutsche Versuch, vom zentralen Kern Europas her die Hegemonie über diesen Erdteil zu errichten, zum Zweiten Weltkrieg und zum Vorstoß der amerikanischen und russischen Panzer bis an die Elbe und zur Teilung des Kontinents geführt hatte, haben sich die Entscheidungsbedingungen abermals verändert. Nun war das Problem (und mit ihm alle anderen zentraleuropäischen Fragen) eingespannt in eine *globale* machtpolitische und ideologisch-gesellschaftliche *Auseinandersetzung* und damit von Entscheidungen abhängig geworden, die möglicherweise überhaupt außerhalb Europas fallen würden. Gleichzeitig hat die Deutschenvertreibung das Problem nicht vereinfacht, sondern *nochmals kompliziert, weil man erstens Vertreibungen nicht nachträglich legalisieren kann, ohne Zwangsumsiedlungen ganzer Bevölkerungsgruppen zu einem völkerrechtlich anerkannten Instrument der*

Staatenpraxis (mit möglichen katastrophalen Folgen überall in der Welt) zu machen, und weil zweitens zwei Generationen nach diesen Geschehnissen auch kein Ausweg im Sinne einer restitutio in integrum mehr möglich ist.

Im Zeitraffer: Vor hundert Jahren noch hätten Tschechen und böhmische Deutsche unter wohlwollender Assistenz eines kaiserlichen „Schiedsrichters" in Wien die Frage selbst lösen können. Vor fünfzig Jahren waren schon die europäischen Großmächte mitbetroffen, Tschechen und Sudetendeutsche bald nur Figur in einem größeren Spiel und eine wirklich schiedsrichterliche Macht nicht mehr zu sehen. (Großbritannien vermochte 1938 diese Rolle nicht mehr auszufüllen.) Nach 1945 hätten selbst alle Europäer unter sich nichts mehr allein regeln können, auch wenn sie den gleichgerichteten Willen hierzu gehabt hätten, weil vom Zustand des Gleichgewichts in Mitteleuropa die Stellung von Weltmächten und ihr Verhältnis zueinander mitabgehängt hätte.

Mit diesen Verlagerungen hat sich ebenfalls die Rolle der unmittelbaren Akteure geändert: Die Deutschen der böhmischen Länder waren zuerst (mehr als die Tschechen) staatstragende Schicht und Angehörige der „Reichsnation". Sie wurden dann zur ethnischen „Minderheit" im fremden Nationalstaat und seit 1945/46 – nach einem Begriff des Soziologen Eugen Lemberg – eine „Randgruppe". (Lemberg, selbst namhafter Sudetendeutscher, hat in einer bemerkenswerten Untersuchung darauf hingewiesen, daß es „drei Lebensformen oder Aggregatzustände großer – nationaler oder quasinationaler – Gruppen gibt: die staatlich organisierte Nation, die in einem Staat als Minderheit lebende ethnische Gruppe und drittens die auf Grund freiwilliger oder erzwungener Massenwanderung über eine andere Bevölkerung verteilte „Randgruppe" von Einwanderern oder Vertriebenen, deren Zusammenhalt und Existenz durch neue Bindungen, Aufhören der alten, Fehlen der täglich erlebten Kontakte in Frage gestellt sind" (Eugen Lemberg, Wandlungen ..., a.a.O., S. 21).)

Die Sudetendeutschen sind – sowohl die in der Tschechischen Republik noch lebenden wenigen Zehntausende als auch die 2,7 Millionen in der vereinten Bundesrepublik Deutschland oder die 200.000 in Österreich – heute „Randgruppe" geworden; nach Lemberg vergleichbar der „jüdischen Diaspora, aber nicht wie sie durch Ghettos, Rassenunterschiede und die Feindseligkeit der Umwelt konserviert", sondern eher als „Ferment" wirkend, das „seine neue Umwelt äußerlich in einem den Tschechen ungünstigen, innerlich aber sie interpretierenden, ja, propagierenden Sinne beeinflußt" (Eugen Lemberg, a.a.O., S. 21, 22).

Die Tschechen mußten eine andere Form der Reduktion hinnehmen. Sie sind staatlich organisierte Nation geworden und geblieben. Am vorläufigen Ende dieser Auseinandersetzung wurde aber ihre Selbstbestimmung dadurch relativiert, daß sie – im negativen wieder abhängig von der deutschen Frage – vier Jahrzehnte lang mitteleuropäische Bastion der Sowjetunion wurden und diese Unterwerfung erst dann beenden konnten, als sich die Sowjetunion entschieden hatte, ihren Teil Deutschlands freizugeben und ein neues Verhältnis zu Deutschland zu suchen. Hatte man früher immer geglaubt, daß die Freiheit der Tschechen von der Niederwerfung Deutschlands abhängen würde, so zeigte sich nun das Gegenteil: die Freiheit der Tschechen war mit der Freiheit Deutschlands identisch.

Angesichts dieses Rollenwandels auf beiden Seiten erscheint es anachronistisch, ja mutet es gespenstisch an, wenn die ethnische Auseinandersetzung in den Begriffen der Zwischenkriegszeit heute noch fortgesetzt werden würde. In der Wirklichkeit der Zeit stehen sich Deutsche und Tschechen nicht mehr *gegenüber*, sondern beide stehen vor der gleichen Frage, ob es einen Weg geben kann, an dessen Ende ein Jahrhundert der Konfrontation durch einen Frieden abgelöst wird, der die Mitte Europas und alle ihre Völker als Partner wieder in ihr Recht bringt.

2. Konstanten und Variablen

1973 hatte ich in meinem ersten Text geschrieben: „In seinem Buch ‚Totale Kriegskunst im Frieden' hat der französische General und Militärtheoretiker André Beaufre die gegenwärtige Lage in die Formel gefaßt, daß infolge des atomaren Patt ‚der große Krieg und der echte Frieden' gemeinsam untergegangen sind (zit. bei Franz Josef Strauß, Herausforderung und Antwort, Stuttgart 1968, S. 60). Praktisch bedeutet das also: die unbegrenzte Dauer jenes Stillstandes, den wir in Europa seit mehr als drei Jahrzehnten kennen. Die Teilung Europas, die Zementierung dieses Gleichgewichts durch die neuen Waffentechniken, die Unmöglichkeit, eine andere zentraleuropäische Balance zu finden, ohne die Welt in eine Krise ersten Ranges zu stürzen, wären demnach die Konstanten. Historisch gesehen ist die Veränderung (als Folge der Politik des Deutschen Reiches) in der Tatsache zu fassen, daß „Rußland" nicht nur mitteleuropäische Macht, sondern stärkster Faktor in diesem Raum geworden ist und daß sich daran, soweit sich die Dinge gegenwärtig absehen lassen, nichts ändern wird. Die Fortdauer der Stationierung amerikanischer Truppen in Westdeutschland und die Bemühungen, Westeuropa nicht nur wirtschaftlich, sondern auch politisch-militärisch zu einigen, sind nur Folge dieses vorgenannten Faktums. Insofern ebenfalls bloße Maßnahme zur Stabilisierung des neuen Gleichgewichts.

Konstanten dieser Art sind bis zum Zweiten Weltkrieg auf dem in der Geschichte üblichen Weg des Aufbaues von Druck und Drohungen, der Herbeiführung von Situationen, die eine maximale Ausnutzung gestatten und durch die „ultima ratio" des Krieges verändert worden. Seitdem die Kernwaffen und ihre Trägersysteme die Totalvernichtung ganzer Völker und Kontinente ermöglichen und kein Punkt der Erde ausgespart werden kann, läßt sich die weltpolitische Trennungslinie nicht mehr auf diese Weise verschieben oder aufheben. Auch die Entspannung bleibt in diesem Rahmen.

Es fehlt in unserer Zeit sowohl die überlieferte Möglichkeit des Machtausgleichs zur Lösung von Problemen, die sich aus den Veränderungen der Geschichte ergeben, als auch ein Instrumentarium, das schiedlich-friedlich dem Wandel Raum und Recht geben könnte. Ja, es fehlt vielleicht überhaupt die Dialogfähigkeit und jenes Minimum an Vertrauen, das nur auf einer allen gemeinsamen Auffassung vom Menschen erwachsen könnte.

Das Ergebnis sind Aufstauungen, die kein Ventil finden, Wirbel von Widersprüchen, Utopien, die ins Leere entworfen werden und generell die Ablehnung der Gesellschafts- und Machtstrukturen, so wie sie heute geworden sind. Die Beschwörung überkommener Werte ist dagegen ebensowenig zureichend wie die Versuche der Totalabriegelung und Totalerziehung. Die Variable liegt demnach auch mehr als je zuvor in der geistigen Bewegung, die nur sehr begrenzt manipulierbar ist. Der Erstarrung der Verhältnisse an der Oberfläche und in den Strukturen entsprechen nichtfaßbare Berührungen und Veränderungen im Denken und im Empfinden. *Die Bewußtseinsbildung ist jener Bereich, der – weniger Überbau als Fundament – über die Stabilität und Zukunft der großen Machtgebilde entscheiden wird."*

Was 1973 niemand voraussehen, sondern höchstens als Wunschdenken an die eben nicht leere Wand der Zukunft projizieren konnte, ist nahezu über Nacht eingetreten: Die ganze Konstante hat sich in Nichts aufgelöst. Was ich aber damals als Variable bezeichnet habe – d.h. die Veränderungen im Bewußtsein – hat über die Konstante gesiegt. Das Weiche über das Harte. Vor uns allen – in West wie in Ost – liegt nun ein offenes, unübersichtliches, unvermessenes und schwieriges Gelände, in dem überhaupt keine Konstanten mehr existieren, es sei denn in der schwachen Form das „Eigeninteresse der Nationen" und des anhaltenden unguten Gefühls, daß dieses Eigeninteresse schon in zwei Weltkriege geführt hat und daß die Rückkehr zum Alten, zu einem bloßen „Europa der Staaten" (sprich: der souveränen Staaten) ein spießiges Unternehmen ist, das nicht die Millionen Toten und die Schrecken der Zerstörungen rechtfertigt, die der Weg vom damaligen „Europa der Staaten" des 19. Jahrhunderts bis heute allen Völkern unseres Kontinents gekostet hat. Die neue Konstante kann auch nicht „Amerika", d.h. die übriggebliebene Globalmacht jenseits des Atlantik heißen. Denn: ihre Gesellschaft ist kein Vorbild, kein Richtstern für die Völker, und ihre materielle Kraft wird sich auf sich selbst zurückziehen, sobald die Kosten zu hoch werden. Bleibt der Euro-Wolkenkratzer der Bürokratie in Brüssel. Er ruft eher Abneigung als Orientierung hervor. Was dann? Es bleibt nur der Ruf an uns selbst, an alle Völker des Kontinents, und quer durch alle europäischen Völker und jenseits der überholten Stereotypen von „Links" und „Rechts" zu versuchen, ein neues Fundament zu legen. Die neue Konstante ist die von allen europäischen Völkern gefühlte Notwendigkeit, eine eigenständige freiheitliche Friedens- und Sozialordnung auf dem Kontinent herzustellen, die die Antwort auf die Frage der Zeit nach dem Zusammenbruch der alten Machtstrukturen ist. Geben wir keine Antwort, wird uns alle das Alte, d.h. die alten nationalen Konfrontationen, nochmals überrollen und endgültig Europa als ein Trümmerfeld der Geschichte zurücklassen.

Teil III: Umbrüche

VI. Die neue Qualität der deutsch-tschechischen Frage

1918, 1938 und 1945 waren die großen Zäsuren dieses Jahrhunderts im deutsch-tschechischen Verhältnis.

– *1918* am Ausgang des Ersten Weltkrieges war die 300jährige habsburgisch-österreichische „Vermittlung" zwischen der deutschen und der tschechischen Nation beendet und beide Völker und ihre Staaten traten wieder in eine direkte Beziehung ein. Unglücklicherweise geschah dies auf der Basis einer deutschen Niederlage wobei der neue tschechische Staat in der Form der Tschechoslowakei zu dem auf die Niederhaltung Deutschlands abzielenden französischen Sicherheitssystem gehörte. Und nochmals unglücklicherweise ging dabei auch das jahrhundertealte binationale Böhmen zugrunde und 3,5 Mio. Deutsche (denen verboten wurde sich „Deutschböhmen" zu nennen und die sich dann nach einem geographischen Begriff „Sudetendeutsche" nannten) wurden zwangsweise in einen tschechischen *Nationalstaat* eingegliedert, der von der tschechischen nationalen Staatsideologie her nicht ihr Staat sein konnte. Damit war, ob mit oder ohne Hitler, die nächste Krise in der europäischen Politik vorprogrammiert, sobald das französische Sicherheitssystem ins Schwanken geraten würde. Ganz abgesehen davon, daß es eine Reihe europäischer Völker gab, denen man, kleiner an Zahl, einen eigenen Staat zubilligte, gewährte man den 3,5 Mio. Sudetendeutschen aber nicht einmal eine begrenzte Autonomie oder eine kantonale Verfassung im Rahmen des Staates. Ewigkeitswert konnte eine solche Konstellation nicht haben, es sei denn man ging davon aus, daß 70 oder 80 Millionen Deutsche in der Mitte Europas sich auf unabsehbar lange Zeit mit der Rolle des Geschlagenen zufrieden geben würden.
– *Das Jahr 1938* erlebte die Mehrheit der Sudetendeutschen als eine Befreiung von der Herrschaft des anderen Volkes. In Wahrheit war es der erste große Schritt zur deutschen Hegemonie über ganz Europa, denn es ging Hitler gar nicht um die Sudetendeutschen, sondern um die Aufhebung des französischen Sicherheitssystems

und um die Zerschlagung des tschechoslowakischen Staates und die Einschüchterung aller Ostmitteleuropäer auf dem geplanten Weg zur Zerstörung der Sowjetunion und der Unterjochung Rußlands. Die Liquidierung des tausendjährigen Böhmens war für ihn nur ein unerläßliches Neben- oder Vorprodukt. Die Sudetendeutschen ließen sich von diesem gewaltigen Strom der Macht und des Gefühls der Erfüllung ihrer Selbstbestimmung mitreißen. Sie ahnten nicht, daß daraus ein alles verschlingender Strudel würde, der gerade sie in die Tiefe ziehen würde. Das alte Böhmen ging, wenn man von den Zerreißproben in den letzten Jahrzehnten der Österreich-Ungarischen Monarchie absieht, in *zwei Schritten* unter: zuerst durch den Willen der werdenden modernen tschechischen Nation nach 300 Jahren Österreich und Unterwerfung unter die Zentrale Wien den eigenen Staat wieder zu begründen. Es war dies aber keine Rückkehr in den Glanz und in den Ruhm der Wenzelskrone – und damit des bi-nationalen Böhmens – sondern ein Sprung nach Westeuropa durch die Übernahme seines *nationalstaatlichen* Modells. Nachdem die Tschechen geschichtlich gesehen also das supranationale Böhmen geistig und materiell verlassen hatten, waren die Sudetendeutschen an der Reihe: Da sie mit Recht fühlten, daß das nicht mehr „ihr" Staat war, nicht der Staat der gesamten multi-ethnischen Staatsbevölkerung, sondern eine tschechische Ethnokratie, wenngleich in demokratischen und liberalen Formen, traten auch sie aus Böhmen aus. „Heim ins Reich" wurde zu ihrer Parole. Sie unterlagen damit dem gleichen Irrtum wie die Tschechen. Ebenso wie die neue Tschechoslowakei nicht mehr das tausendjährige Böhmen war, ebenso war dieses „Reich" schon seit einem Jahrhundert nicht mehr das alte universale Sacrum Imperium Romanum, sondern gleichfalls ein Nationalstaat, der der Deutschen, der sich die Bezeichnung „Reich" als „Deutsches Reich" angemaßt hatte und selbst aus seiner eigenen tausendjährigen supranationalen Geschichte ausgetreten war. Und es war diese *Macht des neuen deutschen Nationalstaates* und nicht der Wunsch, das übernationale Böhmen zu erneuern, die die Sudetendeutschen in ihrer aufgezwungenen Ohnmacht im tschechischen Nationalstaat anzog. Die Tragik war demnach, daß bereits von beiden Seiten alles auf die Trennung und die Abkehr von der gemeinsamen böhmischen Geschichte vorprogrammiert war. Ich behaupte daher: nicht nur für die Tschechen, auch für die Deutschen der böhmischen Länder war „München" ein Unglück, das noch zwei größere nach sich ziehen sollte. Es beendete 800 Jahre ihrer eigenen Geschichte. Was blieb, waren auf beiden Seiten in der Mehrzahl geschichtslose Menschen, narzistisch fasziniert von der eigenen Nation, die bald von gewaltigen fremden Magneten wie Eisenspäne „geordnet" werden würden.

– *1945* war das Jahr der totalen Niederlage der Deutschen und damit ihr Ausscheiden aus jeder mitteleuropäischen Kombination. Die Lösung hieß nun Jalta und das war die Teilung Europas in West und Ost. Die tschechische Politik, damals immer noch verkörpert in Edvard Beneš, zog aus dieser Situation zwei Schlüsse: *Erstens* den Vergeltungsakt für „München" und das bedeutete die Absicht, sich der Deutschen der böhmischen Länder ein für alle Mal zu entledigen, „damit sich ‚München' nie mehr wiederholen kann." Das war nach heutigen völkerrechtlichen Begriffen ein Akt des Genozid, der nämlich nicht an der Zahl der Toten gemessen wird, sondern an dem *Willen, eine geschichtlich gewachsene Gruppe in irgendeiner Form – sei es durch Tötung, sei es durch Vertreibung und Zerstreuung, sei es durch zwangsweise Assimilierung – auf Dauer zu vernichten.* Das geschah damals. Die Gerechtigkeit gebietet uns hinzuzufügen, daß derselbe Genozid auch im Plan der SS gegenüber der tschechischen Nation nach einem deutschen Sieg enthalten war, nämlich Umvolkung, Vertreibung und physische Liquidierung. Lassen wir aber einmal alle Moral beiseite, urteilen wir nur macchiavellistisch: Die Liquidierung des deutschen Problems in den böhmischen Ländern bot sich wie ein Teufelsgeschenk an. Sie war der bequeme Weg, sie war sowohl die Rache für „München" als auch die Auslöschung der Schande, daß man, obwohl einer der modernst gerüsteten Staaten in Europa, 1938 nicht gekämpft hatte (Anmerkung: kämpfen wollte allein der Gegner Beneš', der tschechische Armeegeneral Lev Prchala, der dann 1939 auf die polnische Seite übertrat und sich nach dem Krieg mit dem ersten Sprecher der vertriebenen Sudetendeutschen, Rudolf Lodgman von Auen, verbündete; ein Mann in der echten großen Tradition tschechischen Soldatentums, nicht in der der intellektuellen Schwejks). Diese Lösung der Deutschenvertreibung war aber nur dann richtig, wenn damit zu rechnen war, daß sich die Deutschen auf unabsehbar lange Zeit nicht mehr erholen würden, wenn sie nicht mehr als Macht auf die europäische Bühne zurückkehren würden. Der Haß und der Siegesrausch vernebelte nicht nur die Gehirne der „Erniedrigten und Beleidigten", sondern auch die der „Staatsmänner", die sich bei einigem klaren Denken sagen mußten, daß man 70 bis 80 Millionen Deutsche nicht aus der Geschichte streichen kann und daß sie eines Tages wieder mitspielen würden. Die Kunst des Friedenmachens, die vergangene Jahrhunderte beherrscht hatten und die verhinderte, daß man selbst in langen und bösartigen Kriegen – wie dem Dreißigjährigen im 17. Jahrhundert – niemals bis an die Grenze der Vernichtung des Gegners gegangen war, war jedoch allen Kriegführenden verloren gegangen. Auch hier dürfen wir nicht vergessen, daß die beispiellose Judenvernichtung zuvor schon alle Schranken der Gesittung und der ratio zerbrochen hatte. Die Rechnung war jedoch in jedem Fall falsch, denn eines Tages würden die Deutschen auf die Bühne der Geschichte zurückkehren (wie es künftig auch die Russen tun werden!) und zum anderen lieferte man sich in jener Geschichtsstunde durch diesen Akt des totalen Bruchs mit den Deutschen der Stalin'schen Politik aus, dessen Armeen ohnehin schon an der Elbe standen und dem eine Tschechoslowakei, die eine deutsche Rache fürchten mußte, hochwillkommen war, weil der Akt der Vertreibung der Deutschen die Tschechen dann auch psychisch in den Osten einbinden würde. Er revidierte in der Tat – wie Gottwald 1945 sagte – tausend Jahre böhmischer Geschichte. Der *zweite* Schluß, den Beneš und seine Mitarbeiter zogen, war schlicht lächerlich, es war der Irrtum eines blassen Gedankens aus der Studierstube. Man kann ihn nur als Selbstbetrug bezeichnen. Bewußt der gewaltigen sowjetischen Macht, der man sich ausgeliefert hatte, um die Zustimmung Moskaus zur Vertreibung der Deutschen zu erreichen und bewußt auch der latenten Widersprüche zwischen West und Ost und der Möglichkeit eines neuen großen Konfliktes, boten die tschechischen Politiker ihren Staat aus Selbsterhaltungsgründen als *Brücke zwischen West und Ost* an. Auch hier die totale Fehlkalkulation des Intellektuellen, der an die großen Worte glaubt und der nicht begriff, daß in der Politik nicht nur Verträge, guter Wille und demokratische Absichten genügen, sondern, daß man auch substantielle Macht haben muß. Die Funktion einer Brücke zwischen West und Ost hätte vielleicht ganz Mitteleuropa spielen können, wenn die Deutschen darin einbezogen gewesen wären, niemals aber konnte die Tschechoslowakei, allein schon wegen ihres Mangels an Macht, diese Aufgabe leisten. Der Traum zerplatzte, als man der Tschechoslowakei in Moskau verweigerte, am Marshallplan teilzunehmen. Noch unsinniger zeigt sich dieses Konzept in seiner anti-deutschen Dimension. Die Brücke zwischen West und Ost sollte das Kriegsbündnis der Alliierten gegen Deutschland verewigen. Also eine schwächliche Brücke über ein Vakuum, das Deutschland hieß und das Vakuum bleiben sollte, weil das den tschechischen Interessen entsprach. Das war der Zweck. Die Geschichte, die unter anderem eben auch Geschichte von Machtrelationen ist, duldet aber kein Vakuum und nimmt auf Wunschdenken keine Rücksicht. Das Kriegsbündnis war in dem Moment zum Tod verurteilt, als der gemeinsame Gegner abtrat. Es ging den großen Mächten nun nicht darum, einen für die tschechische Politik günstigen status quo wie nach dem Ersten Weltkrieg wenigstens zwanzig Jahre zu erhalten, sondern es begann das Ringen, auf welche Weise man die Deutschen für sich gewinnen und in den neuen Machtkampf gegeneinander einbauen konnte, bereits zwei Jahre später. Was also von diesen Konzepten

„großer" Staatsmänner real übrig blieb, waren lediglich zwei Verlierer: Die Sudetendeutschen, die ihre Heimat und die Tschechen, die zum zweiten Mal ihre Selbstbestimmung verloren.

Rund vier Jahrzehnte dauerte dieser Zustand und dann brach die Weltordnung von Jalta und damit die Teilung Europas und Deutschlands nahezu über Nacht und ohne Krieg zusammen. Was Menschen, die sich in irgendeinem status quo gut eingerichtet haben und was Staatsmänner, die ihn immer für das letzte Wort der Geschichte halten, fast nie erkennen bzw. wahrhaben wollen, ist jene Grundwahrheit der Geschichte: *Nichts ist ewig, das Rad dreht sich immer weiter.* Das in Frage stellen zu wollen, wäre töricht. Worauf es ankommt ist, jenseits des eigenen Wunschdenkens, zu analysieren, *was die jeweils neue Lage bedeutet, welche Chancen und welche Gefahren sie bietet und, wichtiger noch, worin – im Sinne der Toynbee'schen Challenge and Response – die eigentliche Herausforderung einer neuen Zeit besteht und wie wir darauf antworten sollten.* Denn um eine Neue Zeit wird es sich handeln. Die eingangs aufgezeigten Zäsuren 1918, 1938 und 1945 waren nur Einschnitte innerhalb eines viel größeren Zeitraumes, der um die Wende vom 18. zum 19. Jahrhundert mit der Auflösung des letzten Rests des Sacrum Imperium Romanum durch die Wucht der Angriffe der napoleonischen Armeen und die Sprengkraft der Ideen der Französischen Revolution begann, über den Irrweg des deutschen Nationalstaates in der deutschen Selbstzerstörung der Mitte Europas gipfelte und dann in die Teilung Europas, des abendländischen Kulturkreises, und die machtpolitische Leichenstarre der Beherrschung durch die globalen Flankenmächte in West und Ost führte. Was immer in diesen vier Jahrzehnten in Europa geschehen sein mag (und es war durchaus nicht wenig) und was immer davon vielleicht auch bleiben wird, im Grunde *steht seit 1989* alles wieder zur Debatte, ist alles offen, nicht nur das der letzten siebzig Jahre, sondern ganzer 200 Jahre. Leute, die nur in Begriffen des Machterhalts oder der Machteroberung in Perioden von jeweils vier Jahren denken, die sogenannten Realisten, können das kaum begreifen. Sei's drum. Die Gefahr besteht allerdings, daß eine kurzatmige Politik auch zu kurze Entscheidungen trifft und den Sinn der Herausforderung verfehlt.

Welche großen Fragen und Probleme stehen an? Nicht Maastricht oder Kontra-Maastricht, denn in irgendeiner Form wird sich Europa in jedem Fall vereinen. Nicht NATO oder Partnership for Peace, denn unausweichlich wird sich aus beiden früher oder später ein neues Europäisches Sicherheitssystem ergeben. Nicht pure und globale kapitalistische Marktwirtschaft oder europäische soziale Marktwirtschaft, auch nicht irgendein theoretischer Dritter Weg, denn aus den wirtschaftlichen und sozialen Zwängen in West und Ost unseres Kontinents werden sich in lebendiger Auseinandersetzung neue Formen entwickeln. Das alles sind nur Vordergründe. Die eigentlichen Fragen lauten anders:

Erstens: Die Europäische Mitte ist nach zwei Weltkriegen in statu nascendi wieder hier und verändert die Gleichgewichte, wie es immer schon durch ihre alleinige Existenz geschah. Gesundbeten wie es die Deutschen heute tun, indem sie sich als total kastrierte und eingebundene Kleinbürger im Sinne der NATO oder Europas der mißtrauischen Mitwelt präsentieren und dabei ständig Asche auf den Kopf streuen, hilft hier nicht mehr lange. Denn glaubt man nach dieser grundlegenden Veränderung der Lage den Deutschen diese Machtabstinenz künftig? Alles wird von der konkreten Frage abhängen: Welche Form wird diese Mitte annehmen? Wie wird ihr inneres Verhältnis, der Staaten und Völker der Mitte zueinander, sein? In erster Linie das deutsch-polnische und das deutsch-tschechische.

Zweitens: Die Europäische Mitte verschiebt nolens volens die europäischen Schwerpunkte und Kraftlinien, z.B. vom Rhein nach Osten. Bedeutet das eine Schwächung des bisherigen deutsch-französischen Verhältnisses oder wird gerade eine unauflösliche deutsch-französische Gemeinschaft zu jener unerläßlichen Bürgschaft des Friedens und der Verhinderung der Wiederkehr nationaler Hegemonien und Konfrontationen in der Mitte?

Drittens: Die Europäische Mitte stellt das Verhältnis zu Rußland neu. Wird es nur im alten Sinne von Tauroggen und Rapallo eine neue Achse Berlin-Moskau geben oder entsteht hier eine neue Form der Sicherheit und der Kooperation, die alle Staaten und Völker der Mitte als Gleichberechtigte mit einschließt, *gemeinsam* die Beziehungen zu Rußland regelt und darüber hinaus vor allem Frankreich und durch Frankreich die anderen Staaten West-, Süd- und Nordeuropas einbindet?

Viertens: gegenüber der östlichen Nuklearmacht konnte sich Europa nur durch das Bündnis mit den USA halten. Nach dem Zusammenbruch der Sowjetunion sind die USA die alleinige wirkliche Globalmacht geworden. Heißt das nun, daß Europa auf immer der Vasall dieser Globalmacht bleiben muß und in diesem Fall – nicht zuletzt von der Mitte her – die Aufgabe hat, Rußland auszugrenzen und im Zaum zu halten? Das würde in eine neue Konfrontation führen. Oder setzt der Frieden in Europa nicht nur ein neues Verhältnis zu Rußland, sondern auch zu den USA voraus? Kann es Frieden geben, wenn hier nicht eine Dreierbalance entsteht, in der Europa seinen vollen und gleichberechtigten Part spielt? Und auch hier wird die Einstellung der Mitte sehr wesentlich werden, ja sogar möglicherweise den Anstoß geben, denn ihre Sicherheitsinteressen stehen direkt auf dem Spiel.

Fünftens: In zwei Weltkriegen hat Europa weltpolitisch abgedankt und die Gewichte der Macht haben sich auf die beiden globalen Flankenmächte in West und Ost verschoben. Allein schon deshalb, weil die eine Globalmacht als Globalmacht, wenn auch nicht als Großmacht, verschwunden ist, kann es nicht so bleiben wie es in den letzten vier Jahrzehnten war. Auch läßt sich Jalta unter keinen Umständen mehr erneuern. Wer das in West oder Ost versuchen wollte, verliert die Europäer total und über Nacht. Gleichzeitig ist in diesem letzten halben Jahrhundert die politische Bühne selbst zu einer globalen geworden. Nichts mehr kann in der Zukunft allein in der nördlichen Hemisphäre entschieden werden. Andererseits zeigen sich viele Anzeichen, daß die Gefahr besteht, daß die bisherige West-Ost- Konfrontation durch eine zwischen Nord und Süd abgelöst werden kann, die vermutlich noch viel gefährlicher sein wird als die vergangene, weil sie kaum kontrolliert werden kann und voller Zündstoff ist. In West und Ost will man uns einreden, daß dieser Konflikt unvermeidlich ist und sich vor allem auf den Islam als Gegner konzentrieren wird. Aber auch hier sollte Europa, anstatt anderen die Kastanien aus dem Feuer holen, *sein eigenes Wort sagen und im Süden nicht den Gegner von morgen, sondern den Partner von morgen suchen.* Auch hier kann die in dieser Frage unbelastete Mitte große Bedeutung als Vermittler erlangen. Wenn alles darauf hindeutet, daß Europa machtpolitisch auf die Bühne der Handelnden zurückkehrt, so ist vielleicht noch wichtiger *mit welchen Konzepten* in globaler Hinsicht dieses Europa noch einmal antritt, weil es seine letzte Chance sein wird. Aus all dem ist ersichtlich, vor welcher Zeitenwende wir in der Tat stehen und daß sehr viel davon mit der Form und der Zukunft der Mitte selbst verbunden sein wird.

In diese neue Gesamtsituation ist also die ererbte deutsch- tschechische Frage eingebettet. Damit bekommt sie eine ganz neue Qualität: nämlich die der Notwendigkeit, beispielhaft Frieden zu schließen, um dadurch das Entstehen einer qualitativ anderen Mitte überhaupt zu ermöglichen. Geerbt haben wir beide – Sudetendeutsche und Tschechen – ein Trauma: Die Sudetendeutschen die Erfahrung eines versuchten Genozids; die Tschechen die gefühlte Gefahr des Untergangs; denn sie waren der politischen Auslöschung von deutscher Hand in ihrer ganzen tausendjährigen Geschichte noch niemals so nahe wie damals. Wenn das die einzige Erfahrung auf beiden Seiten bleibt, wird die Chance eines ganz neuen Anfangs vorübergehen. Die Sudetendeutschen werden endgültig im deutschen Volk verschwinden und die Tschechen werden, wie immer sich die Dinge ergeben, sich den machtpolitischen Schwergewichten anpassen müssen, sie werden keine Rolle von Bedeutung mehr spielen.

Andererseits: sie müßten beide über ihren Schatten springen, wenn sie diesen Frieden schaffen wollen. Die Sudetendeutschen müßten begreifen, daß man nach einer Katastrophe vom Ausmaße des Zweiten Weltkrieges nicht mehr zu irgendeinem status quo ante zurückkehren kann, so als ob dieser Krieg nicht stattgefunden hätte. Das Unrecht läßt sich dadurch zwar nicht rechtfertigen, es bleibt ein Unrecht, aber das „alte Recht" läßt sich auch nicht wiederherstellen. Umgekehrt: die Tschechen dürften – aus Angst vor der Geltendmachung des deutschen Rechts – auch keine Haltung einnehmen, so als ob von ihrer Seite nichts von Belang geschehen sei, so als ob es darüber überhaupt nichts mehr zu reden gäbe, so als ob die Liquidierung der Volksgruppe durch die Vertreibung ein Kriegsakt gewesen sei, über den man eben die Akten schließen müsse. *Es war kein Kriegsakt, sondern nur ein Teil einer eskalierenden Auseinandersetzung, die sogar ins vorige Jahrhundert zurückreicht und bei der die beiden Kriege nur die Rolle eines Katalysators spielten.* Die Rolle der ausschließlichen Verknüpfung mit dem Krieg mag weitgehend im deutsch-polnischen Fall zutreffen, im deutsch-tschechischen stimmt sie nicht. Dieses Problem war vorher hier und es ist auch nachher hier, und wie die Tatsachen zeigen, bis in die Gegenwart. Es hat aber eine neue Qualität bekommen. Es geht nicht mehr um den Volkstumskampf wie in den letzten hundert Jahren. Es geht auch nicht mehr um alte oder neue territoriale Abgrenzungen wie in diesem Jahrhundert. Ja es geht sogar nicht einmal um gegenseitige Anklagen, Rechtfertigungen, Schuld, Beschuldigungen und Entschuldigungen. Es geht darum, daß im Zuge der unaufhaltsamen Wiederkehr der Mitte Europas in die Geschichte Sudetendeutsche und Tschechen eine *exemplarische Friedensaufgabe* haben, die ihnen niemand abnehmen kann. Nur sie beide können zusammen das Zeichen setzen, daß diese Mitte etwas ganz anderes sein wird als sie unter nationalem und nationalistischem Vorzeichen bisher war: keine chasse gardée für die Deutschen, auch kein Raum, in dem durch wechselnde Bündnisse gesamteuropäische Kontroversen ausgetragen werden, sondern eine neue/alte *Gemeinschaft der Friedens- und Rechtswahrung.* Es muß einen Weg geben, unseren Streit von hundert Jahren zu begraben, und zwar *einvernehmlich* zu begraben. Nur dann kehren die Gespenster der Vergangenheit nicht mehr zurück. Wie kann das geschehen?

VII. Versuche, Fehlschläge, Sackgassen

Als 1989/90 die west-östliche Trennung in der Mitte Europas fiel, d.h. das Nachkriegssystem von Jalta endgültig zusammenbrach, mußten die staatlichen deutsch-tschechischen (damals noch deutsch- tschechoslowakischen) Beziehungen nach der deutschen Wiedervereinigung neugeordnet werden. Damit tauchte das Problem der Sudetendeutschen wieder auf. Es hatte sich nicht von selbst durch Zeitablauf gelöst, wie man in der Tschechoslowakei stets gehofft hatte und wie es auch der Vertreibungsplanung entsprach. Obgleich auch die deutsche Politik es eher als eine überflüssige Belastung ansah und vor den Wahlterminen (von Ausnahmen abgesehen) ihre Unterstützung für die Sudetendeutschen mehr heuchelte als ernst meinte, über den versuchten Genozid von 1945/46 war kein Gras gewachsen. Die vertriebene und über alle deutschen Länder zerstreute Volksgruppe hatte sich in den vergangenen vier Jahrzehnten organisiert und in fast allen Parteien Fuß gefaßt. Die Tatsache blieb bestehen: Das Problem verschwand nicht von der Bühne. Dazu kam noch eine unbeabsichtigte Nebenwirkung der tschechischen Vertreibungspolitik: Die über fast das ganz zerstörte Deutschland zerstreuten Sudetendeutschen, die ohne jede Vermögensreserven oder sonstigen Rückhalt eine neue Existenz aufbauen mußten, um zu überleben, entwickelten eine unerhörte Dynamik und infiltrierten so die gesamte Staats-, Gesellschafts- und Wirtschaftsstruktur Deutschlands. Überall in Bund und Ländern sind daher auf fast allen Ebenen Sudetendeutsche oder Abkömmlinge von Sudetendeutschen anzutreffen. Auch wenn ein Großteil davon nicht in der Landsmannschaft oder anderen sudetendeutschen Gruppen organisiert sein mag, sie bleiben sich ihrer Herkunft bewußt und sie reagieren empfindlich und manchmal auch vehement, sobald von außen oder von innen Bestrebungen auftauchen, das Unrecht von 1945 zu legalisieren, wobei es gar nicht um Rückkehrforderungen geht, sondern eher um eine tiefsitzende Verletzung des Rechtsbewußtseins. Genau besehen, hat die Politik Beneš's daher das Problem der Deutschen der böhmischen Länder durch die Vertreibung nicht gelöst, sondern nur *verlagert und verschoben*. Verlagert mit der Zerstreuung auf ganz Deutschland und verschoben auf jene Zeit, in der Deutschland wieder auf die weltpolitische Bühne zurückkehren und die deutsche Innenpolitik wie überall in den Demokratien außenpolitische Wirkungen nach sich ziehen würde. Unter diesem Gesichtspunkt ist nun in der Entwicklung der letzten fünfzig Jahre zu prüfen, welche Versuche gemacht wurden, diese Frage zu lösen bzw. aus der Welt zu schaffen, welche Fehlschläge dabei eintraten und in welche Sackgassen man schließlich geriet.

Solange Europa und Deutschland in West und Ost geteilt waren und sich die beiden Militärbündnisse an der Teilungslinie mit der Waffe in der Hand gegenüberstanden, gab es praktisch kein sudetendeutsches Problem. Alles was zur Sudetenfrage auf beiden Seiten gesagt wurde, war politisch-ideologische Rhetorik, ohne jedes Resultat. Auf der einen Seite forderte man Menschenrechte ein, insbesondere das Heimatrecht und das Selbstbestimmungsrecht, auf der anderen Seite sprach man vom Revanchismus. Real war nur die Organisierung der Volksgruppe in einem großen Verband, der Sudetendeutschen Landsmannschaft, die jedes Jahr zu Pfingsten zwischen 100- und 300.000 Landsleute zu einer Protestkundgebung zusammenführte, die an Umfang zumeist den der Kirchentage und der Großkundgebungen der Gewerkschaften übertraf. Verbunden war diese politisch-organisatorische Leistung zur Erhaltung der Volksgruppe vor allem mit dem ersten Nachkriegssprecher der Sudetendeutschen, Dr. Rudolf Lodgman von Auen, der von vornherein auf die landsmannschaftliche Struktur der Vertriebenen setzte und sie im Gesamtbereich aller Vertriebenen durchsetzte und nicht auf einen Zentralverband aller Vertriebenen ohne Unterschied der Herkunft, sozusagen dem sozialen Sprengstoff einer riesigen „Vertriebenengewerkschaft", die zwar eine größere Wucht in der Durchsetzung der sozialen Forderungen im Eingliederungsprozeß gehabt, mit der erfolgreichen Integration aber auch sein natürliches Ende gefunden hätte. Die Landsmannschaften wurden daher innenpolitisch zu einem eher konservativen und nicht sozialrevolutionären Element, lediglich außenpolitisch zu einem Druckmittel. Bundeskanzler Konrad Adenauer sah beides sehr gerne, da es im Horizont seiner eigenen Vorstellungen blieb: innenpolitische Konsolidierung und außenpolitischer Druck auf den sowjetischen Osten im Sinne des Bündnisses. Aber auch diese landsmannschaftliche Politik konnte nach Lage der Dinge über die Anmeldung ihrer Rechtsforderungen und deren Wiederholung Jahr für Jahr hinaus, nichts weiter erzielen, bzw. nur das eine: die vertriebene und zerstreute Volksgruppe politisch am Leben zu erhalten und ihre Kontakte im In- und Ausland auszubauen.

Diese politische Existenz blieb aber ein möglicher Sprengstoff für die Träger staatlicher Politik in Ost wie in West. Man versuchte zunächst im Osten die Frage mit einem Federstrich in der Manier allmächtiger Polit-Funktionäre aus der Welt zu schaffen. Der entstehende Warschauer Pakt benötigte die Kooperation von Deutschen und Tschechen in seinem Rahmen. Diese Kooperation durfte nicht mit der Vergangenheit belastet werden. Also wurde dieses Problem einfach geleugnet, nach dem bekannten Spottvers: „Also schließt er messerscharf, nicht sein kann, was nicht sein darf." Das war der erste Nachkriegsvertrag zwischen der Tschechoslowakei und einem deutschen Staat, der DDR, das Prager Abkommen vom 23. Juni 1950. Es dekretierte, daß die „Umsiedlung der Deutschen aus der Tschechoslowakischen Republik *unabänderlich, gerecht und endgültig gelöst*" sei. Das Resultat war ein Aufschrei der Bundesrepublik Deutschland und die erste große Solidarisierung der deutschen Nation mit den Sudetendeutschen. In der sogenannten *„Obhutserklärung"* vom 14. Juli 1950 verkündeten Bundesregierung und Bundestag (dieser mit 350 Stimmen gegen die alleinigen der 15 Kommunisten), daß dieser Vertrag nichtig sei und erhob „feierlich Einspruch gegen die Preisgabe des Heimatrechtes der in die Obhut der Deutschen Bundesrepublik gegebenen Deutschen aus der Tschechoslowakei".

1973, fünf Jahre nach dem Prager Frühling kam es zum zweiten Vertrag, diesmal mit dem westlichen deutschen Staat. Die Zeichen standen in West und Ost wieder auf Normalisierung der Beziehungen. Damit trafen sich deutsche und sowjetische Interessen, die Lage in Mitteleuropa zu stabilisieren und zu entspannen. Der deutsch-tschechoslowakische Vertrag vom 20. Juni 1973 war ein Teilaspekt dieser neuen Situation. Die tschechoslowakische Regierung versuchte dabei soviel wie möglich für sich herauszuholen und ihre alte These, die ihr 1945 den Zugriff auf die Sudetendeutschen ermöglicht hatte, durchzusetzen, nämlich *daß es „München 1938" rechtlich nie gegeben habe, d.h. daß das Münchner Abkommen ab initio (ex tunc), d.h. von Anfang an niemals gültig gewesen sei.* (Was keine bloße juristische Spielerei war, sondern bedeutet hätte, daß die Sudetendeutschen 1938 rechtlich auch keine deutschen Staatsbürger geworden wären und daher hochverräterisch in der deutschen Wehrmacht gedient hätten und als Hochverräter zur Recht ausgewiesen worden wären.) Im Gegensatz zum Vertrag von 1950 wurde aber von den Sudetendeutschen überhaupt nicht gesprochen, weil Prag keine Chance sah, eine Anerkennung der Vertreibung durchzusetzen und die Bundesrepublik das Problem der Normalisierung der Beziehungen in diesem Zeitpunkt mit dieser Frage nicht belasten wollte. Prag konnte aber auch die Annullierung Münchens ex tunc nicht erreichen. Der Vertrag beschränkte sich auf den Widerruf des Münchner Abkommens, ohne daß man sich auf einen Zeitpunkt hätte einigen können, ab wann „München" später ungültig geworden sei. Das ist die deutsche Position bis zum heutigen Tag. Die Sudetendeutschen brachten gegen den Vertrag eine Verfassungsbeschwerde ein (um dessen Ratifizierung zu verhindern), mit der Begründung, daß durch ihn ihre Eigentumsrechte verletzt worden seien. Der Erste

Senat des Bundesverfassungsgerichts der Bundesrepublik Deutschland wies zwar diese Beschwerde zurück, stellte aber gleichzeitig fest, daß eine „*Legalisierung der (gegen die Sudetendeutschen gerichteten) tschechoslowakischen Konfiskationsmaßnahmen im Zusammenhang mit dem Vertrag nicht stattgefunden habe*". Es blieb somit alles offen.

Diese früheren Verträge mit den beiden deutschen Teilstaaten fielen noch in die Epoche des Systems von Jalta. Sie hatten deshalb versucht, entweder das sudetendeutsche Problem mit einem einzigen Satz aus der Welt zu schaffen, oder es aus den Beziehungen auszuklammern und nur auf den Widerruf des Münchner Abkommens von 1938 zu reduzieren. Beide staatlichen Versuche lösten wie ausgeführt in Wirklichkeit also nichts.

Der Deutsch-tschechoslowakische Nachbarschaftsvertrag von 1992, der erstmals die Chance hatte, frei von den Zwängen der großen Bündnisstrukturen und ihrer Konfrontation der Vergangenheit das deutsch-tschechische Verhältnis zu regeln, blieb trotz vieler guter Ansätze über die künftige Zusammenarbeit beider Staaten immer noch in der alten Linie des Ausweichens vor dem Problem. Der Regierung in Prag ging es darum, diese Frage – wie 1950 – aus der Themenliste der deutsch-tschechischen Beziehungen zu streichen und der Regierung in Bonn, über eine offenkundige und real vorhandene innen- und außenpolitische Streitfrage mit bloßen Formeln hinwegzugleiten; eine innere Beziehung zu diesem Problem bestand nicht. Wie zu erwarten, begründete der Vertrag daher keinen wirklichen Frieden, sondern war das, was man im allgemeinen Sprachgebrauch als „weder Fisch noch Fleisch" bezeichnet. Er öffnete eher die Tür für neue Auseinandersetzungen, was sich in den letzten Jahren darin zeigt, daß die Beziehungen Deutschlands zu allen anderen mitteleuropäischen Nachbarstaaten, den Polen, den Ungarn, den Slowaken weitaus problemloser und freundschaftlicher sind als zur Tschechischen Republik. In der Präambel des Vertrags sprach man zwar erstmals auch von der „Vertreibung" und wiederum von der „Nichtigkeit des Münchner Abkommens" unter bezug auf den Vertrag von 1973, aber dann schrumpfte das ganze Problem auf einen Briefwechsel der beiden Außenminister im Zusammenhang mit den Vertragsverhandlungen zusammen, in dem erklärt wurde:

„1. ... daß die in Artikel 10 erwähnte Perspektive der vollen Eingliederung der CSFR in die Europäischen Gemeinschaften in wachsendem Maße die Möglichkeit schaffen wird, daß sich auch Bürger der Bundesrepublik Deutschland in der Tschechischen und Slowakischen Föderativen Republik niederlassen können.
2. Beide Seiten erklären übereinstimmend: Dieser Vertrag befaßt sich nicht mit Vermögensfragen"

Im Klartext: Die Bundesregierung vermied schamhaft von „Sudetendeutschen" auch nur zu sprechen und verwies in puncto der Vertreibung – der „ethnischen Säuberung" von heute, des „Transfers" von 1945/46, um die beiden Verharmlosungsbegriffe für ein unbestreitbares völkerrechtliches Unrecht, das den Tatbestand des Genozid erfüllt, anzuführen – auf das bloße *Recht der allgemeinen europäischen Freizügigkeit, sobald der tschechische Staat der Europäischen Gemeinschaft angehören würde und weiter darauf, daß über vermögensrechtliche Fragen* – den Raub des Besitzes von über drei Millionen Menschen – *gar nichts ausgesagt werde* (kann man künftig vielleicht auch die bosnische Frage durch solche „diplomatische Wunderrezepte" lösen?). In jedem Fall konnte man das dann nach Belieben auslegen: Sei es, daß diese Frage offen blieb, sei es, daß sie kein Verhandlungsgegenstand mehr sein würde. Kein Wunder, daß mit diesem Vertrag, außer dem deutschen Außenminister Hans-Dietrich Genscher, der ihn als prächtiges Glied in seiner Kette diplomatischer Erfolge einschätzte, niemand zufrieden war. Das tschechoslowakische Außenministerium leitete hinsichtlich der Ratifizierungsdebatte einen Motivenbericht an das Parlament, der starken Anklang an das Prager Abkommen von 1950 hatte und dessen Vertragsauslegung der Deutsche Bundestag zurückwies und die Volksgruppenorganisation der Sudetendeutschen in der Bundesrepublik, die Sudetendeutsche Landsmannschaft, lehnte ihn im Bausch und Bogen ab. Es gab einige sudetendeutsche Organisationen wie die katholische Ackermann-Gemeinde und die sozialdemokratische Seliger-Gemeinde, die dem Vertrag zustimmten. Auch der Autor dieses Buches sprach sich aufgrund von Art. XIII *des Vertrags, der eine grenzüberschreitende regionale Zusammenarbeit von Deutschen und Tschechen vorsah*, für den Vertrag aus, muß aber heute zwei Jahre nach dem Wechsel in der tschechischen Regierung von Ministerpräsident Pithart zu Ministerpräsident Klaus feststellen, daß man in Prag *selbst diese Möglichkeit der Verständigung und Versöhnung blockiert*.

Zusammenfassend: Der Vertrag von 1992 begründet keinen Frieden, sondern ist eine „diplomatisch-papierene" Antwort auf eine Frage, die nicht nur weit in die Geschichte zurückreicht, sondern auch heute und morgen eine beträchtliche Bedeutung für die Mitte Europas haben kann und die mit bloßen diplomatischen und juristischen Spielchen nicht von der Stelle zu bewegen ist.

Wenn Diplomaten und Parteipolitiker auf beiden Seiten der neuen Lage nicht gerecht wurden, so wohl deshalb, weil auf keiner Seite in dieser Frage wirklich ein Fundament und eine Strategie zur Lösung vorhanden war. Tschechischerseits wiegte man sich in der Hoffnung, nun als brave Demokraten die Chance des „tlustá čára" (des „dicken Strichs") unter das ganze Problem zu bekommen und Genscher lag die sudetendeutsche Frage so fern wie Haiti. Der tschechische Ministerpräsident Pithart dachte wohl anders, aber er war nicht zuständig, sondern der tschechoslowakische Premier. Nur Staatspräsident Havel blieb seiner inneren Richtschnur „In der Wahrheit leben" treu und schrieb im Herbst 1989 noch als Privatmann jenen Brief an Bundespräsident Richard von Weizsäcker, in dem er die Vertreibung der Sudetendeutschen *„als unmoralisch und ein durch nichts zu rechtfertigendes Unrecht"* bezeichnete. Er hat dieses Urteil auch als Staatspräsident über alle Anfeindungen im eigenen Lager hinweg aufrechterhalten. Seine tschechischen Gegner, vorweg die Kommunisten, legten ihm diese Aussage über die Vertreibung dahingehend aus, daß *„er sich bei den Sudetendeutschen entschuldigt"* habe. Davon aber kann keine Rede sein, da er das Wort „omluva" (Entschuldigung) oder „omlouvám se" in keinem Fall ausgesprochen hatte. Er hatte nur eines getan, und das wird im wirklichen Friedensprozeß nach wie vor eine riesige Wirkung haben: er hat im tschechischen Volk das Tabu über die Vertreibung gebrochen. Er hat der Wahrheit die Ehre gegeben, wie es seinem Charakter entsprach. Es wird die Zeit kommen, wo man das ringsum als staatsmännische Tat und Initialzündung würdigen wird. Damals aber überwogen auf tschechischer Seite die Anfeindungen, die Unterstellung einer Entschuldigung und die Vorwürfe, und auf sudetendeutscher die *irrtümliche Erwartung, daß nun die Verhandlungen über die Rückkehr in die Heimat und die Rückgabe des Besitzes oder Entschädigungen folgen müsse.* Der geschichtlichen Stunde wurde außer Havel keine Seite gerecht. Die Sudetendeutschen bekannten nicht den eigenen Irrweg, sie forderten „ihr Pfund Fleisch". Das Ergebnis waren zunächst Enttäuschungen, auch wenn es nicht stimmt, daß alles anders gekommen wäre, wenn der Havel'schen Aussage über die Vertreibung eine sudetendeutsche Entschuldigung für „München" und alles was Deutsche den Tschechen angetan hatten, gefolgt wäre. Diese Entschuldigung sprach der deutsche Bundespräsident im März 1990 auf der Prager Burg. Die Lage blieb die gleiche. Es stimmt zwar: Ohne Wahrheit kein Friede. Es stimmt aber ebenso: Nicht Kniefälle lösen die geschichtlichen Fragen (obwohl das ein bundesrepublikanisches Axiom zu sein scheint), sondern klare Abmachungen, die keine Zweideutigkeiten mehr zulassen und den Weg in die Zusammenarbeit öffnen.

Wieder muß man sagen, daß Václav Havel ganz und gar nicht jener Intellektueller war und ist, der Moral mit Politik verwechselt. Er machte zur Zeit der Ministerpräsidentschaft von Petr Pithart dem deutschen Bundeskanzler einen Vorschlag, der vielleicht das Problem mit einem Schlag gelöst hätte: Informationen aus politischen Kreisen zufolge, war daran gedacht, jedem Sudetendeutschen, der es wollte, die tschechische Staatsbürgerschaft zurückzugeben und zwar bei Beibehaltung der deutschen Staatsbürgerschaft. Als tschechische Staatsbürger hätten sie wieder Eigentum in der Republik erwerben und bei der sogenannten Kleinen Privatisierung, der Versteigerung sudetendeutschen Privatbesitzes, mitbieten können. Die Bedingung war, daß sie vorweg auf ihren früheren Eigentumstitel verzichteten. Die Sache klingt kompliziert, wäre aber realisierbar gewesen. Wer wirklich interessiert gewesen wäre, zurückzukehren, hätte aufgrund der Stärke der D-Mark verhältnismäßig leicht seinen ehemaligen Besitz zurückkaufen können, ohne daß tschechische Eigentümer geschädigt worden wären, denn zur Debatte stand ja nur die Versteigerung von Eigentum, das sich im Besitz des Staates befand. Die deutsche Bundesregierung hat niemals über diesen Vorschlag verhandelt, ja sie hat diesen Vorschlag nicht einmal an die Sudetendeutschen weitergegeben, angeblich weil damit „unzumutbare Bedingungen für die Sudetendeutschen" verbunden waren. Die Wahrheit ist anders: Man hat diesen Vorschlag nicht an die Sudetendeutschen weitergegeben, weil man damit rechnen mußte, daß diese den Vorschlag Havels angenommen hätten und weil diese Annahme entscheidenden Einfluß auf die innerdeutsche Diskussion um das Problem der Doppelten Staatsbürgerschaft für Ausländer in der Bundesrepublik gehabt hätte. Er wäre zum Durchbruch für die Auffassung der Opposition in dieser Frage geworden. Und das schien wichtiger als die Lösung eines Friedensproblems in der Mitte Europas. Nach einiger Zeit sickerten Teile des Vorschlags in die deutsche Presse durch und riefen natürlich in Prag ein Dementi hervor. Aber Dementis sind billig, wenn das Kind in den Brunnen gefallen ist. Die Bundesregierung äußerte sich nicht, wie sie ja auch den Vorschlag Havels unbeantwortet gelassen hatte. Bemerkenswert ist auch, daß die Sudetendeutsche Landsmannschaft keinen Versuch gemacht hatte, diese Sache in Bonn aufzuklären. Wahrscheinlich waren ihr die guten Beziehungen zur CDU (die CSU war damit nicht befaßt) lieber als die Wahrheit ans Tageslicht zu bringen, umso mehr als Havel ideell einen Eigentumsverzicht, wenn auch gegen praktische Zugeständnisse, vorschlug und das in der Landsmannschaft, der man Jahr für Jahr „Rückgabe oder Entschädigung" verkündete, schwer zu verkaufen war. Damit war ein mutiger Versuch von tschechischer Seite erledigt.

Es gab einen zweiten Versuch, an dem der Autor dieses Buches und der damalige tschechische Ministerpräsident, Petr Pithart, beteiligt waren, nicht aber die Landsmannschaft, die sich erst dazu äußerte als er schon gescheitert war. Es war der Gedanke, im Dreiländer-Dreieck Bayern, Böhmen und Sachsen eine grenzüberschreitende deutsch-tschechische Euregio – wie im deutsch-holländischen Falle und im deutsch-schweizer-französischen Falle der Regio Basilensis und an einer Reihe anderer Orte an den Binnengrenzen der EU – ins Leben zu rufen. Das würde auf beiden Seiten ein Verband der Kommunen und Landkreise sein, die intensiv zugunsten der Region zusammenwirken und der nach deutsch-holländischem Vorbild institutionalisiert würde. Der Gedanke war weiter, daß hier ein *Modell der deutsch-tschechischen Versöhnung* im verhältnismäßig kleinen regionalen Bereich geschaffen und erprobt werden könne. Sowohl der tschechische Ministerpräsident Pithart als auch die Kommunen auf beiden Seiten, als auch die von dort vertriebenen Egerländer stimmten zu. Die Euregio wurde gegründet und man gab ihr unter Zustimmung der Tschechen den Namen

„*Euregio Egrensis*", ein Zugeständnis der Tschechen an die deutschen Egerländer. „Egrensis" wurde sie deshalb genannt, weil es vor 800 Jahren schon einmal eine „Regio Egrensis" gab, die staufischer Hausbesitz war und mit der die beiden größten Stauferkaiser, Friedrich Barbarossa und Friedrich der II. (von Sizilien) persönlich verbunden waren und große Dinge vorhatten. Die Euregio Egrensis und der Gedanke, dort auch ein Modell der Versöhnung zu schaffen, hatte nicht nur die Zustimmung des damaligen tschechischen Ministerpräsidenten Pithart, sondern auch die des Bundeskanzlers, des Bundesaußenministers Kinkel sowie der bayerischen und sächsischen Ministerpräsidenten. Der Autor dieses Buches schlug bereits bei der Gründung der Euregio Egrensis einen Plan vor, der das Hindernis der Eigentumstitel und der Entschädigungsforderungen von sudetendeutscher Seite entschärfen würde. Der Gedanke war, daß die tschechische Regierung die Einnahmen aus der Versteigerung des sudetendeutschen Eigentums aus dieser Region in einen gemeinsamen regionalen Entwicklungsfonds beider Staaten einbringen würde, der dann zusätzlich mit deutschem Kapital ausgestattet werden sollte. Dieser Entwicklungsfonds würde dann Obligationen ausgeben, sowohl an die tschechischen Bewohner dieser Region als auch an die ehemaligen deutschen Egerländer, auf die ihre Forderungen angerechnet würden. Bei der Entwicklung der Region, an der beide Staaten Interesse haben würden – es wäre sozusagen ein „Singapur" vor der deutschen Haustür, wenngleich mit anderen Strukturen -, würden diese Obligationen an beträchtlichem Wert für alle gewinnen. Allein die *Neue Zürcher Zeitung* (NZZ) begriff, welche Chancen hier verborgen lagen. In einem ganzseitigen Artikel vom 8. August 1992 schrieb sie unter dem Titel „Das Grenzgebiet zwischen Böhmen, Bayern und Sachsen – Ost-West-Verständigung im Kleinmodell" zum vorgenannten Vorschlag: „*... Der Vorteil? Alle Ansprüche wären entpersonalisiert und sinnvoll abgegolten; niemand müßte neue Forderungen befürchten.*"

Die Sudetendeutsche Landsmannschaft beschäftigte sich mit diesem Vorschlag nicht. Sie wiederholte die alte Forderung „Rückkehrrecht, Rückgabe des Eigentums und/oder Entschädigung". Da die Landsmannschaft über diesen aus der „Egrensis" gekommenen Vorschlag nicht mit Bonn oder München verhandelte, blieb der Bundesregierung, der bayerischen und sächsischen Regierung eine Stellungnahme erspart. Daß diese Sache aber nicht weiterging, ist nicht Schuld der Landsmannschaft, sondern des im Juni 1992 gewählten neuen tschechischen Ministerpräsidenten, *Václav Klaus*. Er war ein nationaler Zentralist, der für erweiterte Befugnisse auch an tschechische Gemeinden, schon gar an grenzüberschreitende Regionen, nichts übrig hatte, vielleicht auch Auswirkungen auf Mähren und mögliche neue grenzüberschreitende Regionen mit den Polen und den Slowaken befürchtete. Der von Pithart erreichte Vertrag der tschechischen Städte in Westböhmen, diese Region zusammen mit den Deutschen zu errichten, verschwand in der Versenkung. Auf deutscher – bayerischer und sächsischer Seite – wurde die Euregio Egrensis mit einer Bevölkerung von 1,3 Mio. Menschen jedoch gegründet (zusammen mit den Tschechen wären es rund 2 Mio. gewesen), aber der neue tschechische Premier konnte die Ausdehnung auf die tschechischen Städte und Landkreise in den meisten Fällen durch finanzielle Mittel blockieren. Diesmal wurde die Chance von tschechischer Seite vertan. Aber es bleibt die Wiederaufnahme dieses Projekts immer noch möglich, da die Euregio Egrensis existiert und auch in die deutschen Planungen einbezogen ist und mit der EU in Brüssel zusammenarbeitet. Der Fehlschlag des Projekts ist daher vielleicht nur vorübergehend, weil es Anklang und Zustimmung in der Region selbst findet. Und weil es in jedem Fall keine bessere Alternative gibt.

Beim Verfassen des letzten Teils des Manuskripts (Sommer 1994) war jedenfalls die Sackgasse komplett. Auf sudetendeutscher Seite gab es kein Konzept, das Aussicht gehabt hätte, die tschechische Zustimmung zu finden, sondern nur die Wiederholung der Forderung „Heimatrecht, Rückgabe des Eigentums oder Entschädigung". Der Sprecher der Volksgruppe, Franz Neubauer, den die tschechische Presse völlig unberechtigt zum Buhmann abqualifiziert hat, der in Wirklichkeit aber von seiner ganzen Natur her ein versöhnlicher Menschentyp ist, hat mehrmals hinzugefügt, daß „die Sudetendeutschen nichts in Frage stellen werden, was an ehemaligem deutschen Eigentum heute in Privatbesitz von Tschechen ist. Die Formel Rückgabe oder Entschädigung sei nur auf Eigentum bezogen, das heute noch im Besitz des Staates ist". Das wurde von Tschechischer Seite aber nicht einmal zur Kenntnis genommen. Warum? Weil es auf tschechischer Seite überhaupt kein Lösungskonzept gab und allein schon der Wille fehlte, mit den Sudetendeutschen zu sprechen.

Um Mißverständnissen vorzubeugen, diese Behauptung fehlenden Willens überhaupt mit den Sudetendeutschen zu sprechen, betrifft nicht das tschechische Volk als ganzes, sondern nur die zuständlichen staatlichen Stellen, d.h. die Regierung und das Parlament und selbst dort gibt es einzelne Ausnahmen. Sie gibt aber sinngemäß die Direktive der offiziellen tschechischen Politik wieder. Als auf Drängen des deutschen Außenministers Kinkel, doch in ein Gespräch mit den Sudetendeutschen einzutreten, Ministerpräsident Klaus eine gewisse Bereitschaft bekundete, fügte er sogleich hinzu, daß ‚das gegebenenfalls nur auf einer „mittleren Beamtenebene" möglich sei, Verhandlungen mit der Vertretung der Sudetendeutschen kämen allein schon wegen des Unterschieds in der rechtlichen Position nicht in Frage. Das Völkerrechtssubjekt Tschechische Republik könne nicht mit einem „e.V.", d.h. einem bloßen Verein verhandeln'. Die Sudetendeutschen und ihr Recht werden also in dieser Gleichung Schrebergärtnern gleichgestellt, die kein Gesprächspartner für eine Regierung sein können. Wenn man sich überlegt, daß in aller Welt der Frieden schließlich davon abhängt, daß die verfeindeten Gruppen miteinander reden und daß selbst Israel schließlich mit der PLO verhandelte, die es bis dahin als bloße verbrecherische Terroristengruppe ansah, dann ist diese Gesprächsverweigerung der tschechischen Regierung gegenüber Menschen, die von ihren Vorgängern vertrieben und ihres Besitzes beraubt wurden, schon ein starkes Stück. Gegenüber dem deutschen Nachbarn, mit dem sie einen Vertrag über „Gute Nachbarschaft und freundschaftliche Zusammenarbeit" abgeschlossen hat, ist es ein Schlag ins Gesicht. Diese Haltung der Verweigerung des Gesprächs über dieses Thema wurde beim Besuch einer tschechischen Parlamentsdelegation unter der Leitung des Parlamentspräsidenten Milan Uhde gegenüber der deutschen Bundestagspräsidentin, Frau Süßmuth, wiederholt. Es kam zu einem förmlichen Eklat und Ministerpräsident Klaus billigte anderentags die Haltung von Herrn Uhde. Inzwischen hat der Sudetendeutsche Rat, eine Vereinigung in der Vertreter der Landsmannschaft mit von allen Parteien des Deutschen Bundestags delegierten Abgeordneten zusammensitzen, den Parteien des tschechischen Parlaments einen Brief geschrieben und diese zu einem Gespräch eingeladen. Der tschechische Ministerpräsident bezeichnete das als „Provokation" und die tschechischen Parteien lehnten in unterschiedlichen Formen ein solches Gespräch ab.

1. Der gegenwärtige Stand der Dinge

- Wenn es nicht schon lange gleichzeitig tausende von Gesprächen zwischen Tschechen und Sudetendeutschen gäbe, sowohl durch sudetendeutsche Besuche in den alten Heimatorten als auch sudetendeutsche Einladungen von Tschechen nach Deutschland;
- wenn es nicht die langjährige Zusammenarbeit sudetendeutscher und tschechischer Wissenschaftler und Künstler im Collegium Carolinum, im Adalbert Stifter-Verein mit der Karls-Universität in Prag, mit der tschechischen Akademie der Wissenschaften und mit vielen künstlerischen Vereinigungen gäbe;
- wenn die sudetendeutsche katholische Ackermann-Gemeinde und die gleichfalls sudetendeutsche sozialdemokratische Seliger-Gemeinde zusammen mit ihren tschechischen Partnern nicht seit Jahren eine aufrichtige Zusammenarbeit praktizieren würden;
- und wenn die Heimatgliederungen in der Sudetendeutschen Landsmannschaft und bei den Egerländern ebenfalls seit Jahren nicht einen lebendigen Kontakt zu vielen tschechischen Bürgermeistern

und Stadträten ihrer alten Heimatorten hätten und in vielen Fällen konkret helfen, d.h. Nachbarschaft verwirklichen, würden;
- müßte man als Überschrift über die derzeitigen politischen tschechisch-sudetendeutschen Beziehungen die Worte „verstockt und verdummt" setzen. Es gibt solche Erscheinungen allerdings auch auf sudetendeutscher Seite, aber keine sollte sich aus der der Anderen rechtfertigen dürfen.

Die Gesprächsverweigerung allerdings geht von offizieller tschechischer Seite aus und nicht von der sudetendeutschen. Diese Sackgasse, in der schließlich alle guten An- und Vorsätze gelandet sind, ist jedoch kein Ausdruck „angeborener" Bosheit von Deutschen oder Tschechen – nach der These des angeblichen „tausendjährigen Kampfes" zwischen ihnen –, sondern eher die natürliche Folge zweier Haltungen:

Auf sudetendeutscher Seite ein durch die Vertreibung einer Millionen zählenden Menschengruppe zutiefst verletztes Rechtsbewußtsein, daß den Weg versperrt zur Erkenntnis, daß die Straße dorthin auch mit vielen eigenen Fehlern und Irrtümern gepflastert ist, und das daher nur Wiedergutmachung für sich sucht, ohne zu versuchen, die Situation des Anderen zu begreifen und in die Lösung miteinzubeziehen;

Auf tschechischer Seite die Auffassung eines ganzen Jahrhunderts, daß im Gegensatz zum 800jährigen bi-nationalen Staat der Hl. Wenzelskrone, der Staat nur der tschechischen Nation gehört und die Deutschen in diesem Staat (im Widerspruch zur geschichtlichen Wahrheit) immer ein bedrohliches Element waren; weiter die Auffassung eines ganzen halben Jahrhunderts, daß die Deutschen, die den Staat überfallen und die Völker Europas in den Krieg gezwungen haben (und hier unterscheidet man nicht mehr zwischen der gesamten deutschen Nation und der sudetendeutschen Volksgruppe) durch die Vertreibung die ihnen gebührende Quittung erhalten haben; und schließlich die Furcht, daß man – nach wie vor umgeben von 80 Millionen Deutschen – wenn man den Sudetendeutschen nachgebe, mit ihnen verhandle und damit A sage, schließlich nicht nur B sagen, sondern im Endergebnis das ganze Alphabet herunterbuchstabieren müsse. Das alles versperrt ihnen die Erkenntnis, daß es auch hier Frieden nur dann geben kann, wenn man versucht, den Anderen zu verstehen und ihn ins eigene Lösungskonzept miteinzubeziehen.

VIII. Frieden und Sicherheit aus der Mitte; ein Modell „ethnischer Frieden" gegen das Chaos ethnischer Konflikte

Die Frage an dieser Wegscheide ist: Wie soll es weitergehen? Es gibt zwei Perspektiven: *Die erste Perspektive* sieht alles im Horizont jener Vergangenheit, die auf beiden Seiten zur Trennung im Bösen geführt hat. Keine Seite vergißt und verzeiht. Die Umkehr erwartet sie nur vom Anderen, Wenn beide Seiten das tun, wird sich in irgendeiner Form die Konfrontation erneuern. Zwar nicht so, daß diese oder jene historische Zäsur und Konstellation der Vergangenheit zurückkehrt, aber doch so, daß die Chance, wirklichen Frieden zu machen, vertan wird. Das deutsch-tschechische Verhältnis wird schleichend vergiftet werden, wenn es nicht durch eine mutige Tat geheilt werden kann. Die Sudetendeutschen werden zwar im deutschen Volk verschwinden, aber die Tschechen werden gleichzeitig jede über Böhmen hinausgehende Bedeutung verlieren und ihre große Geschichte verspielt haben. Sie werden eine kleine Nation im Einzugsbereich eines Deutschland von 80 Millionen Menschen sein und sie werden keine Bündnispartner in West oder Ost haben wie 1918 oder 1945, weil West und Ost aus Eigeninteresse mit diesem Deutschland kooperieren werden und mit niemanden in Mitteleuropa, der gegen die Deutschen ist oder sein Verhältnis zu Deutschland nicht in Ordnung gebracht hat. Das ist für beide die bittere Wahrheit. *Die zweite Perspektive* schaut nicht wie Lots Weib zurück und erstarrt, wie die biblische Legende besagt, sondern sie ist auf die Zukunft anstatt auf die Vergangenheit bezogen. Sie stellt die heute einzig sinnvolle Frage: *Wie können wir zusammen Frieden schaffen?* Wobei in diesem Satz das Wörtchen „Zusammen" am wichtigsten ist. Warum? Weil alle bisherigen Lösungsversuche immer „einseitige" Versuche waren: im alten Österreich nach den Interessen Wiens; in der ersten CSR nach den Interessen des tschechischen Staatsvolkes allein; 1938 nach den Interessen Berlins, d.h. des Deutschen Reichs, mit denen sich die Sudetendeutschen identifizierten und 1945 wieder allein nach tschechischem Interesse, das in seiner extremsten Form der Deutschenvertreibung dem damaligen Interesse der Sowjetunion entsprach, zwischen Deutschland und dem tschechischen Volk eine ewige Kluft zu schaffen, um Prag für immer an Moskau zu binden und Mitteleuropa beherrschen zu können. Frieden zwischen im Laufe der Geschichte verfeindeten Gruppen kann aber nur dort entstehen, wo entweder jemand hier ist, der wie ein Schiedsrichter die berechtigten Interessen beider (nicht den Wahnwitz der Maximalisten allerdings) gegeneinander abwägt und ein gerechtes Urteil spricht, was in der Geschichte sehr, sehr selten der Fall ist, wobei man hinzufügen muß, daß es die absolute Gerechtigkeit auf dieser Welt nicht gibt, sondern nur das was ein hervorragender katholischer Philosoph (Josef Pieper) in den Fußstapfen von Thomas von Aquin als die „ausbessernde Gerechtigkeit" bezeichnet. Weiter müßte es ein Schiedsrichter mit Macht sein, und was noch seltener ist, er müßte seine eigenen Machtinteressen um der Gerechtigkeit willen unberücksichtigt lassen. Das nähert sich schon der Utopie. Oder es müßte bei beiden Gruppen die Einsicht wachsen, daß die Lösungen nur zusammen gefunden werden können (Europa hat dazu 200 Jahre und zwei Weltkriege gebraucht). Wenn jeder zunächst begreift, daß die Zukunft keine leere Wand ist, auf die man allein seine eigenen Wünsche projizieren kann, dann und erst dann ist der Anfang zum Frieden gemacht. Wie soll und wie kann diese Zukunft aussehen, ist deshalb ungleich wichtiger als unaufhörlich in alten Wunden herumzubohren und alte, schon längst erledigte Kämpfe als politisches Schattenboxen ad infinitum zu wiederholen.

Nachdem sich die Welt keinesfalls um das tschechisch-sudetendeutsche Problem dreht, auch nicht Europa, ja nicht einmal Mitteleuropa, hat diese Frage nur dann eine Bedeutung, wenn sie eingepaßt ist in einen größeren Rahmen und in größere Aufgaben. Wenn sie hier keinen Ort findet, wäre es müßig sich weiter mit ihr zu beschäftigen. Selbstzweck ist sie zwar für die Betroffenen auf beiden Seiten; sie muß aber mehr als Selbstzweck sein, wenn sie Beachtung finden soll. Es gilt also zuerst den möglichen gegenwärtigen Stellenwert dieser Frage zu ermitteln, bevor man sich mit Lösungsvorschlägen beschäftigen kann. Der mögliche gegenwärtige Stellenwert in den Augen der Umwelt (einschließlich der deutschen) hängt aber davon ab, welchen Stellenwert aufgrund der neuen Lage nach dem Ende von „Jalta" Mitteleuropa selbst hat. Und hier beginnt der erste Streit um die Mitte Europas selbst, der zugleich ein künftiger Streit um die Identität nicht nur der Völker des östlichen Mitteleuropa, sondern um die der Deutschen werden wird.

Die Dinge liegen nämlich nicht so simpel, daß es genügt, einfach den Sieg des Westens über den Osten, den der NATO über den Warschauer Pakt, den des Kapitalismus über den Sozialismus bzw. den der Freiheit über die staatliche Reglementierung aller Lebensbereiche zu konstatieren und die Lösung schlicht darin zu sehen, daß sich die Strukturen der Sieger ostwärts bewegen, gesellschaftlich, wirtschaftlich, militärisch, sondern die Wahrheit liegt vielmehr darin, daß nun alle Völker Europas (West wie Ost) mit einem Schlag auf sich selbst zurückgeworfen wurden und sich wieder einmal darüber klar werden müssen, wer sie überhaupt sind und was ihre künftige Rolle sein kann. Das trifft nicht einmal so sehr die Völker Ostmitteleuropas, also Polen, Tschechen, Ungarn, Slowaken, Slowenen, Kroaten, sondern mit voller Wucht die Deutschen, auch wenn sie es bisher kaum merken. Seit 1945 bzw. genauer seit dem Entstehen der Bundesrepublik Deutschland sind die Deutschen nach Westen gerückt. Sie betrachten sich seitdem zu Westeuropa gehörig und sie halten das für ein großes Glück, weil sie erstmals seit tausend Jahren ihrer geschichtlichen Mittelposition und den dazugehörigen Gefahren entronnen zu sein glauben. Das war und ist die Position der deutschen Politik von Adenauer bis Kohl und die Katastrophe zweier verlorener Weltkriege stand und steht dabei Pate. Dieser Schwenk nach Westen war zuerst unerläßlich, dann gewollt und er brachte auch viel Gutes, vor allem die deutsch-französische Aussöhnung und die Sicherheit mittels der Bindung an die USA. Eine Alternative existierte nicht, denn Deutschland konnte niemals wie andere ostmitteleuropäische Staaten als Ganzes zum Ostimperium der Russen gehören; die DDR war im weiteren geschichtlichen Horizont gesehen, immer nur entweder ein Angriffskeil gegen den Westen, eine Klammer um den übrigen sowjetischen Besitz in Mitteleuropa oder ein Faustpfand für einen großen Spieleinsatz. Ein neutrales und schlecht bewaffnetes Deutschland zwischen zwei Superatommächten, sozusagen ein machtpolitisches Vakuum, wäre noch schlimmer gewesen, denn es wäre mit Gewißheit früher oder später zum Zünder der dritten und letzten großen Auseinandersetzung in Europa geworden. Wenn es ein Unglück ist, wenn die Deutschen (wie in der Vergangenheit) ihre Mittelposition mißbrauchen und Europa beherrschen wollen, ist es für ganz Europa ein gleiches Unglück, wenn Deutschland in der Mitte dieses Kontinents ausfällt bzw. so geknebelt wird, daß es keine eigenständige Rolle mehr spielen kann. Nun kann heute Deutschland seine Rolle zwar wieder spielen, denn die Europäische Union ist keine Knebelung, aber es ist sich überhaupt nicht schlüssig, welche?

Hierzu ein paar kleine Überlegungen: Die Auflösung der DDR bzw. der Beitritt ihrer neuen Länder zur Bundesrepublik scheint das Problem gelöst zu haben, d.h. Deutschland als Ganzes gehört nun zu Westeuropa und eine weitergehende Frage wird von den meisten Deutschen gar nicht mehr gestellt. In Wirklichkeit hat aber nicht zuletzt durch die Selbstbefreiung nicht nur der Deutschen, sondern auch von Polen, Tschechen, Ungarn, Slowaken usw. eine Verlagerung der europäischen Achse vom Rhein um 500 km nach Osten stattgefunden, auf die Linie Stockholm – Berlin – Prag – Wien – Triest. Ob die Deutschen nun wollen oder nicht, sie gehören seit der Eingliederung der neuen deutschen Bundesländer nicht nur zu Westeuropa, sondern auch wieder zu Mitteleuropa und das ist ein ganz neuer Akzent auf die politische Großwetterlage im gesamten Europa. Wenn wir heute in der Bundesrepublik den beginnenden Streit über die Struktur des künftigen Europa sehen, der sogar die Bundesregierung spaltet, den Streit nämlich, ob Europa konkret und praktisch *Kerneuropa* bedeutet, d.h. Frankreich, Deutschland und die Benelux-Länder, oder ob es größer angelegt sein soll und vor allem *die ostmitteleuropäischen Staaten in die Europäische Union* führen soll, so verbirgt sich darin schon der noch unausgesprochene oder vielleicht noch unbewußte Streit um die west- oder/und mitteleuropäische Rolle der Deutschen. Umgekehrt, wenn sich im Osten die Visegrad-Staaten (die Tschechische Republik, Polen, Ungarn, die Slowakei) sowie Slowenien und Österreich allein als Mitteleuropa bezeichnen und zum Teil aus Angst nicht wollen, daß auch die Deutschen zu Mitteleuropa gehören, dann arbeiten sie genau denjenigen Kräften in Deutschland in die Hände, die sich ausschließlich als Westeuropäer betrachten und deren Interesse an dem (geographisch) östlichen Mitteleuropa allein auf Sicherheitsinteressen als ein Vorfeld in den künftigen deutsch- russischen Beziehungen begrenzt sind. Der Streit beginnt also auch innerhalb des deutschen Volkes, aber auch bei den anderen mitteleuropäischen Völkern damit, was Mitteleuropa überhaupt ist und künftig sein kann. Das Schlimme wäre, wenn im Endergebnis man den Eintritt der ostmitteleuropäischen Völker nach Europa infolge des einen kerneuropäischen Konzepts verzögert und den Wieder-Eintritt der Deutschen nach Mitteleuropa infolge des anderen Abgrenzungskonzepts ausschließt. Was wir in Wirklichkeit brauchen sind zwei große und weit offene Tore: über den einen nach Osten, nach Polen, Böhmen und donauabwärts gerichteten sollte die Schrift stehen „Willkommen in Europa" und über den anderen nach Deutschland gerichteten die Schrift „Willkommen in Mitteleuropa". Auch hier nämlich trifft im Großen zu, was ich vorher im Kleinen zum deutsch-tschechischen Problem sagte: Nur „zusammen" und nur in einem ganz neuen Geist werden wir die Fragen, die Chancen und die Gefahren, die uns die neue Lage nach dem Ende von Jalta gebracht hat und noch bringen wird, meistern. Das heißt: die Kunst besteht in einem gleichzeitigen Akt der Rückkehr der ostmitteleuropäischen Länder nach Europa, nach einem handlungsfähigen Europa, und der Rückkehr Deutschlands nach einem neuen Mitteleuropa. Beides darf kein Widerspruch sein bzw. nicht als Widerspruch aufgefaßt werden.

Wenn von der Rückkehr Deutschlands nach Mitteleuropa gesprochen wird, läuft manchen unserer Nachbarn die Gänsehaut über den Rücken. Soll sich also die Vergangenheit wiederholen und steht am Ende das, was die Waffen nicht erreicht haben: Deutschland als Hegemonialmacht in der Mitte und die Mitte als chasse gardée der Deutschen? Denkt man nur in nationalstaatlichen Kategorien und Interessen, wäre diese Gefahr durchaus gegeben. Es geht aber nicht darum, die Vergangenheit zu wiederholen, sondern ein ganz neues Mitteleuropa, innerhalb Gesamteuropas, zu schaffen und zwar wiederum zusammen und infolge gleichgerichteter Interessen aller Mitteleuropäer. Wenn Frieden auf diesem Kontinent einkehren und gesichert werden soll, darf das künftige Mitteleuropa weder das Manövrierfeld außermitteleuropäischer und außer-europäischer Interessen sein, noch die bloße Raumtiefe für deutsche nationale Großmachtspekulationen. *Die Mitte muß der Raum werden, von dem für ganz Europa – West wie Ost – Sicherheit und Frieden ausgehen muß*, was vermutlich im Endergebnis besondere Strukturen verlangt, womit wir uns hier aber nicht zu beschäftigen haben. Europa, und besonders aber die Mitte, liegt im globalen Kontext immer noch zwischen zwei Supermächten: der amerikanischen im Westen, die immer weniger gleichzeitig mit allen Problemen in der Welt, die ihr ihr neuer Status als alleiniger Weltmacht auferlegt hat, fertig wird und Rußland, Europa seit Peter dem Großen verbunden und doch eine Welt in sich, „Ostrom", „heiliges" Rußland, das ohne große und eigene Mission nicht wirklich leben kann, auch wenn es gegenwärtig im Chaos zu versinken droht. Die neue Mitte Europas kann niemals wie in den letzten 150 Jahren die Aufgabe haben, sich bloß ins alt-neue Spiel der Mächte einzureihen, die eben mit wechselnden Bündnissen einer neuen Macht zu rechnen haben, sondern die Mitte hat jene Aufgabe, die ihr niemand abnehmen kann: *nach dem Zusammenbruch der Konfrontation eines halben Jahrhunderts die Brücke wirklichen Friedens zu schaffen und zu garantieren, daß sie weder vom Westen (global gesehen) gegen den Osten mißbraucht wird, noch vom Osten gegen den Westen.* Was gefragt ist, ist nicht ein Wunder, nicht eine pazifistische Illusion, wo der „Löwe neben dem Lamm weidet", sondern eine neue weltpolitische Sicherheits-Balance hier in Europa.

Diese Sicherheit ist keine Selbstverständlichkeit, die aus der Auflösung des Warschauer Paktes resultiert, wie man zunächst glaubte. Und diese Sicherheit kann auch nicht aus der bloßen Erweiterung der NATO nach Osten, wie man im östlichen Mitteleuropa erhofft, entstehen. Am belanglosesten ist das dem show-business verwandte gegenwärtige Konzept der „Partnership for Peace" (PFP), das gutklingende Phrasen ohne Substanz mit der Wirklichkeit verwechselt und an der tatsächlichen Lage kaum etwas ändert. Die Wirklichkeit ist, daß a) der NATO durch den Wegfall ihres Gegenparts die raison d'etre abhanden gekommen ist, was sich auf die Wehrwilligkeit der Westeuropäer auswirken wird; daß b) Rußland zwar keine Weltmacht im Vergleich zu den Amerikanern mehr ist, für die Europäer aber immer noch eine nukleare Supermacht bleibt; daß c) vom Zerfall Rußlands ausgehend global das nukleare Chaos droht, was man auf die Dauer weder mit Dollars noch mit militärischen Drohungen aufhalten kann;

daß d) eine früher oder später sich daraus ergebende autoritäre Führung Rußlands eine Stabilisierungsvereinbarung mit den Deutschen suchen wird und daß e) die Gefahr besteht, daß wir alle wie gehabt wieder in das alte Spiel „West-Mitte-Ost" hineinrutschen und sich ganz Europa destabilisiert.

Ich behaupte seit dem Herbst 1993 – in einem Vortrag vor europäischen Experten auf dem tschechischen Schloß Štiřin -, daß es eine Sicherheitsalternative gibt. Sie besteht darin, das französisch- deutsche Konzept der sogenannten *Eurokorps* ins Spiel zu bringen. Ein solches Eurokorps, in der Stärke eines Armeekorps von 50.000 Mann und modernst ausgerüstet, entsteht zur Zeit im Westen und an ihm beteiligen sich inzwischen die Deutschen, die Franzosen, die Belgier und die Spanier. Es ist kein NATO-Verband, steht aber in einem bestimmten Verhältnis zu ihr. Solche Eurokorps könnte und sollte man in unterschiedlicher Zusammensetzung unter Beteiligung von deutschen, französischen, italienischen und österreichischen Verbänden in den ostmitteleuropäischen Staaten und damit unter Führung von polnischen, tschechischen, ungarischen, slowakischen und slowenischen Generälen aufstellen. Die Eurokorps im östlichen Mitteleuropa würden nicht der NATO unterstehen, so wie die Verbände der deutschen Bundeswehr, soweit sie in den neuen Bundesländern der ehemaligen DDR stationiert sind, durch eine Vereinbarung mit den Russen gleichfalls nicht der NATO unterstanden. Es ergeben sich gegenüber der Substanzlosigkeit der Partnership for Peace zwar keine Nato-Garantie aber doch folgende Vorteile: 1. Frankreich wird in Mitteleuropa permanent engagiert, was die europäische Auseinandersetzung zwischen „Kerneuropa" und „Erweiterung" an einer entscheidenden Stelle vom Entweder-Oder in Sowohl als Auch verwandelt. 2. Durch Beteiligung von Verbänden dreier NATO-Staaten (Deutschland, Frankreich und Italien) bekommt das Verteidigungssystem ein Korsett. 3. Die Russen werden nicht mit dem Vorrücken der NATO konfrontiert, was sie niemals hinnehmen werden, sondern die Europäer würden mit ihnen von Anfang an dieses Eurokorps-Konzept verhandeln, d.h. es wird nichts ohne sie oder gegen sie entstehen. 4. Anstelle allgemeiner oder vager Versprechungen, werden konkret die Anrainer Mitteleuropas an einer solchen neuen Sicherheitsstruktur beteiligt: die Franzosen zusammen mit den Deutschen, die ja teils zu West-, teils zu Mitteleuropa gehören sowie die Österreicher im Donauraum und die Italiener als Anrainer an der Adria. Besondere und permanente Regelungen könnten mit den Russen für das Baltikum, das auch die russische Militär-Enklave Kaliningrad/Königsberg einschließt und für die Staaten des ehemaligen Jugoslawien, soweit sie nicht zu Mitteleuropa gehören und soweit sie sich noch im Krieg befinden zur Beendigung des Konflikts ausgehandelt werden. Nebenbei bemerkt: Der Name „Königsberg", des jetzigen Kaliningrad, geht nicht auf die preußischen Könige zurück, sondern erhielt ihn als *Gründung des großen Przemysliden Otakar II*. Das Verschwinden des Namens Kaliningrad ist längst überfällig. Der Name Kalinin steht auf allen Todesurteilen Stalins als Gegenzeichnung.

Man kann diesen Vorschlag der Erweiterung des Eurokorps-Konzepts verwerfen; nicht verwerfen kann man, daß man ein neues Sicherheitssystem in der Mitte Europas braucht und daß es auch mit den Russen verhandelt werden muß. Geschieht nichts, werden in wenigen Jahren auch die Sicherheitsprobleme in Mitteleuropa wachsen, spätestens dann nämlich, wenn die Russen es satt haben, als drittklassige Macht behandelt zu werden. Die Deutschen werden da jedenfalls nicht mitmachen.

Wenn die Sicherheit der Mitte von der Mitte selbst ausgehen muß und nicht nur wie in den vergangenen Jahrzehnten allein von jenseits des Atlantik, dann trifft dies erst recht auf den *Frieden* zu. Auch hier ist eine neue Lage der Ausgangspunkt, die das ganze Staatensystem betrifft. Zwei Weltkriege und die damit zusammenhängende stürmische Entwicklung der Technik haben die Entfernungen so schrumpfen lassen, daß der ganze Globus immer mehr zu einer einzigen Handlungsbühne reduziert wird. Das bedeutet, daß die großen Fragen unserer Zeit nicht mehr allein von den einzelnen Staaten gelöst werden können, sondern nur in größeren Staatenverbänden. Das zeigt sich zuerst im Bereich der militärischen Sicherheit, aber auch in dem der Wirtschaft, die zur Weltwirtschaft wird, und in dem der Ökologie, wo der Umweltzerstörung, die keine Grenzen kennt, gleichfalls nur gemeinsam Einhalt geboten werden kann. Aber auch im sozialen und gesellschaftlichen Bereich werden Regelungen gefordert sein, die über die Staatsgrenzen hinausreichen. Diesem Drang zu großräumigen Lösungen, die die bisherige sakrosankte Souveränität der Staaten von oben her einschränken, steht gleichzeitig ein Angriff von unten gegenüber, der demokratische Mitbeteiligung an der Macht fordert, nicht nur wie bisher der Individuen, die sich dann im Multiparteiensystem organisieren, sondern auch der unterschiedlichsten Menschengruppen als Gruppen, mögen ihre Strukturen auf sozialen und wirtschaftlichen Grundlagen, auf historischen und kulturellen, auf sprachlich-ethnischen Zusammengehörigkeiten oder auf landschaftlichen und regionalen Bindungen oder auch in anderen Gegenden der Welt auf religiösen Herkünften und Zielsetzungen aufbauen. Die Grundtatsache ist: der moderne Staat wie wir ihn seit dem 19. Jahrhundert kennen und wie er sich als System über die ganze Welt als eine Vielzahl von Souveränitäten ausgebreitet hat, ist nicht mehr so modern und wird deshalb von oben und unten in die Zange genommen, teils als Folge von Notwendigkeiten, teils als Anmeldung scheinbar bereits untergegangener Rechte, die wiederauferstehen, sobald der Zerfall bisher herrschender Formen beginnt. Wir erleben dies augenblicklich kraß im ganzen Osten, wo ein entstandenes Vakuum durch miteinander ringende Nationalismen gefüllt wird. Wenn die großen Formen zerbrechen, gleichgültig ob sie edel waren oder vernichtungswürdig, treten Urformen an ihre Stelle: die Urform des Tribalismus, der Ethnies, des Kampfes von Sippen, Stämmen, Volksgruppen und Völkern und viele bestehende Staaten können sich nur halten, indem sie diese Urform als neue Ideologie übernehmen. Das ist es, was wir heute nicht nur im Osten erleben und das wie ein Steppenbrand auf uns zukommt, sondern auch die sogenannte Dritte Welt ins totale Chaos stürzen wird. Niemand von uns ist ganz davon frei (außer einigen „frei- schwebenden" Intellektuellen) und was alles so gefährlich macht, ist, daß es nicht bloße „Dummheiten unaufgeklärter Massen, Verhetzte und Verführte" sind, sondern in der Tat die Rückkehr von Urbildern, die zur Menschheitsgeschichte gehören und die zum Teil auch unleugbare Rechte repräsentieren. Die Ausnahme in diesem beginnenden Höllenspektakel ist zur Zeit noch Deutschland und ich sage das, obgleich mir bewußt ist, daß man mich an diesem Punkt geistig der Überheblichkeit anklagen wird. Deutschland ist deshalb die Ausnahme, weil es – mehr als alle anderen – das alles schon hinter sich hat, durch den „Führer, dem ein ganzes Volk gläubig folgte" und durch seine totale Niederlage. Nationalistische Extreme sind hier daher zwar nicht ohne Bedeutung, doch eher nur Randformen.

Damit sind wir wieder bei Mitteleuropa. In der Mitte Europas ist in zwei Weltkriegen und dem was dazwischen war und nachher kam, alles was die gegenwärtige Welt bedroht, schon durchgespielt worden:

- Der rücksichtslose Kampf einer Macht um die Hegemonie in der Region;
- Die nationale Homogenisierung durch Grenzverschiebungen;
- Die nationale Homogenisierung durch Bevölkerungsverschiebungen;
- Die Unterdrückung von Minderheiten;
- Schließlich das Schrecklichste von allen: Die maschinelle Ausrottung einer Millionen zählenden Menschengruppe aufgrund wahnwitziger Rassentheorien.

Das Mitteleuropa, das heute so brav und sittsam ist und auf die Wirren der Welt als vermeintlich höher-zivilisiert herabschaut, war der Beginn des Wirbelsturms, den wir heute an anderen Stellen in der Welt in Bewegung sehen.

Das sagen wir hier nicht, um uns und ringsum alle aufzufordern, auf ewig in Sack und Asche zu gehen oder jedes Gespräch mit einer Entschuldigung zu beginnen, daß wir auf der Welt sind oder nach uns auch anderen den Kniefall abzuverlangen, sondern das ist gesagt, um darzulegen, daß der Mitte Europas gerade in dieser Zeit *eine Verpflichtung und eine große Aufgabe* erwächst: nämlich, im – in unserer Geschichte für immer festgehaltenen – Bewußtsein der Schuld, an der allerdings – außer den Juden – auch andere Völker teilhaben, beispielhaft im eigenen Bereich Frieden zu schaffen. Frieden vor allem zwischen Deutschen und Polen und zwischen Deutschen und Tschechen, darüber hinaus aber die ganze Mitte Europas als Friedensbrücke zwischen West und Ost aufzubauen.

Das ist weniger eine Frage von Staatsverträgen, sondern die Frage, ob und wie weit zwischen den Gegnern von gestern und den auf beiden Seiten schuldig Gewordenen eine qualitativ neue Kooperation möglich ist? Das verlangt letztlich einen Wandel im Bewußtsein auf beiden Seiten, den man weder verordnen noch künstlich durch eine Reihe von Maßnahmen erzeugen kann. Man kann diesem Wandel nur den Weg bereiten, das Ende liegt bei Gott, d.h. ob er möglich ist und kommt oder ob alles wie so oft in der Geschichte erneut versackt, liegt nicht mehr in unserer Hand. Genau hier aber kommt das deutsch-tschechische Verhältnis ins Spiel, das anders ist als das deutsch-polnische. Das deutsch-polnische ist Jahrhunderte hindurch in erster Linie ein Problem der Grenze. Ist die Grenze gezogen und anerkannt, mögen zwar noch Fragen bleiben, aber sie sind sekundär. Das deutsch-tschechische hingegen war vor diesem Jahrhundert nie ein Problem der Grenzziehung, sondern immer teils ein Innenverhältnis zwischen Menschen verschiedener Sprache, die aber über lange Zeiträume hinweg zu einer einzigen politischen böhmischen Nation gehörten, teils das Problem einer besonderen (freundschaftlichen oder feindlichen, in jedem Fall unauflöslichen) Beziehung zu den Formen, in denen sich das deutsche Volk als Ganzes verwirklichte. Erst seit dem Ende des vorigen Jahrhunderts und dem Beginn des gegenwärtigen wurde daraus der Kampf zweier Ethnien um Grund und Boden oder Vorherrschaft. Da aber der sich heute in der ganzen Welt ausbreitende Kampf der Ethnien um die gleichen Dinge geht (um Vorherrschaft, Grenzen, Gruppenrechte, Autonomien, Minderheitenschutz, ethnische Machtbalancen, Verwirklichung der eigenen Kulturen, Sprachrechte usw.) hätte es einen großen Sinn, wenn an dieser Stelle in der Mitte Europas ein Beispiel gesetzt wird. *Ein Beispiel des Ethnischen Friedens für eine Welt ethnischer Konflikte.* Ein Beispiel der Umkehr der Gegner, der tschuwah, um einen hebräischen biblischen Ausdruck zu gebrauchen. Ein Beispiel an einer Stelle, die alle Phasen des ethnischen Kampfes gesehen hat: die der Herabdrückung zu einer Minderheit; die der Unterjochung eines ganzen Volkes von außen unter dem Vorwand der Minderheit zur Hilfe zu kommen und schließlich die der Vertreibung als Kollektivbestrafung. Darin allein liegt der Sinn, daß diese Frage heute noch existiert und nicht in diesem oder jenem Festhalten an Positionen der Vergangenheit.

Die Chance für einen solchen sudetendeutsch-tschechischen Frieden, der zugleich – wie schon T.G. Masaryk gesehen hat – zum gesamten deutsch-tschechischen Frieden werden wird, liegt in drei günstigen Voraussetzungen:

1. Einer Abkühlungsperiode von fünfzig Jahren, die schon vieles in die Geschichte zurücktreten ließ, was noch näher an den Ereignissen für immer unüberbrückbar schien;
2. Das Glück einer gelungenen Integration der Sudetendeutschen in Deutschland, die den Bedarf an materieller Wiedergutmachung beträchtlich verringert, wenn nicht überhaupt aufhebt;
3. Die Tatsache, daß die deutsch-tschechische Grenze, die ja selbst in der Frage des Egerlandes eine vielhundertjährige Grenze ist, nicht mehr zur Debatte steht;
4. Die Tatsache, daß im großen gesehen Tschechen und Deutsche einander brauchen und daß es für diese räumliche Zusammenarbeit in Mitteleuropa keine Alternative mehr gibt.

Sollte es unter diesen Voraussetzungen wirklich so schwer sein, den Konflikt mit den Zäsuren 1918, 1938 und 1945 endgültig zu begraben? Es ist nur dann schwer oder unmöglich, wenn es auf beiden Seiten keine wirkliche Führung gibt bzw. wenn diese Führung nur jenen Massen nachläuft oder sie gar noch aufputscht, die über ein paar Klischees der Vergangenheit nicht hinausdenken können und auf die der Vorwurf zutrifft „nichts vergessen und nichts dazugelernt". Gewiß, zugrunde liegen diesem Problem echte hohe Werte, auf der einen Seite der Wert und das Recht der Verteidigung der Nation gegenüber der als drückend empfundenen Übermacht der Deutschen in der Mitte Europas; auf der anderen Seite der Wert und das Recht des Menschen als Angehöriger einer Gruppe, die man total rechtlos machte und auf immer in ihrer geschichtlichen Existenz zerstören wollte. Aber selbst diese Kardinalpositionen, die keine Seite aufgeben kann, schließen nicht aus, daß man sich im Konkreten einigt und so das Beispiel setzt.

Wenn man weiß, daß man – wie immer –

- nach fünfzig Jahren in keinem Fall mehr zu einem status quo ante zurückkehren kann; und
- daß das vor fünfzig Jahren Geschehene aber auch nicht so aus der Welt geschafft werden kann, indem man die Augen davor schließt und so tut, als hätte es für die Gegenwart überhaupt keine Bedeutung mehr;
- und schließlich erkennt, daß der Unfrieden perpetuiert wird, wenn man das Problem verdrängt,

dann bleibt nichts anderes übrig, als tastend und testend den Weg zueinander suchen und zu prüfen, ob wir jenes Gemeinsame finden können, das wir beide brauchen, wenn Frieden entstehen soll.

Ich gebe hier keine ausgearbeitete Lösung, obwohl ich das könnte. Deshalb nicht, weil ich niemandem vorgreifen will, sei es auf der tschechischen, sei es auf der sudetendeutschen Seite. Was ich anführen möchte, sind die für den Frieden grundlegenden *Elemente und Instrumente*.

Da ist:
Erstens: die Trennung zwischen dem Prinzipiellen und dem Konkreten. Sie ist für jeden Friedensprozeß notwendig. Es gibt auf jeder Seite Positionen, die aufzugeben nicht möglich ist und die sich so miteinander im Widerspruch befinden, daß sie nicht auf dem Wege des Kompromisses abgeglichen werden können. Also sollte man dieses Prinzipielle beiderseits zwar feststellen, offen aussprechen und respektieren, aber nicht aufzulösen versuchen;

Zweitens: es gibt im Prinzipiellen aber gleichzeitig auch die Möglichkeit eines Brückenschlags, d.h. sich beiderseits an Positionen anzunähern, die generell dem Menschenrecht und den Notwendigkeiten, Frieden zu schaffen, entsprechen. In diese Kategorie gehört das Abrücken von allem, was die eine und die andere Seite in der Vergangenheit als gegen sich gerichtete Gewalt empfindet. Es würde dem Gesundungsprozeß helfen, wenn beide Seiten in einem gemeinsamen Dokument hier ihr Bedauern ausdrücken würden. Ich meine damit nicht, daß man sich voreinander „entschuldigt". Die Entschuldigung ist ein moralisch-psychisches Instrument aus der Sphäre des Individuellen, weniger des Politischen. Es genügt, wenn man „bedauert" was geschehen ist und davon expressis verbis abrückt. Aber wenn es sich nicht um ein Dokument von Sieger und Besiegten handeln soll – und die einseitige Absage und Schuldbekenntnis würde ich nur gegenüber den Juden voll und ganz akzeptieren – muß es eine gemeinsame Absage sein. Auch das läßt sich formulieren, ohne daß man die ganze Geschichte des Konflikts, die ja bis ins vorige Jahrhundert hineinreicht, bemühen muß und einen neuen „Streit der Historiker", der endlos sein würde, auslöst. Die tschechische Seite bedauert die Vertreibung und die sudetendeutsche Seite jenen Teil der sudetendeutschen Geschichte in der ersten Republik, in der ab November 1937 die damalige sudetendeutsche Führung durch einen Brief Henleins an Hitler die sudetendeutsche Politik definitiv an Hitler auslieferte und damit in tschechischer und staatlicher Sicht den Tatbestand des Hochverrats erfüllt. („München" und das „Protektorat" gehen nicht auf Rechnung der Sudetendeutschen, sondern im ersten Fall auf die der vier Großmächte: Deutschland, Großbritannien, Frankreich und Italien; und im zweiten Fall auf die des Wortbruches Hitlers gegenüber den Mächten von „München"). Alles andere vor diesem Datum – Nov. 1937 – war ein legitimer Kampf um das Recht und die Tschechen müssen sich schon vorwerfen lassen, daß sie nahezu zwei Jahrzehnte der Volksgruppe dieses Recht der politischen Gleichberechtigung als Kollektiv verweigerten.

Drittens: gehört zum Prinzipiellen schließlich, daß man manche Positionen auch als „unverzichtbar" deklariert, selbst wenn man durchaus weiß, daß sie praktisch nicht mehr realisierbar sind. Als Beispiel soll hier das sogenannte „Heimatrecht" bzw. das „Recht auf die Rückkehr" genannt werden. Würde man darauf sudetendeutscherseits verzichten, würde man automatisch die Vertreibungen rechtens als Instrument zur Lösung ethnischer politischer Probleme anerkennen. Nicht nur im deutsch-tschechischen Fall, sondern überall in der Welt.

Alle diese prinzipiellen Probleme gehören zusammengefaßt in eine Grundsatzerklärung oder Präambel einer Vereinbarung. Der Kern eines zu schaffenden Friedens liegt jedoch im Konkreten, dort, wo beide Seiten nun realiter wissen wollen, was das für den Staat und die Gruppe und den Einzelnen auf beiden Seiten bedeutet. Frieden entsteht nicht dort, wo man einfach ein paar gutgemeinte Erklärungen abgibt, alle hohen Werte vom Christentum, der Demokratie bis zur Menschenrechtscharta der Vereinten Nationen oder Europas beschwört, selbst wenn man dabei Tränen der Rührung in den Augen haben mag, sondern dort wo die Dinge „finalisiert" werden, wie es einmal ein israelischer Freund im palästinensisch-israelischen Zusammenhang ausdrückte. Das heißt, es genügen nicht gute Absichten, sondern im Falle, wo sich zwei Gruppen mit geschichtlich berechtigtem Mißtrauen gegenüberstehen, möchte jede Seite nicht nur die Abfahrtszeiten des Zuges kennen, sondern den Endbahnhof, auf den anzukommen man beabsichtigt.

Das bedeutet, daß das Problem nicht gelöst ist, bevor nicht Vereinbarungen über

a) die Möglichkeit der Rückkehr
b) die Frage der Rückgabe oder Entschädigung des Eigentums
c) die Frage der Rechtsgarantien für das neue Verhältnis

getroffen werden können. Genau die gleichen Punkte werden überall dort auftauchen, wo heute in der Welt – z.B. auch im ehemaligen Jugoslawien – Ethnien miteinander kämpfen, auch wenn im einzelnen die Dinge völlig unterschiedlich liegen mögen und auch unterschiedliche Lösungen verlangen.

Im sudetendeutsch-tschechischen Fall gebe ich nur meine persönliche Meinung wieder. Ich würde zu den drei Punkten sagen:

Zu A) Die Möglichkeit der Rückkehr:

Darauf können die Sudetendeutschen aus prinzipiellen Gründen nicht verzichten, weil sie ansonsten – wie schon gesagt – die Vertreibung anerkennen würden. Das heißt, die Möglichkeit der Rückkehr muß zugestanden werden. Sobald die Tschechische Republik Mitglied der Europäischen Union wird, ist dieses Recht auf Rückkehr im Sinne der europäischen Freizügigkeit ohnehin gegeben. Auch im Nachbarschaftsvertrag ist das im Briefwechsel der beiden Außenminister festgehalten. Allerdings, wenn man tschechischerseits darauf wartet, wird man auf deutscher Seite nicht einen roten Heller an „goodwill" dafür ernten, weil das dann als selbstverständlich einfach kassiert wird. Wenn man aber heute in einer Vereinbarung mit den beiden Bundesrepubliken Deutschland und Österreich dieses Recht auf Freizügigkeit betreffend die Sudetendeutschen vorwegnehmen würde, würde es als eine große Geste des Friedens verstanden und als Vorausleistung des Eintritts der Tschechischen Republik in die Europäische Union honoriert werden. Konkret würde es keine Gefahren bringen, denn die Sudetendeutschen würden nur in Einzelfällen kommen. Wer denn würde die Sicherheit der Gemeinschaft der Nation von 80 Millionen Deutschen verlassen, um in einem fremden Nationalstaat das Dasein einer zumindest beargwöhnten Minderheit zu führen?! Abgesehen davon kann eine Rückkehr nicht kollektiv, sondern ohnehin nur individuell realisiert werden.

Zu B) Die Frage der Rückgabe oder Entschädigung des Eigentums:

Die durch Dekret des tschechoslowakischen Staates verfügte entschädigungslose Konfiskation des Eigentums der Deutschen war ein Raub ebenso wie die deutsche Arisierung des jüdischen Eigentums, und es macht gar keinen Unterschied, ob im zivilen Leben ein Ganove etwas stiehlt oder raubt oder im internationalen Bereich der Staat. Ich halte mich hier an den Kirchenvater St. Augustinus und seinen berühmten Ausspruch: „Mangelt es ihnen (den Staaten) aber an Gerechtigkeit, was sind sie anderes als große Räuberbanden". Dazu kommt, und ich habe es an anderer Stelle dieses Buches zitiert, daß die tschechische Exilregierung während des Zweiten Weltkrieges in einem Geheimmemorandum an die Alliierten, um die Zustimmung zur Vertreibung der Sudetendeutschen zu erhalten, ausdrücklich festgehalten hat, daß es keine Enteignungen des Besitzes von Personen geben wird und daß die Sudetendeutschen für die zurückgelassenen Immobilien Gutschriften erhalten werden, die dann von der deutschen Regierung ausgezahlt und auf die tschechischen Reparationsforderungen gegen Deutschland angerechnet werden würden. Das Ganze war also ein auf

Betrug (die Notifizierung an die Alliierten) aufgebauter Raub. Nun ist auch laut Nachbarschaftsvertrag diese Frage ungelöst. Was also kann und soll geschehen?

Die Sudetendeutsche Landsmannschaft hat bereits durch ihren Sprecher, Franz Neubauer, erklärt, daß die Landsmannschaft keine Forderungen auf Rückgabe gegen in privaten tschechischen Besitz befindliches ehemaliges deutsches Eigentum erhebt. Das reduziert die Frage schon gewaltig. Eine andere Reduzierung ist auf sudetendeutscher Seite noch nicht einmal entdeckt worden. Sie ergibt sich aufgrund von Rückgabe von Besitz an Alteigentümer in den neuen Bundesländern der früheren DDR, die bereits früher von der Bundesrepublik Lastenausgleichsmittel erhalten haben. Wenngleich der Lastenausgleich (siehe seine Präambel) keine Entschädigung für den verlorenen Besitz war, erhebt der deutsche Staat bei solcher Rückgabe des Eigentums Forderungen auf Rückzahlung des Lastenausgleichs. Vielleicht mag dieses Problem innerstaatlich noch nicht ganz ausgestanden sein, trotzdem lohnt die Überlegung, was die Sudetendeutschen machen würden, wenn sie bei Erreichung einer Rückgabe den Lastenausgleich zurückzahlen müßten? Wird nicht die ganze Sache illusorisch? Ähnlich verhält es sich mit der Entschädigung. Wenn beide Staaten über eine evtl. Entschädigung verhandeln müßten, käme die tschechische Seite mit Sicherheit mit einer Gegenrechnung hinsichtlich des Protektorats. Die Aussichten sind sehr gering, daß etwas anderes als langjähriger Streit produziert wird.

Der frühere tschechische Ministerpräsident, Petr Pithart, hat mir gegenüber einmal eine Idee geäußert, die mir sehr positiv erschien. Er meinte, man sollte dieses Problem einer evtl. Rückgabe auf die niedrigere Ebene der Kommunen verlagern. Die Gemeinden sollten auf Antrag von Deutschen auf Rückgabe und Angeboten von Renovierung und möglichen Investitionen entscheiden, ob sie einen solchen Vorschlag akzeptieren oder nicht. Natürlich würde auch das ein staatliches Gesetz über die Befugnisse von Gemeinden in solchen Fällen voraussetzen. Aber immerhin wäre es eine Verhandlung der direkt Betroffenen in einem solchen Rahmen und ad hoc-Entscheidungen an der Basis wären einfacher, als alles generell lösen zu wollen. Um Verleumdungen, mit denen ich bereits von der eigenen Seite zu rechnen habe, vorzubeugen, möchte ich am Rande bemerken, daß ich selbst bereits öffentlich auf das Haus meiner Eltern, das mein Vater 1937, also noch in der Ersten Republik, erbaut hat, und auf eine Entschädigung verzichtet habe.

Wir leben nicht wie die gleichfalls vertriebenen Palästinenser zum Teil in rechtlosen und ärmlichen, menschenunwürdigen Verhältnissen, die eine materielle Wiedergutmachung in dieser oder jener Form erfordern. Trotz allem Geschehenen und Schweren in der ersten Zeit nach der Vertreibung in ein zerstörtes Deutschland hat Gott es mit uns gutgemeint. Wir konnten uns wieder eine Existenz aufbauen und das ganze Deutschland hat uns als seine Söhne und Töchter aufgenommen. Auch wenn niemand für einen anderen Verzicht leisten kann, selbst der Staat nicht – wenn es ein Rechtsstaat ist – für den geringsten seiner Bürger, und selbst wenn also jedem einzelnen von uns sein Rechtsanspruch unbestritten bleibt, *wie wäre es, wenn wir, falls der tschechische Staat, also Regierung und Parlament, als Geste des Friedens von der Vertreibung abrücken würde, wir als gleiche Friedensgeste unsere materiellen Forderungen für den beginnenden Frieden opfern würden?* In der ganzen Welt würde beides als ein hohes Beispiel des Ethnischen Friedens verstanden und bewundert werden. Es wäre eine erste „böhmische" Tat; eine Tat, die der großen gemeinsamen böhmischen Geschichte entsprechen würde.

Zu C) Die Frage der Rechtsgarantien für das neue Verhältnis:

Nach allem Geschehenen sollten alle solchen Schritte in einem Vertrag zwischen den Staaten, d.h. der Tschechischen Republik und den Bundesrepubliken Deutschland und Österreich festgehalten und damit international garantiert werden. Ich meine aber, daß zum Frieden noch etwas anderes gehört als eine vertragliche Regelung. *Wirklicher Frieden entsteht nur durch Zusammenarbeit an einem großen gemeinsamen Werk.* Und hier kommt die europäische Institution der grenzüberschreitenden Euroregionen und speziell die bereits mit dem früheren Ministerpräsidenten Petr Pithart und den bayerischen und sächsischen Ministerpräsidenten ins Leben gerufene *„Euregio Egrensis"* ins Spiel. Hier kann sich zeigen, ob der Frieden real geschaffen werden kann und hier ist auch für beide Seiten das Risiko begrenzt. *Es ist der Test, und wenn man einen solchen Test von vornherein ablehnen würde, würde auch alles andere auf beiden Seiten Gesagte nichts taugen* und ich wäre der Erste, der das öffentlich feststellen würde. Nicht Frieden um jeden Preis, sondern echten und wahrhaften Frieden! Dazu habe ich 1992 in einem von der Bayerischen Landeszentrale für politische Bildungsarbeit herausgebenen Buch „Bayerisch-Böhmische Nachbarschaft" geschrieben und damit soll dieses Buch schließen:

„Es gäbe nur einen Weg: an einer wichtigen – das heißt auch geopolitisch und historisch richtigen – Stelle den Brückenschlag zu versuchen. Dafür bietet sich die ... in Entstehung begriffene „Euregio Egrensis" am Schnittpunkt von Bayern, Böhmen und Sachsen an. Geschähe das, wäre das gesamtstaatliche deutsch-tschechische Verhältnis befriedet, weil Frieden durch gemeinsames Werk entsteht ... und wäre die Versöhnung der beiden Geschichtsvölker der böhmischen Länder nach allem Geschehenen kein bloßes schönes Gerede und kein bloßer frommer Wunsch, sondern eine funkelnde Tat."

Ein alternatives europäisches Sicherheitssystem

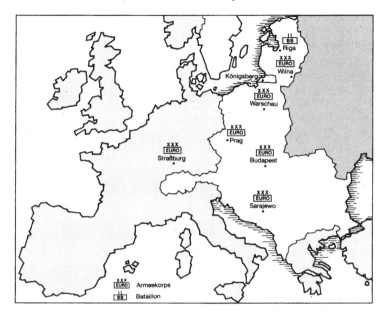

Ein Nachwort

Zum Gedenkjahr 1945-1995

Im Jahr der Veröffentlichung dieses Buches jähren sich zum 50. Mal sowohl die Teilung Europas durch die Abkommen von Jalta zwischen West und Ost; das Kriegsende und damit die Befreiung von der Herrschaft Hitlers, die gleichzeitig ein Versuch war, eine deutsche Hegemonie über Europa zu errichten; die Auslöschung Deutschlands als Macht; als auch das Potsdamer Abkommen der Siegermächte über die Behandlung Deutschlands, in dem auch die Vertreibung der Deutschen aus den Ostgebieten und der Tschechoslowakei als fait accompli und unter dem Vorbehalt einer „humanen Praxis" gebilligt wurde.

Fünfzig Jahre nach diesem Schicksalsjahr und der von den deutschen selbstverschuldeten Zerstörung ist Deutschland wieder die stärkste Macht auf dem Kontinent; und fünfzig Jahre nach der Teilung Europas ist nicht nur Deutschland wieder vereint, sondern auch Europa, wenngleich die Formen dieser Einigung noch nicht feststehen. Fünfzig Jahre nach Potsdam bleiben nur die Anerkennung der neuen deutsch- polnischen und der alten deutsch-tschechischen Grenzen und das Faktum der nicht mehr rückgängig zu machenden Vertreibung der deutschen Bevölkerung als Preis für den verlorenen Angriffskrieg übrig.

Die Grenzen wurden inzwischen durch Verträge mit Polen und der Tschechischen Republik, die die Deutschen aus freiem Willen eingingen, geregelt und pacta sunt servanda. Wer die Grenzfrage erneut aufwerfen würde, würde nicht nur ein Superbosnien in der Mitte Europas vorprogrammieren, sondern auch den Frieden in der Welt zerstören. Europa wäre gescheitert, es würde wieder in die alten Konflikte zurückgleiten, die schon einmal in zwei Weltkriege geführt haben. Anders verhält es sich mit den Vertreibungen: Vertreibungen können prinzipiell nicht hingenommen werden, denn dieser Rückfall in die Barbarei, gleichgültig von wem begangen und wodurch immer „gerechtfertigt" zerstört, wenn man sie als Mittel zur Lösung politischer Probleme akzeptiert, das Zusammenleben der Menschen überall in der Welt, auf dem gesamten Globus. Zu Potsdam ist also noch etwas in diesem Jahr 1995 zu sagen, wenn Europa nicht versagen will.

Zu Potsdam ist *nicht* zu sagen, daß man nach fünfzig Jahren dieses internationale Verbrechen einer Behauptung von Kollektivschuld und Kollektivbestrafung – denn das war es, ebenso wie die Verbrechen, die von Deutschen und im Namen Deutschlands begangen wurden – rückgängig machen kann. Es würden neue Unschuldige darunter leiden. Aber zu Potsdam ist zu sagen, daß man dieses Faktum nicht in die Siegesfeiern und nicht in die Feiern der Befreiung einbeziehen kann. Es ist der Schandfleck auf dem alliierten Sieg und der Beweis dafür, daß keine bessere neue Welt begann, sondern daß die alten Kriterien des Messens mit zweierlei Maß nach wie vor gültig blieben.

Wenn wirklich ein neues Europa und wenn wirklicher Frieden in Europa entstehen sollen, dann darf man dazu im Jahre 1995 nicht mehr schweigen. *Es muß klar gemacht werden, daß Vertreibungen ganzer Bevölkerungen als politisches Mittel zur Lösung von Problemen niemals und nirgendwo mehr geduldet werden dürfen und daß auch Rechtfertigungen vergangener Vertreibungen ebenso unmöglich sind, wie über die an den Juden verübten Verbrechen hinwegzugehen oder sie zu vergessen, weil „sie bereits der Vergangenheit angehören".*

Es geht aber nicht um Kniefälle, nicht um Entschuldigungen im Ringelreihen und erst recht nicht um gegenseitige Aufrechnungen. Es geht auch nicht darum, daß – wie im Fall der sogenannten Beneš-Dekrete – juristisch diffizile Aufhebungen erzwungen oder verweigert werden, die an dem seinerzeit Geschehenen doch nichts mehr ändern können. Es geht darum, daß Tschechen und Sudetendeutsche und durch sie ganz Deutschland und auch Österreich – denn Österreich ist an diesem 150 Jahre alten Problem beteiligt – hier in der Mitte Europas ein Beispiel setzen. Ein Beispiel weiterwirkenden Friedens, der mehr ist als kalte juristische Vertragsdokumente.

Da 1995 von den Vereinten Nationen als „Jahr der Toleranz" ausgerufen wird, könnte ein solcher Friedensschluß, der einen 150jährigen Streit zwischen Tschechen und Deutschen beendet – und damit soll dieses Buch schließen –, folgendermaßen aussehen:

„Das Beispiel eines Ethnischen Friedensschlusses im UNO-‚Jahr der Toleranz'"

Die Wurzeln des Konflikts

Vor einem halben Jahrhundert ordnete die damalige tschechoslowakische Regierung die Vertreibung der dreieinhalb Millionen Deutschen aus den böhmischen Ländern und der Slowakei unter Zustimmung der überwiegenden Mehrheit der tschechischen Bevölkerung sowie mit Billigung der Siegermächte an. Sieben Jahre vorher wurde das Land durch den der Tschechoslowakischen Republik aufgezwungenen Münchner Großmächte-Entscheid Deutschlands, Großbritanniens, Frankreichs und Italiens geteilt, was zur Wehrlosmachung des Staates und schließlich zum Verlust seiner Freiheit führte. Die Mehrheit der Sudetendeutschen begrüßte und unterstützte diese Politik der Teilung. Zwanzig Jahre zuvor wurden diese Sudetendeutschen gleichfalls unter Zwang dem tschechoslowakischen Nationalstaat einverleibt. Und am Anfang unseres Jahrhunderts scheiterten kurz vor dem Ersten Weltkrieg Jahrzehnte von deutsch-tschechischen Ausgleichsverhandlungen. Die Ursachen dieses Scheiterns lagen darin, daß das dualistische Österreich-Ungarn der tschechischen Nation und den Slawen des Staates insgesamt einen trialistischen Ausgleich verweigerte, der zugesichert hätte, daß die Monarchie gleichberechtigt von Deutschen, Slawen und Magyaren geführt worden wäre. Die Tschechen verweigerten daraufhin einen inneren Ausgleich mit den Deutschen der böhmischen Länder und die Deutschen der böhmischen Länder unterstützten daraufhin den Wiener Zentralismus gegen die berechtigten Interessen der Tschechen. Das alles ist zwar schon Geschichte, aber solange nicht nur Geschichte, solange die Streitparteien nicht einen gemeinsamen Schlußstrich gezogen haben.

Anstelle von Entschuldigungen die offene Hand

In einer nahezu 150jährigen Entwicklung haben sich die Tschechen und die Deutschen der böhmischen Länder auseinandergelebt, so daß es schließlich zur zweifachen Trennung im bösen – 1938 und 1945 – kam und die einzige deutsch-slawische Symbiose in Europa, die 800 Jahre dauerte, beendet wurde. Angesichts der Tragik dieser Ereignisse, an denen keine Seite ohne Schuld ist, wäre es sinnlos und eine Überschätzung der Rolle von moralischen Entschuldigungen in der Politik, heute Schuldbekenntnisse einzutreiben; sinnlos allein schon deshalb, weil dies zu einem neuen Rechtfertigungsstreit führen würde. Sinnlos wäre es weiter, den Widerruf von Entscheidungen der

Vergangenheit zu verlangen, weil das an dem Geschehenen doch nichts mehr ändern würde. Dem Frieden dient nicht, die eine oder andere Seite in den Anklagezustand zu versetzen. Dem Frieden dient auch nicht diese oder jene Rechthaberei, sondern nur der Wille, unter alle beiderseits getane und beiderseits erlittene Gewalt den gemeinsamen Schlußstrich zu ziehen und einander die Hand zur Verzeihung und zu einem Neuanfang der guten Nachbarschaft zu reichen, wie es auch im deutsch-tschechischen Nachbarschaftsvertrag vorgesehen ist.

Anstelle von beiderseitigen materiellen Forderungen das Opfer für den Frieden

Da jede Forderung auf materielle Wiedergutmachung für die eine Seite zu Gegenforderungen der anderen Seite führt und außer einem friedensverhindernden Streit nichts produziert werden würde, sollten beiderseits die materiellen Ansprüche sowohl auf Rückgabe wie auf Entschädigung für einen wirklichen Friedensschluß geopfert werden. Obgleich niemandem, der sein Eigentum durch eine entschädigungslose Konfiskation verloren hat, sein Recht bestritten werden kann, Wiedergutmachung zu verlangen, wird um der Herstellung eines immerwährenden Friedens zwischen beiden Völkern willen, an alle appelliert, dieses Opfer zubringen. Allerdings setzt ein solches Opfer voraus, daß die andere Seite ihre Politik ändert und nicht mehr versucht, gegen alles Menschenrecht Vertreibung und Raub öffentlich zu rechtfertigen. An die Staaten selbst wird die Bitte gerichtet, dieses Opfer damit zu begleiten, in den Grenzregionen gemeinsame Programme des Aufbaus zu unterstützen, die anstelle rückwärtsgewandter und neue Feindschaft begründender Forderungen konkrete Zusammenarbeit setzen. In einer solchen neuen Atmosphäre ist es auch leichter für die Staaten, von sich aus individuell Entschädigungen für erlittenes Unrecht zum Beispiel der Nazi-Opfer auf der Basis der Gleichbehandlung beider Seiten zu gewähren und generell oder lokal einen Interessenausgleich zu vereinbaren, am besten durch ein gemeinsames Entwicklungskonzept diesseits und jenseits der Grenze.

Anstelle der Versteinerung der Vergangenheit durch Perpetuierung des Feindbildes und der Trennung, und als Test, daß es sich nicht bloß um leere schöne Worte, sondern um wirklichen Frieden handelt:

Ein gemeinsames Programm der Zusammenarbeit, das die Mitte Europas zu einem Raum macht, von dem Frieden ausgeht; und das zu diesem Zwecke, und nicht um die Wiederherstellung eines status quo ante, dort die Rückkehr von Vertriebenen in die alte Heimat unter

Formen der Gleichberechtigung ermöglicht, wo sie individuell gewünscht wird und ohne die bestehende Rechtsordnung zu gefährden; daß seitens der Regierungen entsprechende Mittel für eine Friedensstiftung bereitgestellt werden, um konkrete Projekte zu fördern, weil diese Zusammenarbeit in einem europäischen Sinne genauso wichtig ist wie der nationale Aufbau in den Staaten, und daß hierzu die westeuropäische Institution der grenzüberschreitenden Euroregionen als Modell und konkretes Beispiel eines „Ethnischen Friedens" benutzt wird. Dies als Gegenbeispiel zum Unfrieden in einer Zeit, in der ethnische Konflikte in vielen Regionen der Welt wie ein Steppenbrand um sich greifen.

Die wesentlichen Gedanken dieses Vorschlages sind in dem gemeinsamen sudeten-deutsch-tschechischen Dokument „*Versöhnung 95*" enthalten, an dem der Autor mitarbeitete und das am 28. März 1995 gleichzeitig in Bonn und Prag der Öffentlichkeit übergeben wurde. (Siehe Anhang *Dokumentation*)

Zur Zeit der Drucklegung dieses Buches sind Gespräche zwischen der Bundesrepublik Deutschland und der Tschechischen Republik im Gange, die noch in diesem Jahr zu einer gemeinsamen deutsch-tschechischen Regierungserklärung und/oder einer gemeinsamen Erklärung der beiden Parlamente führen sollen. Das ist eine große Chance, einen Schlußstrich des Friedens unter ein Problem zu setzen, das rund 150 Jahre alt ist und in diesem Jahrhundert das deutsch-tschechische Verhältnis gründlich vergiftet hat. Sind sich die Akteure bewußt, daß es um diesen ganzen Zeitraum geht und nicht nur um die Zeit zwischen 1938/39 und 1945/46? Und sind sich die Akteure bewußt, daß es hier um ein wirklich für die Mitte Europas bedeutendes, aber ebenso schwieriges Friedenswerk geht, an dem sich die Anmaßung der Mächtigen seit einem Jahrhundert immer wieder die Zähne ausgebissen hat und jeder vermeintliche Schlußstrich – 1918, 1938 und 1945 anstatt die Aufgabe zu lösen, sie komplizierter machte und sich ein paar Jahre später immer als Illusion, als Selbsttäuschung, erwies? Man bräuchte heute aber nicht so pessimistisch sein, weil dieses Mal von Gleich zu Gleich verhandelt werden kann und kein Sieger eine einseitige Lösung verkündet. Die Voraussetzungen für ein echtes Geben und Nehmen, ohne das niemals und nirgendwo echter Frieden entsteht, wären heute besser, wenn ... Ja wenn es nicht seit Havels Rede vom 17. Januar 1995 klar geworden wäre, daß die regierungsverantwortliche tschechische Seite, trotz mutiger anderer tschechischer Stimmen, was die Aktion „Versöhnung 95" beweist, populistisch keinen wirklichen Ausgleich sucht, sondern das Problem einfach abhaken will, d.h. erklärt, daß es gar nichts mehr zu verhandelt gibt. In einer Welt, in der schon wieder Vertreibungen im Gange sind und weitere fast in allen Kontinenten drohen, soll das Argument des Axthiebes, der Lösung von ethnischen Problemen durch diese Form des Genozids gerechtfertigt und erhalten bleiben. Der Schlußstrich soll also wieder einseitig sein und wie im Prager Vertrag mit der DDR 1950 soll diesmal die Bundesrepublik erklären, daß sie keine Forderungen bez. der Rechte der Sudetendeutschen mehr erhebt. Im November 1944 hat die tschechische Exilregierung in London von den Alliierten verlangt, daß die Vertreibung der Sudetendeutschen in die deutschen Kapitulationsbedingungen expressis verbis aufgenommen wird. Die Alliierten haben das abgelehnt. Heute sollen Bundesregierung und Bundestag ohne Not leisten, was damals mitten im Krieg und mitten im Haß und mitten im Vergeltungswillen gegenüber allen Deutschen nicht erhalten konnte. den Betroffenen selbst billigt man auch nach fünfzig Jahren keine Stimme zu. Welche Zumutung! Welcher Begriff von Frieden.

Gewiß kann man nicht mehr in die Vergangenheit zurück und gewiß darf Gerechtigkeit nicht bedeuten, daß neue Unschuldige und Gegenwärtige an einer Wiedergutmachung vergangenen Unrechts leiden müssen, soweit hat Havel recht. Es würde nicht Frieden schaffen, sondern neuen Haß. Eines aber darf nicht geschehen: *Frieden zwischen Deutschen und Tschechen darf niemals bedeuten, daß die Vertreibung einer – nach Millionen zählenden – ehtnischen Menschengruppe – offen oder hinterhältig auf kaltem Weg legalisiert wird. Wenn man hier keine gemeinsame Formel sucht und findet und dazu auch die Betroffenen gleichberechtigt hört, wird dieser „Schlußstrich" ebensowenig dauern wie alle vorhergehenden.*

VI. Exkurs:
Die deutsche Frage in einer anderen Sicht
(unveränderte Übernahme aus der Ausgabe von 1986)

Die böhmische Frage wirft auch ein grelles Licht auf die deutsche Frage. Das hat die Untersuchung gezeigt. Dabei ging es um zwei Bereiche:
1. Der Sieg des vom Westen nach Osten fortschreitenden französischen Prinzips der Forderung nach „Gleichsetzung von Nation und Staat" und der Neuordnung Europas in souveräne Nationalstaaten nach west- europäischem Muster hat nicht nur das historisch gewordene, ineinander verzahnte deutsch-slawische Mitteleuropa als Ganzes aufgelöst und in eine Kette von Krisen geführt, er hat im Endergebnis auch die europäische Mitte insgesamt zerstört.
2. Die deutsche Frage – die nicht erst seit 1945 existiert, sondern seit dem Beginn des vorigen Jahrhunderts und die eben gleichzeitig auch eine mitteleuropäische ist, die auch unsere direkten östlichen Nachbarn mit einschließt – wird dabei in immer umfassendere Zusammenhänge eingebunden.
Zuerst war sie noch im mitteleuropäischen Kontext lösbar, allein im deutschen zu keiner Zeit. Das war zur Zeit des Wiener Kongresses und des preußisch-österreichischen Dualismus. Aber selbst damals mußte Bismarck schon einen Krieg nach innen (Österreich) und nach außen (Frankreich) führen, um sein Konzept durchzusetzen. Dann aber war ihre Lösung bereits mit der gesamteuropäischen Machtkonstellation verbunden (nach dem 1. Weltkrieg), aus der Hitler ausbrechen wollte. Schließlich, und das war das Ergebnis dieses Versuchs, diese Verknotung zu zerschlagen, wurde die deutsche Frage zu einer Funktion der globalen Auseinandersetzung der aus den zwei Weltkriegen übriggebliebenen beiden Supermächte in West und Ost. Und das heißt: Die Lösung der deutschen Frage ist mit der Auflösung dieses Weltduells, wie immer und mit welchen Mitteln immer, verkettet.

Während die zweite, hier angeführte Grundtatsache der Einbindung in immer größere Zusammenhänge, durch die Härte der Machttatsachen in der Mitte Europas allen deutlich vor Augen steht und nur durch uneinsichtige Träumer geleugnet werden kann, stößt man bei der Verdeutlichung der ersten Grundtatsache – des Scheiterns der nationalstaatlichen Geschichtsform im deutschen Fall – bei vielen Deutschen auf einen blinden Fleck. Zwar nicht in dem Sinne, daß man weiter daran festhält, daß die Lösung der deutschen Frage *allein* in deutschen nationalstaatlichen Formen das Endziel sei. Wohl aber, daß man sich im Grunde einfach nichts anderes als den *einen* Nationalstaat, wenn auch in besonderen Einbindungen, vorstellen kann. Eine beliebte Ausflucht ist dabei der Begriff „Europa": Die Wiedervereinigung der Deutschen würde sich in einem wiedervereinten Europa vollziehen, in der die Grenzen keine große Bedeutung mehr hätten und man daher der deutschen Selbstbestimmung auch seitens der Nachbarn in West und Ost zustimmen könne und dergleichen mehr. Diese Verbindung von deutscher und europäischer Wiedervereinigung ist eine Formel, die praktisch ebenso folgenlos bleibt, wie die nationalstaatliche Wiedervereinigungsformel der 50er Jahre. Wenn es sich nur *darum* handeln würde, wäre es nicht sehr schlimm. Für die Gegenwart ist es eine Beruhigungsformel, die für die Zukunft immerhin noch etwas offen lassen würde. Das Negative daran aber ist, daß diese Formel verhindert, zu einer realen Wertung der deutschen Geschichte der letzten 150 Jahre durchzustoßen, nämlich zur Erkenntnis, *daß 1945 eben nicht nur die zwölf Jahre Hitlers, sondern ganze 150 Jahre deutscher Geschichte gescheitert sind.* Und daß man dann daraus, zusammen mit dem vorerwähnten Prozeß einer immer umfassenderen Einbindung der deutschen Frage in immer größere Zusammenhänge, die notwendigen Schlußfolgerungen zieht.

Der Grund für diesen blinden Fleck ergibt sich aus zwei Bewußtseinstatsachen:

1. Einer deutschen Horizontverengung seit der Gründung des Bismarck-Reiches. Das deutsche Geschichtsbewußtsein, d.h. soweit uns die Vergangenheit noch etwas angeht und unsere Gegenwart mitbestimmt, schrumpft auf 150-200 Jahre zusammen. Auf die Zeit bis zur Bismarckschen Reichsgründung, auf die Zeit bis zum Ringen um die nationale Gestaltung Deutschlands/Stichwort Paulskirche 1848, und bestenfalls noch auf sogenannte nationale Vorläufer in den Freiheitskriegen gegen Napoleon oder in der angeblich nationalen Aufgabe Preußens.
Die deutsche Geschichte ist aber um 800 oder 900 Jahre älter, und sie beginnt damit, daß die deutschen Stämme zum deutschen Volk nicht in nationaler Selbstbehauptung wurden, sondern als Träger der Idee der translatio des Römischen Reiches.

Diese von den Franken übernommene Idee war keine nationale Idee der Deutschen, sondern die *supranationale, ja universale der damaligen Zeit*, nämlich der Errichtung des Reichs von Frieden und Gerechtigkeit für alle Völker, damals im Selbstverständnis der Zeit identisch mit der sogenannten abendländischen Christenheit und in der Verantwortung vor Gott, den man nicht als vages philosophisches Prinzip, sondern als den Herrn der Geschichte empfand. Natürlich kann man dagegen gleich eine ganze Menge sagen: Daß die Wirklichkeit zumeist ganz anders als die Idee ausfiel (wo ist das nicht der Fall?!) und daß auch die anderen europäischen Nationen, durch lange Geschichtsstrecken dieser Idee verbunden blieben. Der Unterschied ist nur, daß die Deutschen sich 900 Jahre lang aus diesem Zusammenhang nie ganz lösen konnten, während bei den anderen westeuropäischen Völkern, auf dem Weg über den aus den Lehensverbänden entstehenden Flächenstaat und das sich aus dem Reichszusammenhang lösende absolute Königtum, schon frühzeitig die *Nation* zum Bezugspunkt der Geschichte wurde. Bei den Deutschen erst durch die napoleonischen Kriege. Das heißt daß bei uns vor 900 Jahren die Weichen eben anders gestellt wurden und daß wir diese Schiene erst im vorigen Jahrhundert verlassen haben, alle anderen – mit Ausnahme der Italiener – schon um Jahrhunderte früher.

2. Die zweite Erklärung betrifft das Selbstverständnis der Bundesrepublik Deutschland, wie es sich aus dem Schock des Zusammenbruchs von 1945 entwickelt hat. Für dieses Selbstverständnis sind 1945 nur die 12 Jahre der Herrschaft Hitlers zusammengebrochen und nicht mehr. Dies allein schon deshalb, weil man gesellschaftlich-strukturell wieder an das Deutschland vor 1933, wenn auch unter Vermeidung alter Fehler, anknüpfen wollte. Hitler war in dieser Sicht ein schrecklicher, letztlich unbegreiflicher Unfall, den man am liebsten nur in den Bereich der Psychiatrie verwiesen hätte. Man fing wieder dort an, wo man aufhören mußte. Unerklärt blieb, vor allem vor den drängenden Fragen der jungen nachfolgenden Generation, wieso denn ein ganzes Volk, eine ganze Generation diesem Mann folgen konnte?! Man konnte die Rolle Hitlers als eines „Erfüllers" dieser nationalstaatlichen Geschichtsideologie nicht akzeptieren und so blieb er einfach ein monströses Phänomen, ein Dämon, ein Irrer, was impliziert, daß auch ein ganzes Volk irre geworden war. Sieht man es aber vom anderen Ende – vom Prozeß der nationalstaatlichen Auflösung Mitteleuropas und der Übernahme des *gegen die Geschichte eines Jahrtausends der Deutschen stehenden westeuropäischen Prinzips der Identität von Staat und Nation* her –, dann ist eben der Schluß erlaubt, ja sogar geboten, daß 1945 nicht nur die 12 Jahre Hitlers zusammengestürzt waren, sondern *ein ganzes Jahrhundert deutscher Geschichte* und

daraus müßte man natürlich andere Konsequenzen ziehen, als nur zu einer *Teilstrecke* dieses vergangenen Wegs, verzuckert durch die Garantie demokratischen Wohlverhaltens (welcher Staatsmann außerhalb Deutschlands würde in der Sphäre der Geschichte und der Macht denn wirklich darauf setzen?!) zurückzukehren.

Die Aporie: Der sich zuziehende Knoten

Vor diesem Hintergrund – einer *fortschreitenden Einbindung* der deutschen Frage in immer umfassendere machtpolitische Zusammenhänge und eines *inneren Widerspruchs* zwischen dem „Gesetz" nach dem das deutsche Volk zum Volk geworden und in die Geschichte eingetreten ist und einem dieser Geschichte und ganz Mitteleuropa inkongruenten Modell aus Westeuropa und aus dem vorigen Jahrhundert – stellen sich nun die Fragen der Gegenwart und Zukunft.

Und nun zeigt sich etwas sehr Verblüffendes, das aber *als solches* gar nicht wahrgenommen wird, sondern weithin als selbstverständlich gilt:

Während ganz allgemein und unbestritten die beiden Weltkriege als welthistorische Zäsur ersten Ranges begriffen werden – die z.B. Europa aus seiner zentralen Stellung in der Welt verdrängten; die beiden Flügelmächte in West und Ost in eine neue globale Rolle katapultierten und ganz allgemein (infolge der Schrumpfung der Welt durch die stürmische Weiterentwicklung der Technik der Verkehrs- und Kommunikationsmittel und auch der Waffen) die nationalstaatlichen Formen überall in der Welt immer unzureichender für die Lösung der großen Aufgaben, sei es wirtschaftlicher, sozialer, sicherheitsmäßiger und umwelterhaltender Art werden – *klammern sich die Deutschen an eben diesem nationalstaatlichen Modell aus dem vorigen Jahrhundert fest*, als ob in der Tat ringsum nichts von Belang geschehen sei oder noch geschehe. Für sie, die offensichtlich von dieser Zäsur sogar noch mehr als andere betroffen sind, existiert diese Zäsur innerlich sozusagen gar nicht. Ihre Zukunftsprojektion ist nach wie vor der, wenngleich auch beträchtlich verkürzte, bismarcksche Nationalstaat in der Mitte Europas, wenngleich in einem europäischen Rahmen als Lösung aller Probleme, als Punkt, an dem die Welt wieder heil werden würde.

Das läßt sich natürlich erklären, wenn auch nicht in jedem Fall rechtfertigen. Die beste Erklärung, und in diesem Fall sogar durchaus Rechtfertigung, ist, daß die Deutschen sich – mit Recht – weigern, sich damit abzufinden, daß Glieder ihres Volkes einfach abgeschnürt werden. Diese Weigerung ist nicht gleichzusetzen mit der Forderung, daß alle Deutschen in einem Staat vereint sein müßten. Auch Österreich ist ein deutscher Staat und die Deutschen hüben wie drüben der Grenze sind nicht voneinander abgeschnürt und deshalb können auch diese beiden deutschen Staaten ohne auch nur die geringste Reminiszenz an vergangene Fehllösungen frei miteinander kooperieren. Die Abschnürung aber, auch wenn sie global machtpolitisch zunächst unvermeidlich erscheint, ist und bleibt unnatürlich. Sie schafft auf die Dauer mehr Probleme für beide Staaten und die hinter ihnen stehenden Bündnisstrukturen als sie im Moment löst, *vor allem, weil sie die durchaus mögliche große Friedensinitiative in der Mitte Europas blockiert.*

Die zweite Erklärung kann keine Rechtfertigung für sich beanspruchen, weil sie schlicht eine Mangelerscheinung ist. Sie betrifft das vorher erwähnte Geschichtsbild der Deutschen der Bundesrepublik, das nach wie vor fixiert ist auf das Leitbild der bismarckschen Schöpfung, auf den exemplarisch gescheiterten Weg von anderthalb Jahrhunderten. Die Folge ist, daß man bei dieser Fixierung schon gar nicht mehr bemerkt, daß es ohnehin nicht nur zwei deutsche Staaten gibt, sondern mindestens drei, nämlich unter Einschluß Österreichs. Und die weitere Folge ist, daß man bei dieser Perspektive unweigerlich wird hinnehmen müssen, daß dieses „Deutschland" einem konsequenten Schrumpfungsprozeß unterworfen war, ist und sein wird. Bis zur Mitte des vorigen Jahrhunderts war „Deutschland" kein staatlicher Begriff. Damals rechneten sich sogar die Deutschschweizer noch dazu. Sie verweigerten sich, als Deutschland zunehmend zu einem staatlichen Begriff wurde; zu dieser neuen Identität von Staat und Nation wollten sie nicht mehr gehören. Dasselbe spielte sich nach dem Zweiten Weltkrieg mit den Österreichern ab. Und die Fortsetzung erleben wir, wenn auch aus anderen Gründen, mit der DDR. *Wer nicht wahrhaben will, daß die deutsche Nation (oder das deutsche Volk), gerade aufgrund seiner tausendjährigen Geschichte, sich nicht auch in mehreren Staaten verwirklichen kann (und in einem ganzen Jahrtausend gab es ganze sieben Jahre, in denen zumindest die Deutschen, die seit der Mitte des vorigen Jahrhunderts um das Nationalstaatskonzept rangen, nationalstaatlich vereinigt waren), der wird es hinnehmen müssen, daß dieser Nationalstaat immer weiter schrumpft und eingeht.* Und das alles in einer Zeit, das muß man noch hinzusetzen, in der zwar das Prinzip des Nationalstaates vordergründig weltweit gesiegt hat (die UN besteht aus Nationalstaaten), es aber gleichzeitig immer deutlicher wird, daß nahezu alle großen Fragen der Zeit allein nationalstaatlich nicht mehr gelöst werden können und der Nationalstaat also eher früher als später ohnehin der Vergangenheit angehören wird. Die Folge aber ist:

In *dieser* Kombination – der machtpolitischen Einbindung in das Duell der beiden Globalmächte und der Fixierung auf ein effektiv gescheitertes Modell der deutschen Frage aus dem vorigen Jahrhundert – wird dieses ganze Problem jedoch nicht nur *unlösbar*, sondern auch realiter *gefährlich*.

Unlösbar, weil die Erfüllung entweder eine amerikanische oder sowjetische Niederlage an einer für ganz Europa entscheidenden strategischen Stelle voraussetzt und gefährlich, weil eben die Unlösbarkeit in Verbindung mit der wachsenden Anhäufung von Vernichtungswaffen auf beiden Seiten der Konfrontationslinie und der inhärenten Instabilität zumindest in Teilen des östlichen Zentraleuropa dazu führen kann, daß das Schiff der beiderseitigen Sicherheit einmal „aus dem Ruder läuft", daß unkontrollierbare Entwicklungen auftreten bzw. drohen können; oder daß das Problem benützt wird, um Vorwände zu ganz anderen Aktionen zu schaffen. Der Revanchismus-Vorwurf ist zwar kaum gerechtfertigt, aber hierzu sehr geeignet.

Die Deutschlandfrage ähnelt so gesehen einem jener Seemannsknoten, die sich immer fester zusammenziehen, je mehr man daran zerrt. Der Strick aber könnte um den Hals von ganz Europa in West und Ost und nicht nur um den der Deutschen liegen.

Die Schlußfolgerungen

Aus all dem lassen sich Schlußfolgerungen nicht vermeiden. Die erste besagt, *daß die deutsche Frage, wenn sie in der nationalstaatlichen Perspektive begriffen wird, in der Tat nicht mehr offen ist.* Zu hoffen, daß es sich nur um eine zeitlich vorübergehende Sperre handelt, ist insofern schlimmer als bloß tröstender Selbstbetrug, weil es uns daran hindert, die neue Dimension, in der die deutsche Frage wahrhaft noch offen ist, ja weit offen ist, zu sehen und entsprechend zu handeln.

Um welche Dimension handelt es sich? Um eine *supranationale* wie am Anfang unserer Geschichte vor einem Jahrtausend. Allerdings – und das muß gleich an dieser Stelle gesagt werden, um Mißverständnisse oder Unterstellungen auszuschließen – zielt das weder auf „Reichsromantik" noch auf eine deutsche Führungsrolle in Mitteleuropa à la Schwarzenberg, noch meint es die Beruhigungspille mit Namen „Europa". Es meint ganz einfach Folgendes:

Es ist eine harte und unumstößliche Tatsache, daß die deutsche Frage mit dem globalen west-östlichen Weltduell, das den Frieden in der ganzen Welt gefährdet, unlösbar verbunden ist. Die *supranationale* Aufgabe *unserer* Zeit ist daher nicht die tanslatio irgendeines geheimnisvollen und göttlich erhabenen Reichs, sondern die *Öffnung einer Gasse für den Frieden.* Nicht daß irgendjemand unter den Deutschen so wahnvoll sein könnte, zu meinen, daß dieses Volk von sich aus die globale Konfrontation von zwei Supermächten auflösen könnte. Das können letztlich nur beide Mächte selbst. Wohl aber, daß feststeht, daß es alles andere als für die weitere Entwicklung gleichgültig ist, *ob die Deutschen auf beiden Seiten der Konfrontationslinie für weitere Verhärtungen sorgen oder zum Abbau der Spannung einen eigenen Beitrag leisten.*

Um konkret zu werden: Es wird in der letzten Zeit manchmal mit dem Begriff einer *Sicherheitspartnerschaft* zwischen West und Ost im

Weltmaßstab operiert. Ich halte das zwar für vernünftig, angesichts der Konkurrenz im Machtbereich global gesehen aber für einen mehr oder minder substanzlosen frommen Wunsch, weil bei allem gleichgerichteten Interesse an der Verhütung der Katastrophe bestimmend doch das machtpolitische hegemoniale Ringen bleibt. Was aber möglich sein könnte, ist, *in begrenzten Räumen der bisherigen Konfrontation und der Berührung Modelle nicht nur der Koexistenz, sondern auch des Zusammenwirkens zu entwickeln, die das Risiko plötzlicher Zusammenstöße und Explosionen fühlbar vermindern.* Eine solche Region könnte Mitteleuropa beiderseits der Trennungslinie werden, oder auch der Nahe und Mittlere Osten einschließlich Afghanistan oder Südostasien, vielleicht auch Zentralamerika, vielleicht auch Südafrika oder andere Zonen dieses Kontinents.

Bleiben wir bei Mitteleuropa. Wir stehen seit einiger Zeit in einer Strategiediskussion der militärischen Fachleute, die vermutlich noch das ganze restliche Jahrzehnt ausfüllen wird. Der innerste Treibsatz ist dabei neben der immer stürmischeren Entwicklung der Waffentechnik das unabweisbar werdende Bewußtsein, daß keine Waffentechnik wirklich genügt, um der Menschheit Sicherheit vor der Selbstzerstörung, die in der Tat erstmals in der Geschichte in Reichweite liegt, zu garantieren. Der „Frieden", den die Atomwaffen bisher zwischen den Supermächten gewährleistet haben und in dem wir eingeschlossen sind, ist am Ende nur eine bloße *Aufstauung* der Probleme und der Bedrohungen. Aufstauungen aber sind keine Lösungen, sondern Verschiebungen der Lösungen bis zur Explosion von noch größerem Ausmaß. Selbst die SDI des amerikanischen Präsidenten, d.h. die Einbeziehung des Weltraumes in die militärische Strategie, die an sich auf beiden Seiten schon lange vorher mit der Entsendung der militärischen Satelliten in den erdnahen Raum begonnen hat, hat eine ihrer Wurzeln im drohend gefühlten Ungenügen aller bisherigen Lösungen durch „Abschreckung".

Warum aber nicht von hier aus, zu zwei anderen Schlußfolgerungen vorzuschreiten: Zur Erkenntnis, daß zwar niemand mehr hinter die technischen Entwicklungen zurück kann und daß auch die Forschungen überall auf der Welt weitergehen werden, daß aber feststeht, daß *die Technik allein niemals der Menschheit die totale Sicherheit wird geben können.* Das ist die Illusion der Technikgläubigen, insbesondere der Amerikaner, die seit jeher nach der „Wunderwaffe" suchen, die die Probleme der Bedrohung mit einem Schlag löst. Bisher, das ist Erfahrungstatsache, hat jede neue Entwicklung auf diesem Sektor nur in noch größere Unsicherheiten geführt. Von hier aus liegt es dann nahe, einmal jenes Andere zu versuchen, was alle Religionen der Welt mit dem Wort „Umkehr" bezeichnen. Dies nicht in jenem utopischen Sinn, daß die Wölfe nun zerknirscht zu Lämmern werden, sondern daß man einfach die *Sackgasse* erkennt, in die man sich selbst hineinmanövriert hat und daß man einen Ausweg mit viel Vorsicht und gegenseitiger Garantie zunächst in begrenzten Räumen sucht, in denen man erstmals den circulus vitiosus des „Nullsummenspiels" (daß mein Vorteil automatisch der gleichgroße Nachteil meines Gegners ist und umgekehrt) verläßt und beginnt in tastenden Schritten *gemeinsame Vorteile zu suchen, in jedem Fall einmal wagen zu denken, daß gemeinsame Vorteile und gemeinsame Nachteile in unserer Situation nicht außerhalb jeder Wirklichkeit liegen.*

In diesem Zusammenhang ist es durchaus vorstellbar, daß in einem *regional begrenzten Raum* – sagen wir einmal zwischen Rhein und Bug, zwischen Rhein und dem Schwarzen Meer, die Raketen, die schweren Waffen und die ambivalenten Angriffswaffen und Kampfstrukturen beiderseits an die Ränder dieser Region zurückgezogen werden und daß innerhalb dieser Region ein neues System der Truppendislozierung und beiderseitigen Kontrolle überraschende Aktionen jeder Art materiell ausschließt.

Darüber würde man sich umso leichter einigen können, wenn die zwei deutschen Staaten beiderseits der Konfrontationslinie der Militärbündnisse in dieser Frage *einen gemeinsamen Sicherheitskurs* einschlagen könnten. Das halte ich nicht für ausgeschlossen, denn es würde ja nicht auf die Destabilisierung der Bündnisse abgezielt, sondern auf die Beibehaltung der materiellen Balance, nur auf entsprechend niedrigerer Ebene. Weder die Loyalität des einen noch des anderen dieser zwei deutschen Staaten steht zur Debatte. Im Gegenteil: Jeder Schritt der Deutschen in der Mitte Europas kann nur mit und nicht gegen die beiden Vormächte ausgeführt werden. Nicht zur Debatte steht erst recht irgendeine Neutralisierung eines „wiedervereinten" Deutschlands. Jeder solche Versuch würde nichts anderes zur Folge haben, als sehr rasch an den globalen Explosionspunkt heranzuführen. Ein *Sicherheitszusammenwirken der beiden deutschen Staaten* in der Mitte Europas würde auf einem sehr wichtigen Gebiet eben ein *Zusammenwirken der beiden Bündnisse selbst,* auf einem begrenzten, aber nicht unwichtigen Gebiet bedeuten.

Dieses Zusammenwirken liegt bereits heute im beiderseitigen Interesse. Es ließe sich umso leichter initiieren, wenn die zweite Schlußfolgerung aus einem neuen Selbstverständnis der Deutschen und ihrer Geschichte gezogen werde könnte. Sie besagt:

In dem gesamten Jahrtausend der deutschen Geschichte hat es nie den einen – une et indivisible – Nationalstaat der Deutschen gegeben; in der Gegenwart der globalen Einbindung der deutschen Frage kann es diesen deutschen Nationalstaat gar nicht geben und in einem neuen, mit der Wirklichkeit der ganzen deutschen Geschichte übereinstimmenden Sinne – die eben über 900 Jahre übernationale Reichsgeschichte und nur 150 Jahre vergeblicher Versuch der Nachahmung des westeuropäischen Modells ist – braucht es diesen „einen und unteilbaren" Nationalstaat auch gar nicht zu geben.

Was würde uns, die Deutschen der Bundesrepublik, die Deutschen der DDR und die Österreichs, die in den verschiedenen Bezügen stehen – im Westbündnis, im Ostbündnis und in der Neutralität – zusammen mit allen übrigen Europäern diesseits und jenseits der weltpolitischen Teilungslinie dann noch daran hindern, Schritt für Schritt für die *zentrale* Aufgabe unserer Zeit – dem konkreten Frieden einen ersten, und wenn auch noch so kleinen Raum zu bereiten – zusammenzuarbeiten?!

Fällt der Anspruch auf den *einen* nationalen Staat, dann erledigt sich auch die Grenzfrage in diesem Raum. Man kann nach mehr als einer Generation nicht zu einem ‚Normaljahr' zurück, an dem die Welt angeblich in Ordnung war. Man würde sich nie darauf einigen können. Man würde sich nie darauf einigen können. Man kann auch nicht hoffen, daß sich alles so restaurieren läßt, als ob der Zweite Weltkrieg nicht stattgefunden hätte. Die Grenzfrage darf kein Hindernis sein für den Frieden. Angesichts der Probleme, vor denen wir stehen, ist es auch egal, ob der deutsche Siedlungsboden noch 100 km weiter reicht oder nicht. Was nicht egal ist, ist das *Vertreibungsfaktum* als solches. *Vertreibungen dürfen nicht als Mittel politische Probleme zu lösen, offen oder stillschweigend legalisiert werden.* Ganz einfach, weil dieses Geschwür dann überall in der Welt weiterfressen und das Zusammenleben von Völkern, von Mehrheiten und Minderheiten, überall unter diese Drohung stellen würde.

Aber auch das kann nicht bedeuten, daß man zu irgendeinem status quo ante in Mitteleuropa zurückkehren könnte. Rückt man prinzipiell von diesem menschenunwürdigen, barbarischen Mittel der Lösung von Problemen ab, so werden sich vielleicht an der einen oder anderen Stelle, im Zuge größerer friedlicher Kooperation in der Mitte Europas, Ansätze für einen begrenzten Ausgleich finden lassen oder auch nicht. *Begraben jedenfalls wird das Problem in den Beziehungen der Völker Mitteleuropas erst dann, wenn man den Mut hat, auch darüber offen miteinander zu sprechen.* Und da bei Deutschen und Tschechen die Grenzfrage ohnehin keine Rolle mehr spielt, wäre gerade hier eine Brücke der Versöhnung auch in dieser Frage nicht auszuschließen. Schließlich haben die Deutschen der böhmischen Länder und die Tschechen 800 Jahre zusammengelebt – das ist der Unterschied zu den Deutschen aus den Gebieten jenseits der Oder-Neiße soweit sie deutsches Staatsgebiet waren und den Polen – und sie sind einander oft so ähnlich wie der Bruder dem anderen in der gleichen Familie. Trotzdem: Es ist zur Zeit nur eine bloße Hoffnung, daß Böhmen aus dem Schatten seiner gegenwärtigen Bedeutungslosigkeit wieder heraus in das helle Licht der Geschichte treten könnte, in dem es so oft stand. *Gewiß aber ist, daß das nur in einem Zusammenwirken eben der beiden Völker dieses Raumes geschehen kann.*

Was die deutsche Frage anbetrifft: Man kann sie als Selbstzweck verstehen. Das heißt wir suchen nur uns selbst, die Nation, den Staat.

Tun wir das, und leider tun wir das, verbrämt durch ein lautes Bekenntnis zu Europa, dann werden wir immer wieder vor unübersteigbaren Mauern stehen.

Man kann auch die deutsche Frage so verstehen, daß wir die sicher unglückliche Trennung mitten in unserem Volk nicht nur bejammern, sondern in kühner Umkehrung sogar einen Sinn darin sehen, daß zwei deutsche Staaten an dieser Stelle an den beiden Globalbündnissen teilnehmen, dann nämlich, wenn die Deutschen begreifen, daß ihnen hier eine *notwendige Aufgabe* zugewachsen ist, sagen wir einmal vorsichtig: *Zur Einhegung dieser Konfrontation genau an diese Stelle Europas einen eigenen Beitrag zu leisten, den sonst niemand zu leisten vermag.* Die Deutschen würden dann in erster Linie zwar nicht sich, die Nation und den Staat, suchen, sondern ein *übergeordnetes und supranationales Ziel.* Es käme keine Wiedervereinigung im Sinne des Etat-Nation, aber die Mauern würden kleiner und schließlich würden sich die Deutschen in ihrer Gesamtheit in neuer Form geschichtlicher Selbstbestimmung, vielleicht in der Form eines die Bündnisse übergreifend *mitteleuropäischen Friedens- und Sicherheitspaktes,* wiederfinden.

Gewiß, es gibt nur *ein* deutsches Volk. Aber es ist – im Gegensatz zu Westeuropa – in seiner ganzen Geschichte eines Jahrtausends nicht identisch mit irgendeinem Staat. Es braucht es und es kann es nicht sein. Nicht nur weil äußere Umstände das verbieten. Vielmehr, weil die Deutschen durch ihre ganze Geschichte hindurch immer mehr als nur sich selbst gesucht haben. Und als sie nur sich selbst suchten, da ging es exemplarisch schief.

VII. Dokumentation

A) Tschechische Selbstkritik an der Vertreibung

Seit 1978 häufen sich die Stimmen der tschechischen Selbstkritik an der Vertreibung der Deutschen aus den böhmischen Ländern. Sie kommen nicht nur aus der Emigration, wo vor allem die in Paris erscheinende Zeitschrift *Svědectví* durch den Abdruck eines unter dem Pseudonym „*Danubius*" erschienenen Artikels des slowakischen Wissenschaftlers *Mlynarik* den Stein ins Rollen brachte. Sie kommen aus der Tschechoslowakei selbst. Unter dem Pseudonym *Bohemus* verfaßten fünf Prager Wissenschaftler 1980 eine Analyse des Verhältnisses von Tschechen und Deutschen in den böhmischen Ländern in der Geschichte bis zur Vertreibung 1945. Diese Darstellung entspricht gewiß nicht in allen Punkten der in diesem Buch vorgetragenen Auffassung. Sie wird aber anschließend deshalb im vollen Wortlaut wiedergegeben, weil sie Zeugnis ist einer ehrlichen Überprüfung des eigenen Standorts und damit Voraussetzung jenes künftigen, eigentlich aber schon begonnenen Dialogs zwischen Deutschen, Tschechen und Slowaken, der für den wirklichen Frieden in Zentraleuropa unerläßlich ist. Die Bohemus-Veröffentlichung (übersetzt und abgedruckt in der in München erscheinenden sozialdemokratischen Zeitung „Die Brücke") hat zu einer umfangreichen Diskussion in den böhmischen Ländern geführt, die in einer Samisdat-Veröffentlichung von rd. 200 Seiten zusammengefaßt ist und leider bis heute auf ihre Übersetzung und Veröffentlichung im Westen wartet.

Bohemus

Seit der Zeit der Kolonisation (im 13. Jahrhundert), da die Tschechischen Herrscher die deutsche Bevölkerung einluden, die Grenzgebiete zu besiedeln und auch im Innern des Landes königliche Städte zu erbauen, bildeten die Deutschen einen unteilbaren Bestandteil der Bevölkerung der böhmischen Länder. Die auf böhmischem Boden geschaffenen materiellen und geistigen Werte waren das Ergebnis des Zusammenwirkens zweier Völker, beginnend mit der Epoche der Gotik (Peter Parler, Heinrich von Freiberg, Peter von Zittau), über den erwachenden Humanismus (Johann von Neumarkt, Johannes von Saaz) und die Dresdener Magister am linken Flügel der Hussitischen Bewegung (Teutonicus, Benedikt Raed, Hans Spieß), den Magister von Leitmeritz (Hans Elfelder), den böhmischen Neu-Utraquismus, der in die böhmische Konfession und den Erlaß des Majestätsbriefes mündete, bis hin zur ständischen Konföderation, zur Kunst des Barockzeitalters (Christoph und Kilian Ignaz Dientzenhofer, Ferdinand Maximilian Brokoff, Maximilian Brokoff, Matthias Braun) und zur Aufklärung (Anton Graf Sporck, August Gottlieb Meißner, Bernhard Bolzano, Karl Heinrich Seibt). Das Zusammenwirken zeigte sich aber nicht allein auf diesen Gebieten, wo es am meisten in Augenschein trat, sondern auch im schlichten Alltag der Menschen.

Gleichzeitig erscheint es notwendig zu betonen, daß diese gemeinsame Arbeit, deren natürliche Grundlage und deren Motiv auf dem gemeinsam geteilten Raum beruhten, den beide Völker bewohnten und umgestalteten, dennoch zu keiner Assimilation – weder der einen noch der anderen – führte. Beide Völker bewahrten sich in hohem Maße ihre Eigenständigkeit und unterschieden sich auch weiterhin in kulturellen, materiellen und sozialen Belangen. Sie verfügten auch über verschiedenartige politische Konzeptionen. Folglich kam es auch zu Konflikten, die zu verschiedenen Zeiten an Intensität und Unversöhnlichkeit gewannen. Vielleicht sollte die Hauptursache dafür in dem Umstand zu suchen sein, daß die Deutschen Böhmens nur ein kleiner Teil der mächtigen deutschen Welt waren, politisch, administrativ und konfessionell zwar inzwischen vielfach gespalten, für die Tschechen aber nichtsdestoweniger bedrohlich.

In der Hussitenzeit zeigten sich soziale Spannungen und Glaubensgegensätze am markantesten im nationalen Gewande. Auf tschechischer Seite wurde auch früher der auf dem Kriterium der Sprachgemeinschaft basierende (mittelalterliche) Nationalitätsbegriff geformt. Die Kreuzzüge gegen die ketzerischen Tschechen wurden in ihrer äußeren Gestalt als ein Kampf zwischen Tschechen und Deutschen durchlebt. Andererseits konnte die deutsche Reformation einhundert Jahre später in der Gestalt Luthers unvermittelt an Hus anknüpfen und sich ihrerseits zur böhmischen Reformation bekennen. Auf diese Weise wurde die Isolation des böhmischen Utraquismus der nachhussitischen Zeit durchbrochen, und Tschechen und Deutsche „schlichteten ihren Streit" im Zeichen des reformierten Glaubensbekenntnisses. In den folgenden hundert Jahren kämpften Adel und Bürgertum bereits gemeinsam für die ständischen Freiheiten gegen Habsburgs katholischen Absolutismus, schufen sie eine ständische Konföderation (einschließlich der Lausitz, Schlesiens und österreichischer Länder) und wählten einen deutschen (pfälzischen) Fürsten zum böhmischen König. Ihre Führer starben dann gemeinsam am Richtplatz der Prager Altstadt oder wurden gezwungen, den Weg ins Exil zu gehen.

Nach zwei Jahrzehnten gewaltsamer Rekatholisierung, einer fortschreitenden Einschränkung der staatsrechtlichen Formen in bezug auf die Selbständigkeit des Böhmischen Königreiches, bedeutete die Germanisierungspolitik als Bestandteil der aufklärerischen Bemühungen Maria Theresias und Josefs II. um eine Rationalisierung des Staatsapparates eine ernste Bedrohung für die existentielle Grundlage des tschechischen Nationallebens. Diese Bedrohung trug paradoxerweise zur Entstehung jener Bewegung unter den restlichen tschechischen Gebildeten bei, die wir als die nationale Wiedergeburt bezeichnen. Damit entsteht aber auch allgemein ein neuer, moderner Nationalismus. Noch Bernhard Bolzano, ein „zweisprachiger Böhme", der vom Standpunkt eines Landespatriotismus ausging, fühlte die Verantwortung für Tschechen und Deutsche in der gemeinsamen Heimat im Königreich Böhmen und trat dafür ein, eine böhmische politische Nation aus den beiden in Böhmen siedelnden „Sprachstämmen" zu schaffen.

Aber die spontane Übernahme der Herderschen romantischen, an der Sprache ausgerichteten Nationalitätenkonzeption sowohl durch die Deutschen wie auch durch die Tschechen (Jungmann), wie auch der eigentliche Verlauf der nationalen Wiedergeburt bewirkten, daß die bislang zwar zweisprachige, in vielen Belangen jedoch einheitliche Gesellschaft der böhmischen Länder mehr und mehr zerfiel. Gleichzeitig entstand damit eine moderne tschechische Nation, die dann notwendigerweise in immer schärferen Gegensatz zur deutschsprachigen Bevölkerung geriet. Tschechen und Deutsche konstituierten sich als neuzeitliche, politisch betrachtet aber in ihrer Entwicklung verspätete Nationen im Sinne einer für die Staatsbildung unzulänglichen Idee einer naturbedingten Nationalauffassung, begrenzt durch die Sprache als ausreichende, zugleich aber auch höchste Wertkategorie. Diese absolute, romantische Auffassung vom Wesen einer Nation, die sich – grob gesagt – östlich des Rheins durchsetzte (zum Unterschied von der zivileren Konzeption der Staatspolitischen Nationen West- und Nordeuropas als der Gesamtheit aller Bürger), nahm in vieler Hinsicht die künftige Staatenbildung in diesem Gebiete vorweg. Schließlich sollte es darin keinen Platz mehr für diejenigen geben, deren Sprache nicht die des „Mehrheitsvolkes" war. So wurde unauffällig jener Weg bereitet, der zu der aus dieser Nationalitätenkonzeption resultierenden Entartung führte, einschließlich der Theorie und Praxis „Heim ins Reich", der Umsiedlung der „Volksdeutschen" (der außerhalb der Reichsgrenze lebenden Deutschen), der Endlösung und der Aussiedlung der Deutschen aus den böhmischen Ländern. Es pflegte nämlich bei alledem wenig Platz für die zu sein, die „nur" Bürger des Staates waren.

Die deutsche Bevölkerung der böhmischen Länder kapselte sich in nationaler Hinsicht lange Zeit ab, blieb aber nichtsdestoweniger ohne ein bedeutsameres politisches und kulturelles Zentrum und fühlte sich in ihrer Gesamtheit anfänglich keinesfalls zu Deutschland, sondern zu

Wien hingezogen. Das stark ausgeprägte Nationalbewußtsein entstand bei den Deutschen der böhmischen Länder erst um vieles später. Der Unterschied gegenüber den Tschechen beruhte darauf, daß sich die Deutschen der böhmischen Länder nicht als Nation oder als „Stamm" sinngemäß verstanden, daß das böhmische Deutschtum keine spezifische historisch kulturelle Individualität war. Man betrachtete sich einfach als Deutscher, als Teil eines größeren Ganzen, anfangs des österreich-deutschen, später des groß- oder alldeutschen. Diese Bestrebungen waren übrigens auch bei den österreichischen Deutschen vorhanden, wenn auch nicht allgemein (1848, 1918, 1938).

Es ist töricht, darüber zu streiten, ob der tschechische Nationalismus den deutschen Nationalismus heraufbeschworen habe oder umgekehrt. Die gemeinsame sprachliche Anlage beider Nationalismen potenzierte ihren intoleranten Ausschließlichkeitsstandpunkt.

Das neunzehnte Jahrhundert, insbesondere jedoch seine zweite Hälfte, war vom Ringen dieser beiden Gruppen um Erlangung der Hegemonie in den böhmischen Ländern ausgefüllt. Die an Zahl überlegenen und in der Zahl rascher wachsenden Tschechen erlangten nach und nach das Übergewicht, während sich bei den Deutschen als Folgeerscheinung eine Art von Abwehrpsychose herausbildete, u.a. auch darum, weil sich die Tschechen – anfangs zurückhaltend, späterhin selbstbewußt – einen besonderen Anspruch auf ganz Böhmen anmaßten, weil sie sich „in dem Land, dem sie den Namen gaben", als Hausherren fühlten, als Alteingesessene, während die Deutschen für sie in gewisser Hinsicht zu Menschen zweiter Klasse zu werden begannen. Nach tschechischer Vorstellung war Böhmen für die Tschechen in einem anderen Sinne Heimat, als es dies für die Deutschen war. Zwar gibt es auch in diesem Jahrhundert eine Reihe von Versuchen, einen Modus vivendi zu finden, aber auch die letzten davon – die Punktationen im Jahre 1891 – scheiterten unter anderem daran, daß die tschechische Bourgeoisie bereits zu stark war, daß es für sie keine Notwendigkeit gab, sich in diesem Raum die Macht und die wirtschaftlichen Positionen zu teilen. Ständige Kämpfe und Plänkeleien zwischen Tschechen und Deutschen verursachten in den böhmischen Ländern, daß sich die Kluft zwischen ihnen immer weiter vertiefte. Es war schwer, eine gemeinsame Plattform zu finden, von der aus es zu einer Zusammenarbeit hätte kommen können.

Dennoch unterstützten zahlreiche Vertreter der deutschen Kultur in den böhmischen Ländern um die Mitte des neunzehnten Jahrhunderts – zumindest in den Anfängen – die tschechisch-deutschen Wechselbeziehungen (Ludwig Ruppert, Alfred Meißner, Moritz Hartmann, Karl Egon Ebert, Anton Springer, Uffo Horn).

Auch während der zweiten Hälfte des neunzehnten Jahrhunderts hielt die deutsche Kultur ihren ursprünglichen Vorsprung und europäischen Standard aufrecht, während die tschechische Kultur bis in die neunziger Jahre des neunzehnten Jahrhunderts einen national eingeengten, provinziellen Charakter aufwies.

Die deutsche Literatur der böhmischen Länder brachte im neunzehnten und zwanzigsten Jahrhundert ihre schönsten Früchte in den Werken Adalbert Stifters, Karl Postls, Marie von Ebner-Eschenbachs, Bertha von Suttners, Karl Kraus', Paul Leppins, Rainer Maria Rilkes, Max Brods, Franz Kafkas, Franz Werfels, Oskar Baums, Johannes Urzidils, Ernst Weiß' und der sozialistisch orientierten Schriftsteller Egon Erwin Kisch, Rudolf Fuchs, Ludwig Winder, Louis Fürnberg und Franz Carl Weiskopf zum Reifen. In Böhmen bzw. Mähren wurden zu dieser Zeit auch berühmte Vertreter österreichischer und deutscher Wissenschaft und Kunst geboren: Johann Gregor Mendel, Sigmund Freud, Gustav Mahler und Edmund Husserl.

Die tschechische Politik des 19. Jahrhunderts orientierte sich nicht an der Schaffung eines eigenständigen Staates, sondern suchte nach einer Möglichkeit, die tschechischen Nationalinteressen – nicht gerade sehr einfallsreich und nur mit mittelmäßiger oder unterdurchschnittlicher Energie – im Rahmen eines Habsburgischen Staatenbundes durchzusetzen. Die Nationen wurden daher nicht dazu geführt, zu einer wirklich politischen Nation zu werden, zu einer Nation der Bürger, die einem komplexen Erfassen und Lösen der Probleme des gemeinsam mit den Deutschen bewohnten Landes zugänglicher gewesen wäre. Die Forderung nach einem selbständigen Staat erhob erst Masaryk im Jahre 1915; die Gründe, die ihn zu einer auf die Zerschlagung der österreich-ungarischen Monarchie gerichteten Orientierung und zur Förderung nach Selbständigkeit führten, waren außer der sich verändernden Konstellation der Kräfte in der Welt auch Gründe sittlicher Natur. Die Politiker zu Hause verhielten sich abwartend; gar manchmal waren sie genötigt – und öfter noch glaubten sie nur, dazu genötigt zu sein –, die einzige tragfähige Kraft des zukünftigen tschechoslowakischen Staatsgedankens zu desavouieren: Masaryks Auslandsaktion. Einen Plan zur Lösung der tschechisch- deutschen Beziehungen bereitete die tschechische Politik jedoch nicht vor.

Auf den Grundsätzen des Selbstbestimmungsrechtes

Die Tschechoslowakische Republik entstand in einer für sie außerordentlich günstigen Situation in nahezu maximaler Grenzziehung, und das unter Berufung auf zwei sich völlig ausschließende Grundsätze: auf die Grundsätze der historischen Kontinuität der Länder der Böhmischen Krone und auf die Grundsätze des Selbstbestimmungsrechtes der Völker im staatsrechtlichen Sinne. Die Politiker legten aber in diesem Augenblick nur wenig Weitsicht an den Tag; sie akzeptierten die räumliche Ausdehnung, die für die Lebensfähigkeit des Staates unabdingbar war, akzeptierten aber nicht die daraus resultierende Verbindlichkeit, eine solche Nationalitätenpolitik zu konzipieren, welche dem harmonischen Zusammenleben der Nationen entgegengekommen wäre und jeglicher inneren Spannungen sowie den zentrifugalen Tendenzen vorgebeugt hätte. Im Rahmen der ČSR fanden sich so aus völlig verschiedenartigen Gründen Slowaken und Deutsche neben Polen, Ungarn und Ruthenen zusammen. Diese „Mischung aus Feuer und Wasser" schuf nicht nur bis zu jenem Zeitpunkt eine kritische Situation, da die Folgen der aus dem Ersten Weltkrieg resultierenden Machtverhältnisse andauerten. Die weitere Entwicklung der Lage in Europa legte die traditionelle Instinktlosigkeit gegenüber der Nationalitätenproblematik in den böhmischen Ländern bloß, diesmal von seiten der tschechischen Politik.

Masaryk war sich zwar der schicksalhaften Wichtigkeit der Lösung des tschechisch-deutschen Zusammenlebens in dem neugeschaffenen Staate bewußt und hat viele Male darauf auf allgemeiner Ebene verwiesen. Auf der praktisch-politischen Ebene aber sind nur seine Erwägungen über die Notwendigkeit der Schaffung einer anderen Staatshymne, von Geld mit zweisprachiger Aufschrift u.a. bekannt geworden. Andererseits erlangte Masaryk traurige Berühmtheit durch den Ausspruch, daß die Deutschen zu uns als Emigranten und Kolonisten gekommen seien und daß demzufolge die neue Republik vor allem ein Staat der Tschechen sei. Die unbestimmte Vorstellung einer Tschechoslowakei als einer in nationalen Belangen gerechten „mitteleuropäischen Schweiz" blieb also eine Chimäre.

Die Ergebnisse des Ersten Weltkrieges bedeuteten für die Deutschen der böhmischen Länder eine grundlegende Veränderung in ihrer bisherigen Stellung: Sie wurden plötzlich von der führenden Nation im Staate, einer überdies noch im Kriege besiegten, zu einer nationalen Minderheit. Die Deutschen versuchten in den letzten Tagen Österreich-Ungarns, ihr Verhältnis zu den Tschechen dadurch zu lösen, daß sie unvermittelt die These über die Selbstbestimmung der Nationen akzeptierten und sich noch vor der Verlautbarung über die Gründung der Tschechoslowakei für selbständig erklärten. Die Tschechen antworteten mit einer gewaltsamen Annexion der Grenzgebiete und betonten, daß, vom Standpunkt der weiteren Lebensfähigkeit des Staates aus betrachtet, „Böhmen unteilbar ist". Erst im Herbst des Jahres 1919, nach Unterzeichnung des Vertrages von Saint-Germain, erkannten die deutschen Politiker die Realität der Tschechoslowakischen Republik an und begaben sich von Wien nach Prag. Plötzlich forderten sie für sich das Recht der Beteiligung an der Ausarbeitung der Verfassung, was jedoch von den Tschechen mit der Behauptung abgelehnt wurde, daß die Verfassung ein revolutionärer Akt sei, auf den die Tschechen als siegreiche Partei den Alleinanspruch hätten. Die Deutschen verweigerten darauf der Verfassung aus dem Jahre 1920 lange Zeit ihre Anerkennung. Damals wurden die Deutschen also von der Möglichkeit ausgeschlossen, sich am Aufbau der Grundlagen der neuen Republik zu beteiligen. Der Status einer Nation, viel weniger noch der einer Staatsnation oder staatsbildenden Nation, wurde ihnen nicht eingeräumt. Den Deutschen wurden lediglich – und das nur als Einzelbürgern, keineswegs als nationaler Gemeinschaft – Sprachenrechte zugebilligt. Die Forderung nach einer Autonomie wurde brüsk abgelehnt. Diese Lösung sollte die Theorie des Tschechoslowakismus begründen, die die „tschechoslowakische Nation" zur staatstragenden erklärte und die Deutschen nur zu einer nationalen Minderheit. Der tschechische Nationalismus feierte vorübergehend seine Triumphe – allerdings auch über die nationalen Erwartungen der Slowaken.

Es folgte eine Reihe von Maßnahmen auf ökonomischem Gebiet (Bodenreform, Währungsreform, Nostrifikation der Aktien), die vor allem gegen die Deutschen gerichtet waren und die allgemeine Stärkung der tschechischen Positionen bezweckten. Erst im Jahre 1926 gelang es in der praktischen Politik, die Deutschen (außer eine kleine Anzahl von Nationalisten) für eine aktive politische Beteiligung zu gewinnen.

Bald nach dem Antritt des Nazismus (es ist kein Zufall, daß die Wiege der nationalsozialistischen Bewegung im nordböhmischen Grenzgebiet und im Gebiet von Iglau stand) stellten sich die Deutschen wiederum in eine grundlegende Opposition zu den Tschechen und zum tschechoslowakischen Staat. Sie suchten die Lösung nicht auf dem Boden der Demokratie, ihre Politiker verfielen allmählich der totalitären nationalsozialistischen Weltanschauung. Sie orientierten sich nicht auf die Suche nach einer Form des Zusammenlebens, sondern riefen im Gegenteil sich ständig steigernde Spannungen hervor, wobei sie geflissentlich alles Positive verschwiegen, was ihnen die tschechoslowakische Demokratie gebracht hatte. Das war ein offenkundiges Versagen der deutschen Demokratie. Die Folge ihres Kooperierens mit dem Reich war zuerst in München das Ende der Ersten Republik und im Gefolge dessen waren es die Pläne zur sogenannten Endlösung.

München war gewiß das Ergebnis der deutschen Expansionsbestrebungen und ein Beweis für die Brüchigkeit der westlichen Demokratien. Es sollte aber gleichzeitig auch eine Mahnung für uns sein: Sollten wir uns nicht fragen, ob wir wirklich alles getan haben, die Probleme des Zusammenlebens mit den Deutschen in einem Staate auf demokratischem Wege zu lösen? Kamen Beneš' Vorschläge erst fünf Minuten nach zwölf? Hätte man mit etwas Ähnlichem nicht bereits in den zwanziger Jahren kommen sollen? Und schließlich: Ist der Weg, den wir seit der nationalen Wiedergeburt beschritten haben, wirklich der richtige Weg? Durch die monströsen Greueltaten und das

Versagen anderer fühlten wir uns doch eigentlich ganz offensichtlich der Pflicht enthoben, die eigenen Standpunkte kritisch zu überprüfen, die Taten und die Versäumnisse.

Über das Wesen des Zweiten Weltkrieges

Der Zweite Weltkrieg, hervorgerufen durch den expansionslüsternen deutschen Nazismus, nahm allmählich einen immer offenkundigeren anti-deutschen Charakter (auf Kosten seines antifaschistischen Charakters) an. Es ist nicht schwierig, eine solche Akzentverlagerung zu erklären, zu begreifen. Dadurch hat man sich aber noch nicht mit den langfristigen Risiken des „Antideutschtums" hinlänglich auseinandergesetzt.

In den Plänen der Verbündeten brach sich in immer stärkerem Maße der Gedanke Bahn, ein für allemal mit einem Deutschland aufzuräumen, das eine verhängnisvolle Gefahr für den Frieden darstellt und immer darstellen wird. Zur Zeit der kriegerischen Handlungen zerbrachen sich die Verbündeten wenig den Kopf darüber, wie dieses Problem praktisch zu lösen sei, wie man diese „deutsche Gefahr" beseitigen könne, ohne daß dabei die Notwendigkeit erwüchse, an der eigentlichen Substanz des deutschen Volkes zu rühren, was denn zu tun sei, um aus den deutschen Positionen künftighin die Aggressivität auszuschließen. Wenig dachten sie auch über das Problem der zukünftigen Demokratisierung Deutschlands nach, weil die vereinfachende Vorstellung davon überwog, wie man von der „Position der Stärke" aus ein für allemal mit Deutschland als Großmacht ein Ende machen werde. Man ließ davon ab, mit Deutschland als einem möglichen Perspektivpartner bei der Lösung seiner eigenen wie der europäischen oder der die gesamte Welt betreffenden Nachkriegsprobleme zu rechnen, und begann, es als rechtloses Objekt zu betrachten. Ausdruck dessen war auch die Forderung nach der „bedingungslosen Kapitulation" (keinerlei Verhandlungen mit den Deutschen, auch nicht mit einer eventuellen „aufständischen" Regierung), die im Jahre 1943 aufgestellt wurde und die eigentlich bedeutete, daß Deutschland, wie immer es sich auch verhalten möge, aller Rechte verlustig gegangen ist, daß es nur mehr die Möglichkeit gibt, mit ihm von der Position der Stärke aus zu verfahren. Damals entstanden auch die Pläne, Deutschland wiederum völlig zu einem Agrarland umzugestalten, denn in der Industrie glaubte man vereinfachend das Wesen der Aggressivität erblicken zu müssen, sowie die Pläne zur Zerschlagung in mehrere Staaten oder Gruppierungen.

Solche Standpunkte und Vorstellungen legen Zeugnis davon ab, daß sich die Verbündeten (vornehmlich die USA) mit dem Problem Deutschland keinen Rat wußten und sich von Rachgier mit dem Ziel der Liquidierung Deutschlands leiten ließen. Von hier, von diesen Reaktionen betretener Verlegenheit aus, nahmen die ausgesprochenen und nicht ausgesprochenen Theorien von der Kollektivschuld Deutschlands, d.h. aller Deutschen, am Krieg, am Nazismus und an allen dadurch verübten Verbrechen ihren Anfang. Besonders die Nationen, welche die Gefolgsleute Hitlers unterjochten, wurden bald vom Deutschenhaß beherrscht, so daß ihnen das Nachkriegsschicksal der Deutschen völlig gleichgültig war. Die Theorie der Kollektivschuld fiel auf fruchtbaren Boden. Diese Gegebenheiten ermöglichten es, daß jene undemokratische, ja unmenschliche Einstellung Geltung erlangen konnte, die dann z.B. bei der Aussiedlung Anwendung fand, eine Einstellung, die keinesfalls die erwiesene Schuld für eine Bestrafung voraussetzt – was in letzter Konsequenz nur einzelne treffen kann –, sondern die blinde Rache gegenüber allen Angehörigen eines Kollektivs nur darum praktiziert, weil es sich eben um Angehörige dieses Kollektivs handelt, weil sie die gleiche Sprache wie die wirklich Schuldigen sprechen. Eines der Fundamente der zivilisierten Welt, der Grundsatz von der Präsumtion der Schuldlosigkeit (d.h. die Voraussetzung, daß bis zu der Zeit, da in einem ordentlichen Gerichtsverfahren das Gegenteil, d.h. die Schuld, nachgewiesen wird, der Beschuldigte oder Angeklagte als unschuldig mit allen sich daraus ergebenden Folgerungen zu betrachten sei), wurde auf diese Weise verleugnet. An dieser antideutschen Haltung wurde eine gewiß erklärliche, nichtsdestoweniger aber tragische Verfallserscheinung der Werte, durch die Ereignisse des Krieges bedingt, sichtbar. Der gnadenlose Kampf gegen den Nazismus brandmarkte auch dessen Gegner – auch sie wurden davon getroffen, und ihre Menschlichkeit wurde ernstlich verletzt.

Über Deutschland und über die deutsche Nation entschieden also nach dem Jahre 1945 die Siegermächte, die dem geschlagenen Staat jeweils von ihrer eigenen Warte aus entgegentraten und sich darauf einigten, daß es allein ihnen anheimgestellt sei, die politische Entwicklung in den ihnen zugehörigen Sphären des geteilten Deutschland zu bestimmen.

Die Aussiedlung der Deutschen aus der Tschechoslowakei ist von diesem Standpunkt aus nur ein Teil der gesamten Atmosphäre und der Generallinie der siegreichen Mächte; unter anderen Umständen hätte sie auch nie verwirklicht werden können.

Die eigentliche Entstehung des Planes einer Aussiedlung

Das gespannte, sogar auch offen feindselige Verhältnis zwischen Tschechen und Deutschen erreichte durch die nazistische Okkupation und durch den Terror während des zweiten Weltkrieges seinen Höhepunkt. Unter der tschechischen Bevölkerung wuchs die Angst und dementsprechend auch der Haß gegenüber den Deutschen, der nun seinen Kulminationspunkt fand. Das alles verstärkte die Stimmungslage, die ihren Niederschlag in Plänen für eine möglichst definitive Lösung der tschechisch-deutschen Beziehungen fand, und dies natürlich zugunsten der Tschechen. Den Tschechen schien nach dem Erleben, das ihnen die Geschichte des Protektorats hatte zuteil werden lassen, ein weiteres Zusammenleben mit den Deutschen unmöglich.

Schon in den Anfängen der Okkupation, also zu einer Zeit, als es noch keine Erfahrungen mit dem unmittelbaren nazistischen Wüten gab, tauchten in der heimischen wie in der ausländischen Widerstandsbewegung Erwägungen über eine radikale Verminderung der Zahl der Deutschen in den böhmischen Ländern auf – damals allerdings noch in Abhängigkeit vom Ausmaß ihrer Schuld; diese Erwägungen nahmen aber nach und nach im Gedanken einer Aussiedlung konkrete Gestalt an, einer Aussiedlung als definitiver Form einer gewaltsamen Lösung des tschechisch-deutschen Problems, diesmal wiederum von tschechischer Seite aus. Mit dem sich nähernden Ende des Krieges wurde mehr und mehr von den realistischeren und demzufolge weniger maximalistischen Vorstellungen abgelassen, daß z.B. die Aussiedlung 1 bis 1,5 Millionen Deutscher durch die Abtretung einiger Gebietsteile zugunsten Deutschlands konzipiert werden könnte, daß die Aussiedlung zumindest für den größeren Teil der Deutschen mit einem Ersatz für das zurückgelassene Eigentum verbunden sein muß (man rechnete mit etwa zwanzigtausend Kcs pro Person), daß ein gesonderter Gebietsteil (Gaue, Kantone) geschaffen werden sollte, zwar im Rahmen der CSR, jedoch mit autonomen Statut, und zwar dort, wo die deutsche Bevölkerungsdichte am stärksten ist, und daß in dieses Gebiet, keineswegs also nur nach Deutschland, diejenigen Deutschen umgesiedelt werden, die sich weniger hatten zuschulden kommen lassen und in anderen Gegenden der Republik wohnten, usw. usw. Die Kommunisten lehnten ursprünglich den evident „klassenlosen" Gedanken einer Aussiedlung ab, wurden aber von dem Augenblick an, da sie ihn sich zu eigen machten (nachdem vorher auch die UdSSR ihre Einwilligung zur Aussiedlung erteilt hatte), seine energischen Vertreter und später auch Vollstrecker. Es ist bezeichnend, daß alle verbliebenen (d.h. nach dem Kriege zugelassenen) tschechischen politischen Parteien in der erneuerten Republik gerade nur bei der Lösung der deutschen (und slowakischen) Frage eine Einigung erzielen konnten; der tschechische Nationalismus stellte damit seine Vitalität und seine Neigung zu undemokratischen Lösungen auch unter neuen Verhältnissen unter Beweis. Die tschechische Gesellschaft exkulpierte sich, indem sie den Aussiedlungsplan annahm, auf diese Weise auch von den eigenen Unzulänglichkeiten – auch wenn sie das vielleicht nicht wahrhaben wollte. Die tschechischen Nationalisten aber bekundeten wenig kluge Voraussicht, weil sie nicht zu erkennen vermochten, daß viele von ihnen schließlich selbst mit jenen Mitteln liquidiert werden würden, die sie verteidigt oder zumindest geduldet hatten, als sie noch gegen die Nicht-Tschechen eingesetzt wurden.

Die Folgen der antitschechischen Protektoratspolitik der Nazisten auf der einen Seite und des antideutsch zugespitzten Nationalismus des tschechischen Volkes auf der anderen zeigten sich gleich im Sommer des Jahres 1945 beim sogenannten wilden Abschub, im unkontrollierten Wüten vieler Angehöriger der Revolutionsgarden im Grenzgebiet und auch in den Verhältnissen in den sogenannten Sammellagern. Also nicht allein durch die bloße Übernahme des problematischen Grundsatzes, das deutsche Problem durch eine Massenaussiedlung zu lösen, sondern auch in der Art und Weise, wie diese durchgeführt wurde, wurden die schütteren Grundmauern unserer Demokratie bloßgelegt, nicht minder die Unfähigkeit der tschechischen Politik, das komplizierte tschechisch-deutsche Problem anders als auf die nur scheinbar einfachste Weise zu lösen, d.h. dadurch, daß man sich der Deutschen einfach entledigt. (Dabei wollen wir noch solche Peinlichkeiten beiseite lassen, wie es das Schreiben des Wortes Deutscher „Němec" mit kleinem Anfangsbuchstaben oder die haßerfüllten Aussprüche nicht nur der Politiker, sondern leider auch der Vertreter der tschechischen Kultur waren.)

Das alles war nicht nur eine Antwort, eine verständliche Reaktion auf die nazistischen Verbrechen, das war auch das tragische Ergebnis jener jahrhundertelangen Entwicklung im Verhältnis der beiden Bevölkerungsgruppen in den böhmischen Ländern, die sich als grundlegendes Kriterium ihres nationalen Seins die (ausschließliche) Idee der Sprache erwählten, die sich in den für das gegenseitige Verhältnis entscheidenden Augenblicken als dominierender und desintegrierender Faktor erwies.

Die Durchführung der Aussiedlung

Der Gedanke der Aussiedlung als Strafmaßnahme hängt eng mit der Theorie oder mehr noch mit der Annahme einer Kollektivschuld des deutschen Volkes an den Verbrechen des deutschen Nazismus zusammen. Das Prinzip der Kollektivschuld, das die Bestrafung ganzer Gruppen, Kollektive, einer Nation für die Verbrechen zuläßt, die von einzelnen begangen wurden, ist jedoch, auch wenn diese einzelnen eine keineswegs unerhebliche Minderheit bildeten, gänzlich unannehmbar und wurde in der modernen Zeit nur von totalitären Regimen praktiziert – und auch von denen nur selten in aller Offenheit; in der Regel verbrämten sie ihre Praxis durch eine ideologische Weihe.

Die faktische Sanktionierung dieser Theorie durch die westlichen Demokratien (obzwar es gerade Roosevelt war, der im Jahre 1941 verkündete: „Die zivilisierten Völker haben schon lange zum Grundsatz gemacht, daß niemand für die Taten eines anderen bestraft werden darf"), wenngleich zögernd, sukzessive und der wachsenden heimischen Kritik ausgesetzt, zeugt von einem allgemeinen Verfall der Demokratie. Gleichwohl hat gerade dieser Standpunkt des Westens dazu verholfen, den Gedanken des Transfers bei uns zu verwirklichen.

Der Transfer, der zum offiziellen Programm des Staates wurde, bedeutete dabei eine schwerwiegende Gefährdung der Rechtssicherheit seiner Bürger selbst: weil eine im vorhinein durch ein äußerliches Kriterium bestimmte, darüber hinaus an Zahl sehr starke Gruppe von Bürgern nicht die Möglichkeit hatte, sich auf normalem Wege gegen den ernstesten Eingriff in ihr Dasein zu wehren, das heißt vor ordentlichen Gerichten. Und die tschechoslowakischen Deutschen waren doch tschechoslowakische Staatsbürger, wenn man wirklich konsequent an der rechtlichen Kontinuität der Republik festhielt, wenn man also die zeitweilige, gerade im Sinne des Anspruchs auf Kontinuität ungültige Annahme der reichsdeutschen Staatsbürgerschaft durch die Deutschen außer acht ließ (diese Deutschen konnten dann allerdings auch nicht aufgrund des Dekretes vom 2.8.1945 die tschechoslowakische Staatsbürgerschaft „nachträglich" verlieren). Das Rechtsbewußtsein bekam so in der Nachkriegsrepublik gleich von allem Anfang an einen tiefen Riß, und dieser konnte dann – in den fünfziger Jahren – unschwer ausgeweitet werden, beziehungsweise konnte man das Prinzip der durch kein Recht mehr gebundenen Gewalt auf immer weitere Bevölkerungsgruppen übertragen. Ist einmal das Prinzip gebrochen, so liegt es nur an mehr oder weniger zufälligen Gegebenheiten, wer das nächste Opfer der Willkür wird.

Es ist aber notwendig zu sagen, daß die Entwicklung der Situation gegen Ende des Krieges und danach aller Wahrscheinlichkeit nach nur wenige praktische Möglichkeiten bot, die deutsche Frage grundsätzlich anders als durch die Aussiedlung zu lösen. Keiner der verantwortlichen Politiker bemühte sich darum, den Chauvinismus der „Demokraten" einzudämmen oder ihn zu bremsen, in gemäßigte Bahnen zu lenken, auf andere Möglichkeiten eines Auswegs zu verweisen. Der allgemeinen Aussiedlungspsychose unterlag beinahe die ganze Nation. Es bleibt eine traurige Wahrheit, daß sich die tschechoslowakische politische Repräsentation, einschließlich der Führer der demokratischen Parteien, alles „Erben der Masarykschen Ersten Republik", nicht nur nicht gegen die inhumanen Methoden hauptsächlich der sogenannten wilden Abschiebung zur Wehr setzte, sondern ihnen in vielem durch ihre extrem nationalistischen Äußerungen noch Vorschub leistete.

Nicht einmal die tschechische Kultur war imstande, auf die unheilvollen Folgen dieser Entscheidung für die tschechische Nation und vor allem auf das Risiko jener alltäglich gewordenen Erfahrungen im Umgang mit rechtlosen Menschen hinzuweisen; sie war nicht imstande, von den Folgen des durch die Ausweisung noch gesteigerten Nationalismus zu warnen, und das aller Wahrscheinlichkeit nach darum, weil sie diese nicht einmal erkannte. Unsere Demokratie erwies sich als nicht fähig, ja nicht einmal als bereit, das deutsche Problem auf andere Weise zu lösen als so, wie das vom Standpunkt kurzsichtiger Machtinteressen am bequemsten erscheint und wie man dabei am besten den Launen der Massen entgegenkommt. Sie beabsichtigte nicht, sich ihnen entgegenzustellen, wenngleich es hierbei um die Rechtfertigung der unteilbaren Werte von Recht und Gerechtigkeit ging, für die die aufgebrachten – ja auch zu Recht aufgebrachten – Massen nicht genügend Verständnis zu haben pflegen.

Die Ausweisung wurde von der Öffentlichkeit nicht als etwas Tragisches empfunden, was vielleicht politisch vom Standpunkt der Staatssicherheit als unumgänglich erscheinen mag, nichtsdestoweniger aber ein Übel war.

Die Eskalation des nationalistischen und vor allem antideutschen Fühlens des tschechischen Volkes während des Krieges hatte seine verständlichen, augenscheinlichen, unmittelbaren wie auch verdeckteren historischen Ursachen; nur über die letzteren kann man eine Auseinandersetzung führen. Die Verteidigung der nationalen Interessen nach den Erfahrungen im Kriege war in hohem Maße berechtigt; ein ernster Mangel aber war es, daß sie nicht hinreichend durch eine Zurückhaltung aufgewogen wurde, die aus der Überzeugung von der Kraft der Demokratie entsprang, was seinen Niederschlag übrigens auch in einigen politischen Programmen des Widerstandes fand. Die tschechische Gesellschaft verfügte bis dahin nicht zur Genüge über positive Erfahrungen, Erkenntnisse und über das konkrete Erlebnis einer funktionierenden Demokratie, und zwar nicht nur als eines Mittels und Instruments, sondern auch als eines Zielwertes und Sinngehaltes politischen Lebens. Das durch den Krieg zerrüttete gesellschaftliche Bewußtsein widerspiegelte diesen Zustand und verzeichnete ihn noch durch das überstandene Leiden.

Im Einklang mit einer entschiedenen Ablehnung des Prinzips einer Kollektivschuld behaupten wir nicht, daß das tschechische Volk und seine politischen Vertreter dieselbe Schuld am Transfer tragen. Der tschechische antideutsche Nationalismus und die Schwäche der demokratischen Tradition aber waren die unabdingbare Voraussetzung dafür, daß sich die politischen Führer nicht nur durchsetzen konnten, sondern die Ausweisung überhaupt proklamieren und fördern durften. Sofern tschechoslowakische Bürger an Deutschen Straftaten verübten, sollten sie dafür die rechtliche Verantwortung tragen. Nach unserem Urteil kann und darf man diese Taten bei weitem nicht damit erklären oder entschuldigen, daß es nur um eine verständliche

Reaktion auf die vorausgegangenen Bestialitäten der Nazisten gegangen sei, auch wenn man seinerzeit gerade so argumentierte. Vom Standpunkt der kollektiven Psychologie der Nation ziehen wir auch in Erwägung, daß sich in diesen Taten nicht nur alle Erniedrigung und alle Beleidigungen der vorangegangenen Jahre erkennen lassen, sondern auch das schlechte Gewissen der Kollaborateure, die peinlichen Erlebnisse der eigenen Feigheit, das fieberhafte Bemühen, sich im letzten Augenblick „Verdienste" zu erwerben, da schon alles entschieden war, und sich so vor den anderen „reinzuwaschen". Wir unterschätzen auch die tiefe Erschütterung nicht, welche die tschechoslowakische Regierung im Bewußtsein des Volkes dadurch hervorrief, daß sie die Bedingungen des Münchener Vertrages akzeptierte und daß sie Hunderttausenden entschlossener Männer die Möglichkeit nahm, sich dem Feind von Angesicht zu Angesicht zu stellen.

Am schwerwiegendsten aber ist der Umstand, daß niemand eine andere Möglichkeit als die Aussiedlung suchte. Möglicherweise war dies auch eine Folge der autoritativen Stellung des Dr. Beneš in der tschechoslowakischen Politik, der nach und nach zur Hauptperson der Durchsetzung und Begründung der Ausweisung wurde. Die Deutschen der böhmischen Länder bezeichnete er als Hauptschuldige des Krieges, als die Schuldigen für München und die Okkupation; neunzig Prozent der böhmischen Deutschen lastete er dieses als Schuld an, siebzig Prozent der Deutschen bezeichnete er als Reiche und als Nazisten, und ihre Ausweisung betrachtete er als erstrangige Aufgabe, obwohl er nach dem März 1939 noch eine eventuelle Ausweisung für unmoralisch erklärt hatte. Schließlich setzte er sich für die radikalste, für die Maximallösung ein. Und so gab es niemanden, der es unternommen hätte, eine Alternativlösung des deutschen Problems vorzuschlagen, die im wesentlichen auf der Herbeiführung von Bedingungen beruht hätte, die den normalen Nachweis einer individuellen Schuld oder Schuldlosigkeit an den Verbrechen gegen das tschechische Volk erbracht hätten. Den Antifaschisten hätte man mit mehr aufrichtigem Entgegenkommen und mit weniger Heuchelei ermöglichen sollen, sich am Aufbau des Staates und an der Ermittlung von Schuld und Schuldlosigkeit zu beteiligen; Angehörige der SS, SA, NSDAP hätte man internieren und nacheinander der Gerichtsbarkeit zuführen können; in Gebieten, in denen die deutsche Bevölkerung die Mehrheit hatte, hätten die bürgerlichen Rechte zeitweilig aufgehoben werden können u.ä. Solche Alternativvorschläge konnten noch im Verlaufe des Krieges als real erscheinen, weil sie sich auf die demokratischen Kräfte in den westlichen Ländern zu stützen vermochten. Nach dem Krieg, als die Ausweisung auch von den Großmächten beschlossen worden war, hätten sie ihre moralische Bedeutung unter Beweis stellen können, das heißt, sie hätten gezeigt, daß sich wenigstens einige Vertreter des tschechischen Volkes der unglückseligen Folgen und fehlerhaften Ausgangspositionen der Ausweisung bewußt waren. Irgendwann in der Zukunft wäre es dann möglich gewesen, an diese Alternativen anzuknüpfen als positive Tradition in der Lösung des deutschen Problems.

Insgesamt scheint es, daß die tschechische Gesellschaft nicht fähig und vielleicht auch nicht bereit war, überhaupt zu erkennen, daß die Ausweisung eine undemokratische Lösung war. Schon der Gedanke der Aussiedlung selbst als Strafe verlagert das Problem der deutschen Schuld, aber auch die Verantwortung für die Lösung des tschechisch-deutschen Problems auf jemand anderen, das heißt in die Gebiete, in die man die Deutschen auswies, und entledigt – dem Anschein nach – die tschechische Nation und ihre politische Repräsentanz jeder weiteren Verantwortung. Hat sich die tschechische Gesellschaft wenigstens Reste ihres Willens und der Fähigkeit bewahrt, die deutsche Nation differenziert zu sehen, zwischen Verbrechern, Mißbrauchten und Kompromittierten, also auch Opfern in der deutschen Nation, zu unterscheiden? Gegen Kriegsende verfiel sie dem Leitspruch: „Ein guter Deutscher – ein toter Deutscher", und es entsprach ihr die bequeme Theorie von der Kollektivschuld des deutschen Volkes am Krieg. Demokratische Gesichtspunkte wurden den Deutschen gegenüber nicht geltend gemacht. Leider forderte erst der zeitliche Abstand, der eine tiefere Erkenntnis in die Funktion des eigenen totalitären Staates und seiner Mittel der gesellschaftlichen Manipulation ermöglichte, im Verein mit der persönlichen Erfahrung von Millionen getäuschter und mißbrauchter Menschen die Notwendigkeit heraus, das deutsche Volk als ein Ganzes, das seinerzeit der totalen Macht des Nazismus ausgesetzt war, von einer gerechteren und angemesseneren Warte aus zu beurteilen.

Die Folgen

Die historischen Folgen

Die Aussiedlung sollte die Frage des Zusammenlebens von Tschechen und Deutschen auf dem Boden der historischen Länder Böhmen und Mähren, ein Zusammenleben, das sieben Jahrhunderte gedauert hatte, mit definitiver Gültigkeit lösen. Der tschechische Staat, durch das ganze Mittelalter und die Neuzeit hindurch zweisprachig und als Tschechoslowakische Republik ein Staat zahlreicher nationaler Minderheiten, von denen die deutsche gerade die größte war, wurde nach dem Jahre 1945 ein homogener Nationalstaat der Tschechen (und Slowaken) und veränderte so von Grund auf seinen bisherigen Charakter. (Hier müssen wir daran erinnern, daß die Nazisten selbst vorher eine andere wirtschaftlich und vor allem kulturell hochentwickelte ethnische Gruppe, nämlich die jüdische Bevölkerung, liquidiert hatten, die einst ebenfalls eine Komponente des tschechischen und deutschen Lebens darstellte.)

Die rechtlichen Folgen

Nach vielen Jahrzehnten der Existenz eines Rechtsstaates, der es ermöglichte, die Rechtskultur ganzer Generationen des tschechischen Volkes zu kultivieren und zu festigen, führten München und die nazistische Okkupation zu einem tiefen Mißtrauen gegenüber den rechtlichen Sicherheiten. Sobald nach Beendigung des Krieges die Möglichkeiten zu ihrer Regeneration wieder gegeben waren, kam es zur Aussiedlung und damit einem weiteren Eingriff in die rechtlichen Sicherheiten der Bevölkerung, wurden die Rechtsgrundlagen der Republik verletzt. Die Aussiedlung sanktionierte die Bekundungen von Willkür nicht nur gegen jeden Angehörigen einer Bevölkerungsgruppe der Republik, sondern auch gegen diese Gruppe als Ganzes. Sie ebnete auf diese Weise den Gesetzwidrigkeiten der späteren Jahre den Weg, Ungesetzlichkeiten, für welche die tschechische Bevölkerung so schwer büßen mußte. Die Aussiedlung schuf so mit der Vertreibung von Millionen Menschen, die durch Jahrhunderte im Land ansässig gewesen waren, einen gefährlichen Präzedenzfall für die Zukunft.

Die ethischen Folgen

Die Aussiedlung verletzte die bis dahin gültigen, wenn auch während des Kriegs durch die kämpfenden Parteien ins Wanken geratenen sittlichen Werte und zivilisationsbegründeten Bindungen, da sie sich for dem Hintergrund des ausgesprochenen oder schweigend akzeptierten Grundsatzes einer Kollektivschuld abspielte, eines Grundsatzes, den wir stets ablehnen müssen. Sie ermöglichte die unter der Schirmherrschaft des Staates unternommenen Beutezüge einzelner und ganzer Gruppen im Grenzgebiet.

Sie belastete das moralische Konto des tschechischen Volkes für die Zukunft und besudelte den Beginn der Errichtung eines freien Lebens in der erneuerten Republik. Durch ihre Folgen demoralisierte die Aussiedlung in erheblichem Maße einen Großteil der tschechischen Bevölkerung. Diejenigen, die sie physisch durchführten, blieben dadurch für alle Zeiten gebrandmarkt, da sie das Werk sittlich unbegründeter Gewalt erlernen mußten, das nicht mehr gutzumachen war. Diejenigen, welche sich des konfiszierten Eigentums bemächtigt hatten, lernten zum Großteil nicht, mit dem widerrechtlich erworbenen Vermögen zu wirtschaften, und fanden auch keinen innigen Bezug zur Natur und zur Landschaft ihrer neuen Heimstatt. Sie waren außerstande, auch nur eine wertvolle Lokalkultur einschließlich kultivierter nachbarschaftlicher Beziehungen zu schaffen. Die Gesellschaft, welche sich auf so komplizierte Weise im Grenzgebiet etablierte, trug darum die Keime der Destruktion in ihrem Inneren. Es begannen sich dort unkultivierte Sitten durchzusetzen, was auch zur Zerstörung der Bindungen im Landesinneren beitrug. Die neuen Bewohner waren nicht imstande und wohl auch nicht gewillt, den gefühllosen Eingriffen der bürokratischen politischen und wirtschaftlichen Leitung elementaren Widerstand entgegenzusetzen. Da die Ausweisung in schmerzlicher Weise gar viele unschuldige Menschen traf (so manches Mal auch das Leben kostete), wurde sie zum Quell der Verbitterung. Daran ändert auch der Umstand nichts, daß die Mehrzahl der ausgesiedelten Deutschen bereits nach wenigen Jahren ihr Schicksal nicht mehr als Tragödie, sondern eher als das Gegenteil empfand.

Die politischen Folgen

a) Die innenpolitischen Folgen

Die Aussiedlung, welche die Vertreter aller tschechischen und politischen Parteien in seltener Eintracht durchsetzten, nicht zuletzt auch darum, damit diese nicht allein zur Sache der Kommunisten würde und denen ein so attraktives Lockmittel für die Massen der Bevölkerung nicht zur Gänze in die Hand gelegt würde (Konfiskate, Grundstücke, Häuser usw.), erwies sich vom Standpunkt der bürgerlichen Parteien aus als eine äußerst zweifelhafte Kalkulation. Das Land verließ eine wohlhabende Bevölkerung wie auch eine hochqualifizierte Arbeiterschaft, das heißt Bevölkerungsschichten, die traditionell die konservativen und die reformistischen Parteien wählten. Die bürgerlichen demokratischen Kräfte trugen auf diese Weise selbst – in blinder Verfolgung unmittelbarer politischer Gewinne – zur Schwächung der eigenen Positionen bei, was sie auch umgehend zu fühlen bekommen sollten.

b) Die außenpolitischen Folgen

Die Aussiedlung machte es unmöglich, mit einem der beiden deutschen Staaten, mit der Bundesrepublik, in angemessener Zeit nach dem Kriegsende die Zusammenarbeit aufzunehmen und trug zur Verzögerung der Normalisierung mit ihm bis in die siebziger Jahre bei. Dadurch war aber eigentlich die europäische Alternative der tschechischen Politik mit letzter Gültigkeit eliminiert, und zwar zugunsten einer Ostorientierung. Zum eindeutigen Garanten der Aussiedlung wurde bereitwillig die UdSSR, und die tschechoslowakische Politik war – beginnend mit Beneš – nicht imstande, konsequent nach einer anderen Sicherheitsgarantie für die Souveränität der ČSR im Nachkriegseuropa zu suchen als jener im Osten.

Die ökonomischen Folgen

Die Aussiedlung vernichtete riesige materielle Werte im tschechoslowakischen Grenzgebiet und lähmte auf Jahre hinaus einige Zweige der traditionellen und in hohem Maße prosperierenden Leichtindustrie (Textil, Glas, Bijouterie), deren Fachkräfte und Arbeiter das Land verließen und diese Industriezweige auf der anderen Seite der Grenze von neuem begründeten. Die Aussiedlung bedeutete den Verlust von Hunderttausenden von Arbeitsplätzen. Sie richtete ungeheure Verluste am Bodenfonds (Verödung des Ackerbodens, der Wiesen) und am Wohnungsfonds (Erlöschen ganzer Dörfer, Verwüstung der Städte) an. Die Aussiedlung verwandelte die Kulturlandschaft der Sudeten stellenweise in eine von Narben besäte, halbleere Ödlandschaft, mehr oder weniger extensiv von den entwurzelten Neusiedlern bestellt. Von einigen Wunden hat sich das tschechoslowakische Grenzgebiet bis heute noch nicht zu erholen vermocht, und einige Folgen werden höchstwahrscheinlich – vom ökologischen Standpunkt aus betrachtet – überhaupt nicht wiedergutzumachen sein.

Die Aussiedlung bedeutete also eine ernste wirtschaftliche Schwächung der Republik, die unmittelbar der sechs Jahre währenden Okkupation folgte und wodurch sich auch die wirtschaftliche Abhängigkeit von fremder Hilfe steigerte.

Die demographischen Folgen

Durch die Aussiedlung verließ eine hochentwickelte Bevölkerungsgruppe von einigen Millionen die ČSR. Erst nach dreißig Jahren gelang es, diesen Bevölkerungsverlust auszugleichen. Die schlecht durchdachten, nichtsdestoweniger aber skrupellos und gewaltsam durchgesetzten Versuche, das halbleere Grenzgebiet „voll" zu besiedeln, führten zu einigen Wellen gelenkter Migration (Ungarn, Slowaken, Roma, wolhynische Tschechen, Rumänen, Griechen), welche eine weitere Destabilisierung des Grenzgebietes verursachten und eine Störung des organischen Lebens der Bevölkerung bedeuten.

Die kulturellen Folgen

Die Aussiedlung beraubte das Gebiet der böhmischen Länder, Wiege tschechischer und deutscher Kultur, einer seiner Komponenten, machte es ärmer und erschwerte die gegenseitige Beeinflussung. Die feindselige Trennung von den Deutschen und die Schmähung der deutschen Sprache verschlossen den tschechischen Geist der deutschen Kultur, die bei weitem nicht nur nationalistisch und nazistisch war. Die tschechische Kultur beschränkte dadurch ihre Aufnahmefähigkeit sowohl für das, was in der deutschen Kultur erstklassig war, wie auch für das was gerade sie uns vermittelte. Man hörte z.B. damit auf, die deutsche Fachliteratur zu studieren, die traditionell – wenn auch unauffällig – die spürbaren Lücken in der tschechischen Literatur ausfüllte. Die tschechische Denkart verlor ihre traditionelle Verbindung zur deutschen idealistischen Philosophie und Geisteswissenschaft, verfiel unschwer einem seichten Positivismus, büßte so an wirksamer Widerstandskraft ein, um sich dann um so wehrloser der ideologischen Gleichschaltung zu unterwerfen, die sie der Macht des totalitären Staates gefügig zu machen verstand.

Schlußfolgerungen

In der Einstellung der tschechischen Gesellschaft zur Aussiedlung der deutschen Bevölkerung erkennen wir also aus unbequem intimer Nähe einige ihrer Wesenszüge. Die entscheidende Rolle spielte hier vor allem die Unreife, insbesondere die politische: die unzulängliche Verwurzelung der Demokratie und der Erfahrung mit ihr. Das unzureichende Vertrauen zur Demokratie war nicht zu überwinden, so daß es nicht gelang, das allgemeine Niveau des Fühlens, Denkens und Handelns der tschechischen Gesellschaft zu einer höheren, den damaligen Problemen entsprechenden Stufe zu führen. Dazu kam noch die bittere Erfahrung aus sechs Jahren Okkupation, in denen die Nation am eigenen Leib die bislang schwerste nationale Unterdrückung und die Wirksamkeit eines totalitären Drucks kennenlernte. Dies alles ließ die unglückselige Theorie von der Kollektivschuld des gesamten deutschen Volkes am Aufkommen und an der gewaltsamen Expansion des Nazismus entstehen und belebte sie.

Während der Okkupation wurde die Nation programmgemäß erniedrigt, sie sollte germanisiert werden; im Hinblick auf das Niveau der tschechischen Widerstandskraft mündete erst bei Kriegsende diese Erniedrigung in emotionale Bekundungen freigesetzten Hasses. Es kam also auch zu einer verständlichen Kompensierung früherer Komplexe, woraus die damalige tschechische Politik, wie immer sie auch sonst uneinig war, leider zu profitieren beabsichtigte, wobei sie sich davon gleichzeitig in törichter Manier versprach, daß sich die Gesellschaft von nun an auf neuen, gesunden Fundamenten entwickeln werde ... Als ob es nicht eine gefährliche Illusion wäre, daß man in der Politik an einem leeren Tisch anfangen könne!

Wir sind selbstverständlich unter den demokratisch denkenden tschechischen Intellektuellen nicht die einzigen, welche die Ansicht vertreten, daß die Ausweisung der deutschen Bevölkerung in der Perspektive eines weiteren geschichtlichen Rückblicks nicht als eine glückliche, ja nicht einmal als eine unausweichliche Begebenheit erachtet werden darf. Es ist eher nötig, auf diese Lösung wie auf eine Tragödie zu blicken, welche zumindest erst noch genau beschrieben werden muß. Denn es ist ja doch wohl eine Tragödie, wenn sich Nationen, die durch Jahrhunderte gemeinsam lebten und vieles gemeinsam erreichten, sei es nun im Wettbewerb oder in gegenseitigen Konflikten oder Zusammenstößen, auf einmal trennen mußten. Die Vielfalt der menschlichen Welt, die Vielfalt der einander tolerierenden Kulturen, Traditionen und Rassen, diese Hoffnung als Wall gegen die fortschreitende allgemeine Nivellierung erlitt auch bei uns einen Schaden zugunsten jener Tendenzen, die auf die Herausbildung abgeschlossener, sich gegenseitig feindlich gegenüberstehender Enklaven abzielen, die untereinander nur durch Gewalt oder durch Androhung von Gewalt kommunizieren. Daß es eine dauerhafte Trennung sein sollte, ist eine nicht wegzudiskutierende Tatsache, ein machtpolitisches Faktum, bestätigt durch internationale Verträge und durch das gegenwärtige globale Kräfteverhältnis, und darum kann auch kein wie immer auch geartetes Offenlegen und schließlich auch gründliches Überprüfen der Aussiedlungsproblematik mit den Mitteln, die dem Historiker zur Verfügung stehen, von sich aus diesen Tatbestand ändern oder auch nur gefährden.

Wir schließen einstweilen mit der Feststellung, daß der Krieg eine allgemeine Dehumanisierung der Menschheit verursacht hat und daß in diesem Rahmen oftmals demokratische Prinzipien als zuwenig wirksam kleingläubig aufgegeben wurden. Die Tschechen konnten sich keinesfalls diesem allgemeinen Erdrutsch der Werte entziehen, ja sie nützten ihn in verblendetem Egoismus: Sie ließen sich bei der globalen „Lösung" der deutschen Frage „mitreißen", einer Lösung, deren Prinzip und deren Durchführung auch heute noch, da die Zeit schon viele Wunden geheilt hat, wenigstens zu problematisieren, wenn nicht gar zu verurteilen sind.

Die Aussiedlung der deutschen Bevölkerung aus der Tschechoslowakei war also das Resultat einer verworrenen außen- und innenpolitischen Konstellation der Kräfte, wie sie sich zum Ende des Zweiten Weltkrieges herausgebildet hatte. Die tschechoslowakische Demokratie suchte nicht nach dem schwierigeren, anspruchsvolleren und darum vielleicht auch riskanteren Weg einer Aburteilung der nur wirklich Schuldigen – sie schreckte vor den Schwierigkeiten zurück, die mit dem weiteren Verbleib der Deutschen in der Republik entstanden wären, auch schon aus dem Grund, weil sie keine positiven Pläne für die Lösung des tschechisch-deutschen Zusammenlebens besaß, weder nach dem Jahre 1945 noch vor diesem. Die politischen Parteien erlagen statt dessen einer Massenpsychose und begaben sich – der Wählermassen wegen – auf den populären Weg der Aussiedlung, der Beschlagnahme des Eigentums und des Bodens, des Aberkennens der bürgerlichen Rechte für eine ganze Volksgruppe. Sie beabsichtigten aus der Aussiedlung für sich politisches Kapital zu schlagen. Das aber gelang nur einer Partei unter ihnen.

Mit den anderen wurde schon bald nach altbewährtem Muster verfahren: Sie wurden von der Teilhabe an der politischen Macht „abgeschoben", aus allen wichtigeren Institutionen des öffentlichen Lebens. Einzelne – es ging aber um Millionen – wurden aus ihren wirtschaftlichen Positionen „ausgewiesen", des Eigentums und des Bodens beraubt. Viele wurden dann ins Gefängnis „abgeschoben", in die Lager für Zwangsarbeiter, schließlich traf dies sogar Kommunisten selbst.

Dieses alles, was geschehen ist, gibt uns die Gelegenheit, zu begreifen, daß die Grundwerte der Demokratie wahrhaft unteilbar sind. Darum auch haben wir diesen Standpunkt zum Problem der Aussiedlung der Deutschen formuliert.

(Übersetzung nach: *Die Brücke*, 15.3.1980)

B) Versöhnung 95 – Smíření 95

zdiwischen den Sudetendeutschen und den Tschechen im von den Vereinten Nationen verkündeten „Jahr der Toleranz":

Im Jahre 1995 gedenken wir des 50. Jahrestages des Endes des Zweiten Weltkrieges. Dieses Jahr wurde gleichzeitig von den Vereinten Nationen als „Jahr der Toleranz" verkündet, das Jahr des Kampfes gegen Haß, Intoleranz und gewalttätige Gruppenkonflikte. Wir möchten durch die nachfolgende Initiative zur Erfüllung dieser Zielsetzung beitragen.

Vor einem halben Jahrhundert ordnete die damalige tschechoslowakische Regierung die Vertreibung von mehr als drei Millionen Deutschen aus den böhmischen Ländern und der Slowakei unter Zustimmung der Mehrheit der tschechischen Bevölkerung sowie mit Billigung der Siegermächte an. Sieben Jahre vorher wurde das Land durch das der Tschechoslowakischen Republik aufgezwungene Münchner Diktat der Großmächte zerteilt, was zur Wehrlosmachung des Staates und schließlich zum Verlust seiner Freiheit führte. Die Mehrheit der Sudetendeutschen begrüßte und unterstützte diese Politik der Teilung. Zwanzig Jahre zuvor wurden diese Sudetendeutschen gleichfalls unter zwang dem tschechoslowakischen Nationalstaat einverleibt. Und noch vorher unter der Österreichisch-Ungarischen Monarchie scheiterten alle tschechisch-deutschen Ausgleichsversuche im Rahmen der böhmischen Länder. Das alles ist zwar schon Geschichte, aber nicht bloß Geschichte: Zur Geschichte werden diese Ereignisse erst dann, wenn die beiden Parteien, die Sudetendeutschen und die Tschechen, einen gemeinsamen Schlußpunkt gesetzt haben.

In einer nahezu 150jährigen Entwicklung haben sich die Deutschen der böhmischen Länder und die Tschechen so auseinandergelebt, daß es schließlich zur zweifachen Trennung im Bösen kam – 1938 und 1945. Die offensichtlichen Folgen dieser vergangenen Entscheidungen vergiften die Atmosphäre in Mitteleuropa und beeinflussen die deutsch-tschechischen Beziehungen in ungünstiger Weise. Es ist notwendig, daß Sudetendeutsche und Tschechen gemeinsam den guten Willen finden und sich die Hand zur Versöhnung und zur Bereitschaft zur Zusammenarbeit im Geiste des deutsch-tschechischen Vertrags über gute Nachbarschaft und freundschaftliche Zusammenarbeit reichen.

Wir schlagen deshalb vor, unverzüglich Gespräche zwischen der tschechischen Regierung und der politischen Repräsentation der Sudetendeutschen zu eröffnen. Inhalt dieser Gespräche sollten alle Fragen sein, die zumindest eine der Seiten für noch offen hält. Für unerläßlich halten wir insbesondere die Formulierung eines gemeinsamen Standpunktes zur Problematik der Entscheidungen der Vergangenheit, der sich auf die anerkannten Normen der Menschen- und Bürgerrechte stützt. Weiter schlagen wir vor, daß sich die Gespräche beider politischer Repräsentationen darauf konzentrieren, ein gemeinsames Programm der Zusammenarbeit zwischen den Sudetendeutschen und den Tschechen zu entwickeln. Dieses Programm sollte die Möglichkeit der Rückkehr jener Vertriebenen einschließen, die das wünschen; und zwar unter der Bedingung der Gleichberechtigung der Rückkehrer mit der übrigen Bevölkerung der Tschechischen Republik. Wir schlagen weiter vor, eine gemeinsame deutsch-tschechische Stiftung mit staatlicher Beteiligung zu schaffen, die konkrete Projekte im tschechischen Grenzgebiet unterstützen soll. Schließlich schlagen wir vor, daß Sudetendeutsche und Tschechen gemeinsam die Erweiterung und institutionelle Verankerung der bereits bestehenden grenzüberschreitenden Zusammenarbeit der benachbarten Regionen der Tschechischen Republik und der Bundesrepublik Deutschland unterstützen, damit sie schrittweise jene Gestalt annehmen, die in Teilen Westeuropas schon seit Jahren eine Reihe funktionierender Euroregionen haben – dies bei Respektierung der in beiden Staaten geltenden Rechtsordnung.

Versöhnung 95 – Smíření 95

Anschrift
18. Mai 1995
Anrede,

aus Anlaß der sich mehrenden Hinweise auf eine mögliche gemeinsame Erklärung des Deutschen Bundestages und des Parlaments der Tschechischen Republik über die Bereinigung noch offener Fragen erlauben sich die Unterzeichneten, das beiliegende Dokument „Versöhnung 95" zu überreichen, um Ihre Stellungnahme bitten, sowie es in Ihre Erwägungen zur Frage der deutsch-tschechischen Beziehungen und eine evtl. Erklärung einzubeziehen.

Das Dokument ist ein sudetendeutsch-tschechisches Kompromißpapier, das im Gedächtnisjahr des Kriegsendes und des Beginns der Vertreibung den Versuch unternimmt, nicht nur anzuklagen, sondern gemeinsam ein Zeichen der Verständigung und Versöhnung zu setzen. Von unseren tschechischen Partnern wurde das Dokument dem Staatspräsidenten, dem Ministerpräsidenten, dem Parlamentspräsidenten und dem Außenminister bereits übergeben. Die sudetendeutschen Unterzeichner dieser Bürgerinitiative, deren Liste wir beifügen, sind zusammen mit den tschechischen Unterzeichnern, zu denen auch der frühere Ministerpräsident Dr. Petr Pithart, der ehem. Chefberater von Ministerpräsident Klaus, Bohumil Doležal sowie der ehem. Vizepräsident des tschechischen Parlaments, Dr. Jan Sokol und der kath. Priester Václav Malý, der 1989 jene Protestdemonstration auf dem Wenzelsplatz in Prag organisierte, die zur Beseitigung des kommunistischen Regimes und zur Präsidentschaft Václav Havels führte, gehören, der Auffassung, daß es nicht genügt, bloße Worte des Friedens zu verkünden und einander um Verzeihung zu bitten, sondern gemeinsam einen konkreten Weg zu diesem Frieden zu suchen. Sie sind weiter der Auffassung, daß hierzu das Dokument „Versöhnung 95" der geeignete erste Schritt ist, der konkrete Wege aufzeigt und deshalb Teil der gemeinsamen Erklärung werden sollte.

Mit freundlichen Grüßen

Dr. Rudolf Hilf   *Wolfgang Egerter*   *Oskar Böse*

Kontaktanschrift in Deutschland:
Dr. Rudolf Hilf, 80636 München, Hormann-Str. 26; Tel. (089) 12921 14;
Fax (089) 1236334
Kontaktanschrift in der Tschechischen Republik:
Bohumil Doležal, 14000 Praha 4, Na Chodovci 2546/38

Pressemitteilung 28. März 1995

Versöhnung 95

Die Regierung der Tschechischen Republik und die politische Repräsentation der Sudetendeutschen sollen Gespräche über alle Fragen aufnehmen, die zumindest eine Seite noch für offen ansieht. Dies ist die zentrale Aussage eines von Sudetendeutschen und Tschechen gleichzeitig in Bonn und Prag veröffentlichten gemeinsamen Erklärung mit der sich die Unterzeichner an die Regierung der Tschechischen Republik, die Führungsgremien der Sudetendeutschen sowie an die sudetendeutsche und tschechische Öffentlichkeit wenden.

Die Erklärung betont die Notwendigkeit, in der Bewertung der tragischen Entscheidungen der Vergangenheit zu einer gemeinsamen Stellungnahme (Beurteilung) zu gelangen, die sich auf die europäischen Normen der Menschen- und Bürgerrechte stützt. Sie legt Vorschläge über die künftige Zusammenarbeit von Sudetendeutschen und Tschechen vor.

Auf deutscher Seite unterschrieben u.a. die Bundestagsabgeordneten Peter Glotz, Josef Grünbeck und Prof. Jüttner, die Landtagsabgeordneten Friedrich (Hessen), Goldmann und Harbich (Nordrhein-Westfalen), der Staatssekretär Gustav Wabro (Baden- Württemberg), der Staatssekretär a.D. Wolfgang Egerter, der Vorsitzende des Adalbert Stifter Vereins, Prof. Hajek.

Auf tschechischer Seite unterschrieben 67 Persönlichkeiten, darunter der ehem. Ministerpräsident Dr. Petr Pithart, der ehem. Chefberater von Václav Klaus Bohumil Doležal, der katholische Priester Václav Malý, der für Havel 1989 jene Kundgebung auf dem Wenzelsplatz organisierte, die zum Sturz des kommunistischen Regimes führte, der Erzabt von Břevnov Anastáz Opasek sowie eine Reihe von Hochschullehrern, Journalisten und Intellektuelle verschiedener Berufe.

Die Aktion steht in Übereinstimmung mit den zahlreichen Erklärungen der Sudetendeutschen Landsmannschaft, der Ackermanngemeinde und der Seligergemeinde, in denen die Bereitschaft zum Dialog immer wieder bekundet wurde, sowie mit der Bundesregierung und den Fraktionen des Deutschen Bundestages und der Bayerischen Staatsregierung, die ebenfalls für den Dialog zwischen Sudetendeutschen und Tschechen eintreten, wie gerade die jüngsten Erklärungen gezeigt haben.

Die Unterzeichner sehen sich damit auch im Konsens mit dem Präsidenten der Tschechischen Republik, der in seiner Rede in der Prager Karlsuniversität erst kürzlich erklärt hatte, die Zeit der Monologe und der Konfrontation müsse vorbei sein und durch den Dialog und die Kooperation ersetzt werden.

Die gemeinsame Aktion möchte in dem von den Vereinten Nationen verkündeten „Jahr der Toleranz" ein Beispiel des „Ethnischen Friedens" in einer Zeit setzen, in der ethnische Konflikte wie ein Steppenbrand um sich greifen und sie möchte generell zum Frieden zwischen der Bundesrepublik Deutschland und der Tschechischen Republik beitragen.

Ein Nachwort
Zum Gedenkjahr 1945-1995

Im Jahr der Veröffentlichung dieses Buches jähren sich zum 50. Mal sowohl die Teilung Europas durch die Abkommen von Jalta zwischen West und Ost; das Kriegsende und damti die Befreiung von der Herrschaft Hitlers, die gleichzeitig ein Versuch war, eine deutsche Hegenomie über Europa zu errichten; die Auslöschung Deutschlands als Macht; als auch das Potsdamer Abkommen der Siegermächte über die Behandlung Deutschland, in dem auch die Vertreibung der Deutschen aus den Ostgebieten und der Tschechoslowakei als fait accompli und unter dem Vorbehalt einer „humanen Praxis" gebilligt wird.

Fünfzig Jahre nach diesem Schicksalsjahr und der von den Deutschen selbstverschuldeten Zerstörung ist Deutschland wieder die stärkste Macht auf dem Kontinent; und fünfzig Jahre nach der Teilung Europas ist nicht nur Deutschland wieder vereint, sondern auch Europa, wenngleich die Formen dieser Einigung noch nicht feststehen. Fünfzig Jahre nach Potsdam bleiben nur die Anerkennung der neuen deutsch-polnischen und der alten deutsch-tschechischen Grenzen und das Faktum der nicht mehr rückgängig zu machenden Vertreibung der deutschen Bevölkerung als Preis für den verlorenen Weltkrieg.

Die Grenzen wurden inzwischen durch Verträge mit Polen und der Tschechischen Republik, die die Deutschen aus freiem Willen eingingen, geregelt und pacta sunt servanda. Wer die Grenzfrage erneut aufwerfen würde, würde nicht nur ein Superbosnien in der Mitte Europas vorprogrammieren, sondern auch den Frieden in der Welt zerstören. Europa wäre gescheitert, es würde wieder in die alten Konflikte zurückgleiten, die schon einmal in zwei Weltkriege geführt haben. Anders verhält es sich mit den Vertreibungen: Vertreibungen können prinzipiell nicht hingenommen werden, denn dieser Rückfall in die Barbarei, gleichgültig von wem begangen und wodurch immer „gerechtfertigt" zerstört, wenn man sie als Mittel zur Lösung politischer Probleme akzeptiert, das Zusammenleben der Menschen überall in der Welt, auf dem gesamten Globus. Zu Potsdam ist also noch etwas in diesem Jahr 1995 zu *sagen*, wenn Europa nicht *ver-sagen* will.

Quellen und Literatur

Ackermann-Gemeinde (Hrsg.): Dokumente zur Sudetendeutschen Frage 1916 bis 1967, München 1967.
ADAP (Akten zur Deutschen Auswärtigen Politik, Serie D, (1937-1945). Baden-Baden 1950-1963.
Arbeiter-Zeitung. Wien 1899.
Aufbau und Frieden, Nr. 27, Prag 22.5.1953.
Baernreither, Joseph M.: Fragmente eines politischen Tagebuches. Berlin 1928.
Ders.: Zur böhmischen Frage. Wien 1910.
Bender, Peter: Zehn Gründe für die Anerkennung der DDR. Frankfurt/M. 1968.
Ders.: 6 x Sicherheit. Köln 1970.
Benes, Eduard: Memoirs. London 1954.
Benoist-Méchin, Jacques: Am Rande des Krieges (Die Sudetenkrise). Oldenburg 1967.
Birke, Ernst: Der erste Weltkrieg und die Gründung der Tschechoslowakei 1914-1919. In: Handbuch der Geschichte der böhmischen Länder. Bd. III. Stuttgart 1968.
Ders.: Frankreich und Ostmitteleuropa im 19. Jahrhundert. Köln 1960.
Birnbaum, Immanuel: Entzweite Nachbarn. Frankfurt/M. 1968.
Birnbaum, Karl E.: Frieden in Europa, Voraussetzungen, Chancen, Versuche. Opladen 1970.
Bismarck, Otto von: Gedanken und Erinnerungen, Bd. II. Berlin 1923.
Bohmann, Alfred: Bevölkerungsbewegungen in Böhmen 1847-1947. München 1958.
Ders.: Das Sudetendeutschtum in Zahlen. München 1959.
Bosl, Karl (Hrsg.): Das Jahr 1945 in der Tschechoslowakei (Internationale, nationale und wirtschaftlich-soziale Probleme). München 1971.
Ders. (Hrsg.): Aktuelle Forschungsprobleme um die Erste tschechoslowakische Republik. München 1969.
Ders.: Wandel und Tradition im Geschichtsbild der Deutschen und Tschechen. In: Bohemia-Jahrbuch. Bd. 8. München 1967.
Brandes, Detlef: Die Tschechen unter deutschem Protektorat. München 1969.
Brown, MacAlister: Expulsion of German Minorities from Eastern Europe. The Decision of Potsdam and its background. Unveröffentl. Harvard-Diss. Cambridge/Mass. 1953.
Brügel, Johann Wolfgang: Die Aussiedlung der Deutschen aus der Tschechoslowakei. In: Vierteljahreshefte des Instituts für Zeitgeschichte, Nr. 8. München 1960.
Ders.: Tschechen und Deutsche. München 1967.

Bruns, Viktor: Die Tschechoslowakei auf der Pariser Friedenskonferenz. In: Zeitschrift für ausländisches öffentliches Recht und Völkerrecht, Bd. 7, 1937.
Brzezinski, Zbigniew: Alternative zur Teilung. Köln 1965.
Bundesministerium für Vertriebene, Flüchtlinge und Kriegsgeschädigte (Hrsg.): Dokumentation der Vertreibung der Deutschen aus Ost- Mitteleuropa. Bd. IV 1. Die Vertreibung der deutschen Bevölkerung aus der Tschechoslowakei. Bonn 1957.
Butterfield, Geoffrey (Hrsg.): Eastern and Western Europe in the Middle Ages. London 1970.
Československá Akademie Věd (Historický Ústav): Acta Occupationis Bohemiae et Moraviae (Dokumenty z historie československé politiky 1939-1944). Prag 1966.
Chmela, Leopold: Hospodářská okupace Československa. Prag 1946.
Dahm, Helmut: Demokratischer Sozialismus. Das tschechoslowakische Modell. Opladen 1971.
Department of State (Hrsg.): Foreign Relations of the United States. Diplomatic Papers: The Conference of Berlin 1945. Washington 1960.
Deuerlein, Ernst: Deklamation oder Ersatzfrieden. Die Konferenz von Potsdam 1945. Stuttgart 1970. Ders.: Potsdam 1945. Quellen zur Konferenz der „Großen Drei". München 1963.
Diamond, W.: Czechoslovakia between East and West. London 1947.
Engels, Friedrich: Das Fest der Nationen. In: MEGA I (Frankfurt, Berlin, Moskau), 1927-1935.
Ders.: Ungarn. In: Bd. III d. Ges. Schriften von Karl Marx und Friedrich Engels, Hrsg. Franz Mehring. Stuttgart 1902.
Eötvös, Joseph Baron von: Die Garantien der Macht und Einheit Österreichs. Leipzig 1859.
Ders.: Über die Gleichberechtigung der Nationalitäten in Österreich. Pest 1850.
Ernstberger, Anton: Franken – Böhmen – Europa. Kallmünz/Opf. 1959.
Europa-Archiv (Bonn) Nr. 18, 1968; Nr. 7, 1969; Nr. 13, 1969.
Feierabend, Ladislav: Ve vládě v exilu. Bd. I, II. Washington 1965/66.
Fierlinger, Zdeněk: Ve sluzbach ČSR. Bd. I, II. Prag 1948.
Forst de Battaglia, Otto: Zwischeneuropa. Frankfurt/M. 1954.
Franzel, Emil: Die Vertreibung Sudetenland 1945-1946. Bad Nauheim 1967.
Ders.: Sudetendeutsche Geschichte. Augsburg 1958.
Friedjung, Heinrich: Das Zeitalter des Imperialismus. Bd. 1-3. Berlin 1919 bis 1922.
Gajan, Koloman: Příspěvek ke vzniku KSČ. Prag 1954.
Gause, Fritz: Deutsch-slawische Schicksalsgemeinschaft. Würzburg 1967.
Glaser, Kurt: Die Tschechoslowakei. Frankfurt/M. 1964.
Glassl, Horst: Der Mährische Ausgleich. München 1967.
Glückstein, Ygael: Stalin's Satellites in Europe. London 1952.
Gottwald, Klement: Deset let. Prag 1949.
Graus, František: Die Bildung des Nationalbewußtseins im mittelalterlichen Böhmen. Zit. in: Bohemia-Jahrbuch. Bd. 8. München 1967; tschechischer Originaltext in: Historica 13, Prag 1966.
Grosser, Alfred: Deutschlandbilanz, München 1970.
Habel, Fritz Peter: Dokumentensammlung zur Sudetenfrage. München 1962.
Ders.: Dokumente zur Sudetenfrage. München 1984.
Hájek, Miloš: Die Beziehungen zwischen der tschechoslowakischen und der deutschen Arbeiterbewegung. Berlin 1955.
Hantsch, Hugo: Die Geschichte Österreichs 1648-1918. Graz 1953.
Ders.: Die Nationalitätenfrage im alten Österreich. Wien 1953.

Hertz, Frederick: The Economic Problem of the Danubian States. London 1947.
Hilf, Rudolf: Die Deutschen in der Tschechoslowakei. In: Osteuropa 7/1971.
Ders.: Die Ereignisse in der Tschechoslowakei. München 1968.
Ders.: Das Münchner Abkommen – ungültig ab initio? In: Osteuropa 12/1970.
Ders.: Die Stellungnahme der Komintern und der KPC zur Frage der Deutschen in den Sudetenländern. In: Bohemia-Jahrbuch 5. München 1964.
Ders.: Die Tschechoslowakei, Schnittpunkt der Entscheidungen, in: Neue Rundschau 4/1968.
Host do domu (Brünn), Nr. 5, 1968.
House of Representatives, 81st Congress, 2nd Session, Report No. 1841, Washington 1950.
Jahn, Egbert: Die Deutschen in der Slowakei in den Jahren 1918-1929. München 1971.
Jaksch, Wenzel: Europas Weg nach Potsdam. Köln 1967.
Jörg, Edmund: Zeitläufe: Sociale Phänomene. In: Historisch-politische Blätter. 69. Bd. 1872.
Jolles, Hiddo M.: Zur Soziologie der Heimatvertriebenen und Flüchtlinge. Köln 1965.
Kann, Robert A.: Das Nationalitätenproblem der Habsburger Monarchie. Bd. I, II. Graz 1964.
Kimminich, Otto: Das Münchner Abkommen in der tschechoslowakischen wissenschaftlichen Literatur seit dem Zweiten Weltkrieg. München 1968.
Korbel, Josef: The Communist Subversion of Czechoslovakia, Princeton University 1959.
Kopecký, Rudolf: Československý odboj v Polsku v roce 1939. Rotterdam 1958.
Korkisch, Friedrich: Die tschechoslowakische Kontinuitätstheorie. In: Bohemia-Jahrbuch 4. München 1963.
Křen, Jan: O vzniku myšlenky odsunu Němců. In: Odboj a revoluce, Prag 1967.
Ders.: Odsun Němců ve světle nových pramenů. In: Dialog. Ústí nad Labem (Aussig a.d.E.) Nr. 495, 1967.
Krockow, Christan Graf von: Nationalismus als deutsches Problem. München 1970.
Krug von Nidda, R.: 1866 Königgrätz. Wien 1966.
Kuhn, Axel: Hitlers außenpolitisches Programm. Stuttgart 1970.
Kuhn, Wilhelm: Berlin, Deutschland und die Konföderation. Nürnberg 1961.
Kulischer, E.M.: Europe on the Move. War and population changes 1917- 1947. New York 1948.
Lemberg, Eugen: Deutsch-tschechische Nachbarschaft. München 1964.
Ders.: Nationalismus, Bd. I, II. Reinbek b. Hamburg 1964.
Ders.: Osteuropa und die Sowjetunion. Salzburg 1956.
Ders.: Wandlungen im deutsch-tschechischen Verhältnis. In: Deutsche und Tschechen. München 1971.
Leonhard, Wolfgang: Die Revolution entläßt ihre Kinder. Köln 1961.
Lidová Demokracie, Nr. 118, Prag 1947.
Liehm, Antonin: Gespräche an der Moldau. Wien 1968.
Lisický, Karel: Československá cesta do Mnichova. In: Doklady a Rozpravy (London), č-20, 1954.
Ders.: Poměr česko-slovenský a problem česko-nemecký, in: Doklady a Rozpravy (London), c. 18; 1954.
Lockhart, R.H. Bruce: Comes the Reckoning. London 1947.
Lukacs, John: Geschichte des Kalten Krieges. Gütersloh 1961.
Luža, R.: The transfer of the Sudeten Germans. New York 1964.

Macek, Josef: Die Hussitenbewegung in Böhmen. Prag 1958.
Mackenzie, Compton: Dr. Benes. London 1946.
Masaryk, Thomas G.: Die Weltrevolution, Erinnerungen und Betrachtungen. Dt. Ausgabe. Berlin 1925.
Marx, Karl: Die Frankfurter Nationalversammlung. In: Revolution und Gegenrevolution in Deutschland. Feb. 1852.
McCartney, C.A.: The Habsburg Empire 1790-1918. London 1968.
Meyer, Henry Cord: Mitteleuropa in German thought and action 1815-1945. The Hague 1959.
Mieroszewski, Juliusz: Kehrt Deutschland in den Osten zurück? Berlin- Dahlem 1961.
Militär-Verlag (Hrsg.): Beiderseits der Grenze (über den gemeinsamen antifaschistischen Widerstandskampf von Deutschen, Tschechen und Slowaken). Berlin 1965.
Mommsen, Hans: Die Sozialdemokratie und die Nationalitätenfrage im habsburgischen Vielvölkerstaat. Wien 1963.
Mrázek, Josef: Mnichovská dohoda a státní občanstvi bývalých čsl. občané německé národnosti. In: Časopis pro mezinárodní pravo, Jg. XV, Nr. 4, Prag 1971.
Müller/Utitz: Deutschland und die Tschechoslowakei. Freudenstadt 1972.
Münch, Hermann: Böhmische Tragödie. Braunschweig 1949.
Newman, Karl J.: Zerstörung und Selbstzerstörung der Demokratie (Europa 1918-1938). Köln 1965.
Osten, Walter: Die Außenpolitik der DDR. Opladen 1969.
Osusky, Stefan: The Way of the Free. New York 1951.
Palacky, Franz: Österreichs Staatsidee. Prag 1868.
Pekař, Josef: Der Sinn der tschechischen Geschichte. Brünn 1937.
Pernerstorfer, Engelbert: Zeitfragen. Wien 1917.
Peroutka, Ferdinand: Jméno jež vyhaslo: Smeral. In: Svědectví 41. Paris 1971.
Ders.: Několik poznámek k česko-německému problému. In: Československé Noviny, Washington, April 1956.
Pitter, Přemysl: Geistige Revolution im Herzen Europas. Zürich 1968.
Ders.: Unterm Rad der Geschichte. Zürich 1970.
Plaschka, Richard G.: Von Palacky bis Pekař. Graz 1955.
Pomaizl, Karel: Komunistická strana československá a národnostní otázka. In: Filosofický časopis, Nr. 19. Prag 1971.
Prawda, 22.8.1968, Moskau.
Prečan, V.: Z korespondence Slovensko-Londýn v roce 1944 do vypuknutí Slovenskeho národního povstáni. In: Příspěvky k dejinám KSC, Nr. 4, Prag 1964.
Prinz, Friedrich: Die böhmischen Länder von 1848-1914. In: Handbuch der Geschichte der böhmischen Länder. Bd. III. Stuttgart 1968.
Ders.: Geschichte Böhmens 1848-1948. München 1988.
Procházka, Jan: Solange uns Zeit bleibt. Recklinghausen 1971.
Protokoll des VI. Parteitages der KPC. Prag 1931.
Pustejovsky, Otfried: In Prag kein Fenstersturz. München 1968.
Rabl, Kurt: Das Ringen um das sudetendeutsche Selbstbestimmungsrecht 1918/19. München 1958.
Ders.: Zur Frage der Deutschenvertreibung aus der Tschechoslowakei. In: Bohemia-Jahrbuch 2. München 1961.
Radimsky, Ladislav: Sklonuj své jméno exulante! Rom 1967.
Rádl, Emanuel: Der Kampf zwischen Tschechen und Deutschen. Reichenberg 1928.
Raschhofer, Hermann: Die Sudetenfrage. München 1953.

Rauschning, Hermann: Gespräche mit Hitler. Zürich 1946.
Reichert, Günter: Das Scheitern der Kleinen Entente. München 1971.
Reimann, P./Pachta: O nových dokumentech k otázce Mnichova. In: Příspěvky k dějinám KSČ. Bd. I. Prag 1957.
Renner, Karl: Das Selbstbestimmungsrecht der Nationen. Wien 1918.
Richter, Karl: Die böhmischen Länder im Früh- und Hochmittelalter. In: Handbuch der Geschichte der böhmischen Länder. Bd. I. Stuttgart 1967.
Ders.: Statistische Übersichten zur Entwicklung der böhmischen Länder 1848 bis 1914. In: Handbuch der Geschichte der böhmischen Länder. Bd. III. Stuttgart 1968.
Ripka, H./Beuer, G.: Die Zukunft der tschechoslowakischen Deutschen. London 1944.
Robbins, Keith: München 1938. Gütersloh 1969.
Robinson, J.: Were the Minority-Treaties a Failure? New York 1943.
Rönnefarth, H.: Die Sudetenkrise in der internationalen Politik. Wiesbaden 1961.
Rudé Pravo, 15.6.1972, Prag.
Sbírka zákonů a nařízení republiky Československé, Nr. 144, 4.11.1968.
Schechtman, J.B.: European Population Transfers 1939-1945, New York 1946.
Schieder, Theodor: Idee und Gestalt des übernationalen Staates. In: Hist. Zeitschrift 184 (1957).
Schnabel, Franz: Deutsche Geschichte im neunzehnten Jahrhundert. Freiburg im Breisgau 1964.
Schütz, Hans: Der Aktivismus. In: Kirche, Recht und Land. Königstein im Taunus 1969.
Schulz, Eberhard/Schulz, Hans Dieter: Braucht der Osten die DDR? Opladen 1968.
Schwelb: Zur Anerkennung der tschechoslowakischen Regierung in England. London 1940.
Šedivý, K.: Why we want to transfer the Germans? Prag 1946.
Seibt, Ferdinand: Die Zeit der Luxemburger und der hussitischen Revolution. In: Handbuch der Geschichte der böhmischen Länder. Bd. I. Stuttgart 1967.
Ders.: Deutschland und die Tschechen. München 1974.
Selucky, Radoslav: Reformmodell CSSR. Reinbek b. Hamburg 1969.
Seton-Watson, H.: Eastern Europe between the Wars 1918-1941. Cambridge 1945.
Šik, Ota: La verité sur l'économie tchécoslovaque. Paris 1969.
Simon, Albert Karl: Rudolf Ritter Lodgman von Auen. In: Ein Leben – drei Epochen (Festschrift für Hans Schütz). München 1971.
Singbartl, Hartmut: Die Durchführung der deutsch-tschechoslowakischen Grenzregelung von 1938 in völkerrechtlicher und staatsrechtlicher Sicht. München 1971.
Škvorecky, Josef: Nachrichten aus der ČSSR. Frankfurt/M. 1968.
Slapnicka, Helmut: Die böhmischen Länder. Bd. IV. Stuttgart 1970.
Ders.: Die Tschechoslowakei 1945-1965. In: Handbuch der Geschichte der böhmischen Länder. Bd. IV. Stuttgart 1970.
Smutný, Jaroslav: Němci v Československu a jich odsun z Republiky. In: Doklady a Rozpravy Nr. 26. London 1956.
Šolle, Zdeněk: Kontinuität und Wandel in der sozialen Entwicklung der böhmischen Länder 1872 bis 1930. In: Aktuelle Forschungsprobleme um die Erste Tschechoslowakische Republik. München 1969.
Sozialdemokrat, Der: Jg. 1, Nr. 2. London 1940.
Spengler, Erhard: Zur Frage des völkerrechtlich gültigen Zustandekommens der deutsch-tschechoslowakischen Grenzneuregelung von 1938. Berlin 1967.

Srbik, Heinrich Ritter von: Deutsche Einheit. Bd. I, II. München 1935.
Stalin, J.W.: Marxismus und nationale Frage. In: Gesammelte Werke, Bd. II. Berlin 1950.
Stökl, Günther: Osteuropa und die Deutschen. Oldenburg 1967.
Stourzh, Gerald: Die Gleichberechtigung der Nationalitäten und die österreichische Dezemberverfassung von 1867. In: Der Österreichisch-Ungarische Ausgleich von 1867. Wien 1967.
Stránsky, Jaroslav: Odsun Němců z ČSR z hlediska národního a mezinárodního. In: Doklady a Rozpravy, c 10. London 1953.
Ders.: K otázce česko-německé. London 1956.
Strauß, Franz Josef: Herausforderung und Antwort. Stuttgart 1968.
Sudetendeutscher Rat (Hrsg.): Menschen vor dem Volkstod. München 1961.
Ders.: The Sudeten German Problem in International Politics. München 1971.
Süddeutsche zeitung, 19.11.1971.
Sviták Ivan: Verbotene Horizonte. Freiburg im Breisgau 1969.
Táborsky, E.: The triumph and disaster of Eduard Beneš. In: Foreign Affairs XXXVI, July 1958.
Truhart, H. v.: Völkerbund und Minderheitenpetitionen. Wien 1931.
Truman, H.S.: Memoirs. Bd. I. London 1955.
Turnwald, W.: Renascence or Decline of Central Europe. München 1954.
Urban, Rudolf: Die sudetendeutschen Gebiete nach 1945. Frankfurt/M. 1964.
Urbanová, Katerina/Karpát, Josef: Národnostná otázka na I-VII. zjazde KSČ, Právny obzor (Bratislava), Nr. 54, 1971.
Veiter, Th. (Hrsg.): Volkstum zwischen Moldau, Etsch und Donau (Festschrift für F.H. Riedl). Wien 1971.
Vesely, Ludvík: Dubček. München 1970.
Volksstimme. Prag 1920.
Wannenmacher, Walter: Das Land der Schreibtischpyramiden. Frankfurt/M. 1956.
Wierer, Rudolf: Der Föderalismus im Donauraum. Graz 1960.
Willars, Christian: Die böhmische Zitadelle. Wien 1965.
Wiskemann, Elizabeth: Germany's Eastern Neighbours. London 1956.
Wittram, Reinhard: Das Nationale als europäisches Problem. Göttingen 1954.
Zechlin, Egmont: Die Reichsgründung. Frankfurt/M. 1967.
Zprávy Státní Rady: London 1941-1944.